WOLF THIEME
SIEGFRIED ROCKENDORF

KOCHT

Berlin

Kulinarischer
Spaziergang durch
ein Jahrhundert
mit 100 Rezepten
der neuen
Hauptstadtküche

Foodfotografie von
Hans Hansen

DAS BESTE VOM STERN
HÖLKER VERLAG

ZEIT FÜR EINE NEUE BERLINER KÜCHE

WOLF THIEME
*Jahrgang 1937,
war Reporter beim stern,
freier Journalist in Rom
und Chefredakteur der
Zeitschrift „Der Fein-
schmecker" in Hamburg.
Heute lebt er als Autor
in Berlin*

Currywurst. Wie sonst könnte ein Berliner Kochbuch anfangen? Mit oder ohne Darm, ganz oder klein geschnitten, aber immer mit Ketchup, so formt sie das Bild der Berliner Küche, obwohl sie den Wettlauf mit dem Döner längst verloren hat.

Wir beißen noch mal ab und schicken sie dorthin, wo sie hingehört: ins Aus, ins Reich der Imbissküche, zu den Wurstmaxen und Automatenrestaurants, die schon Trend im Kaiserreich waren, Berliner Fast Food lange vor Burger King.

Natürlich sind Soleier, Rollmops und Hackepeter aus Schweinekamm, 1903 im Gasthof Martin in der Landsberger Straße erstmals durch den Wolf gedreht und ordentlich gepfeffert, um den Bierumsatz anzukurbeln, ebenso ein echtes Stück Berlin wie die Bulette, eigentlich ein Resteessen, ohne das Millionen altbackener Schrippen nicht hätten entsorgt werden können. Aber die Gerichte der Restaurants und Familientafeln haben mit dieser Kneipen- und Budikenkost so wenig zu tun wie Pizza mit der klassischen Küche Italiens. Wer in einem feinen Ristorante eine Napolitana bestellt, kann erleben, dass der Oberkellner auf dem Absatz kehrtmacht. Die Berliner Küche ist ein großer Suppen-topf, in den jeder mal seinen Löffel tunkte, ein Gulasch aus den Zutaten regionaler Hausmannsküche, französisch orientierter Speisezettel beim Adel und gutbürgerlicher Rezepte, gewürzt von zugewanderten Hugenotten, Böhmen und den fremden Heeren Ost. Karpfen polnisch, Schlesisches Himmelreich, Königsberger Klopse sind – Aufschrei der Landsmannschaften – in Berlin heimisch und groß geworden, Leipziger Allerlei, Hühnerfrikassee, Spargel und Blumenkohl durch die Hugenotten eingebracht. Schalentiere kamen von preußischen Austernbänken vor den Küsten Schleswig-Holsteins, Kaviar aus Russland, der sächsische Pudding wurde beim Nachbarn requiriert.

Platz für alles und alle. Adlon aus Mainz, Kempinski aus Breslau, Aschinger aus Schwaben – und nicht aus Bayern, wie die weißblauen Rauten in seinen Schnellrestaurants suggerierten – sind eingebürgerte Kultfiguren.

„Küche à la berlinoise" ist nicht nur, wie es alte Kochbücher weismachen wollen, gepökeltes oder zerkleinertes Fleisch, nicht nur Eisbein oder der legendäre Schweinerücken des Fleischers Johann Cassel in der Potsdamer Straße 15, geräuchert, in Salzlake eingelegt und als Casseler gerühmt, nicht nur Sülzen oder Falscher Hase, die Bulette für Anspruchsvolle. Typisch Berlin sind auch Löffelerbsen, von Heinrich Heine verschlungen, Biersuppen, Teltower Rübchen, die im murkeligen märkischen Sandboden nicht zu Rüben wurden, Kartoffelpuffer mit Zucker, märkische und polnische Gänse, Kalbsbrust mit grünen Stachelbeeren, französische Pasteten, Weißkohl mit Hammelfleisch, Theodor Fontanes Lieblingsgericht, oder Ananas, die der Berliner Verleger Friedrich Nicolai im eigenen Gewächshaus züchtete.

Und Fische: Plötzen, Zander, Hechte, Schleie, Bleie, Barsche, Rotfedern, Karpfen, die grätenreichen Karauschen und Aal grün, also mit Dillsauce. Und Pfannkuchen, der Legende nach Produkt eines Regimentsbäckers im Siebenjährigen Krieg Friedrichs des Großen, die überall Berliner heißen, nur nicht in Berlin. Horror vor der Berliner Küche gehört zum guten Ton? Geschenkt. Das hat schon 1927 der Schriftsteller Eugen Szatmari behauptet. Richtig ist, dass Reiz und Vielfalt der Berliner Küche durch versimpelte Zubereitung von Generationen Berliner und Neu-Berliner Köche ruiniert worden sind. Bei vorgekochtem Schweinebraten oder in Salzwasser aufgewärmter Rinderroulade ist den Gästen der Appetit vergangen.

Dass Bollenfleisch oder Rinderbrust nur mit hervorragenden Produkten schmeckt, haben die Köche der regionalen Küche verlernt. Ein matschiges Eisbein, wie es Staatspräsident Jacques Chirac unlängst in einer Berliner Kneipe serviert wurde, legt sich schwer auf die deutsch-französische Freundschaft.

Es ist Zeit, mit Vorbehalten aufzuräumen und eine Hauptstadtküche zu servieren, die ihren Namen verdient. Berlins bester Koch, Siegfried Rockendorf, präsentiert in diesem Buch über 100 Rezepte. Er hat nicht nur Alt-Berliner Klassiker wie Bollenfleisch und Hühnerfrikassee neu belebt, sondern auch Fontanes Frischlingsrücken mit einer Sauerkirschsauce modernisiert, Eisbein mit Sauerkraut gefüllt und Kalbsleber Berliner Art mit rheinischen Spezialitäten wie Himmel und Erde, Blutwurst und Apfelpüree kombiniert. Wer bekäme bei Kohlroulade mit Steinpilzen, Roulade vom Havelzander oder einem Beelitzer Spargeleintopf keinen Appetit?

Berliner Küche ist nicht von gestern. Ins Heute gehören Kaisergranat im Nudelmantel auf Zitronengras, italienisches Gemüse auf Lavendelsauce mit Rotbarbenfilet oder Hummer, schon vor hundert Jahren des Berliners liebstes Krustentier, nun aber in Kamille und auf Couscous.

Die Rezepte begleitet ein kulinarischer Spaziergang durch das gerade vergangene Jahrhundert. Berlin bei Tisch, in Schlemmerlokalen und Garküchen, Kaschemmen und Luxushotels, an Stamm- und Familientischen, Hochzeitstafeln und Ballbuffets. Das ist eine Reise durch die Fresspaläste der Kaiserzeit und der zwanziger Jahre, durch Luftschutzbunker und über Trümmerhalden, garniert mit Blockade und Frontstadtstolz, bis hin zur Wende und neuen Goldgräberzeit. Die Geschichte der Metropole mit ihren Höhen und Tiefen wird dabei wieder lebendig.

HERAUSGEBER

Thomas Osterkorn / Andreas Petzold

ART DIRECTOR

Tom Jacobi

GESAMTGESTALTUNG

Norbert Kleiner

FOTOPRODUKTION UND STYLING

Marlies Klosterfelde-Wentzel

REDAKTION

Gerhard Schnitzer / Elfriede Roth

BILDREDAKTION

Cornelia Bartsch / Uwe Schaffrath

DOKUMENTATION

Günther Garde

SCHLUSSREDAKTION

Stern-Schlussredaktion

OBJEKTLEITUNG

Magdalene Gaese

HERSTELLUNG

Antje Petau / Druckzentrale G+J

LITHOGRAFIE

MWW Repro, Hamburg

DRUCK

Druckhaus Cramer, Greven

© STERN-BUCH

im Verlag Gruner+Jahr AG & Co., Hamburg,
in Kooperation mit dem
Verlag Wolfgang Hölker GmbH, Münster

1. Auflage 2000
ISBN: 3-88117-540-7

„Berlin kocht. Kulinarischer
Spaziergang durch ein Jahrhundert"
erscheint in der Reihe
„Das Beste vom Stern im Hölker Verlag"

Informationen erhalten Sie
beim STERN, Gruner+Jahr AG & Co.,
Am Baumwall 11, in 20459 Hamburg
und beim Verlag Wolfgang Hölker GmbH,
Hafenweg 30, in 48155 Münster

DAS TITELFOTO ZEIGT JAKOBSMUSCHELN
AUF MÖHRENSALAT

Foodfotos: Hans Hansen

ADN: 68/69

Archiv für Kunst und Geschichte:
15 u., 30 u.r., 31 u.r., 37, 46 u., 49 u.,
51, 52 u., 58 M., 61 u., 63 u.,
114, 168, Rücktitel

Associated Press:
62 u., 70 u.

Mehmet Biber: 73 u.

Sammlung Erika Bickel:
94, 154, 186, 190

Bildarchiv Preußischer Kulturbesitz:
13/14, 16 u., 17 u., 18/19, 20/21, 23 u.,
24 u., 28/29, 30/31, 30 u.l., 32/33, 38 o.,
41 o., 47 u., 49 M., 53 M., 56 u., 60 u., 62/63,
64 u., 100 © Dr. Wolfgang & Ingeborg
Henze-Ketterer, Wichtrach/Bern, 130, 172

Black Star/Robert Lautenbach: Rücktitel

Florian Bolk:
71 u., 72 u., 75 u., 220/221

Sammlung Lutz Bormann: 208

Agentur Focus/Woodfin Camp/
Alexandra Avakian: 74 u.

GAFF/Katja Hoffmann: 196

Gerhard Gronefeld: 59 o.

Konrad Adenauer Stiftung: 32/33 u.

Landesbildstelle Berlin:
13 u., 34 u., 42/43, 54/55

Klaus Mehner: 66/67

Ostkreuz/Sibylle Bergemann: 68 u.r.

Ostkreuz/Harald Hauswald: 69 u.

Ostkreuz/Ute Mahler: 76/77

Ostkreuz/Jordis Schlösser: 76 u.

Ostkreuz/Maurice Weiss:
68 u.l., 72/73, 77 u.;

Pixfeatures: 58 o.

Raritäten Cabinet Hardy: 64/65

Willy Römer: 44 u.

Siemoneit/Klinge: 214

Sony: 74/75

STERN/Hanns-Jörg Anders:
70/71, 78, Rücktitel

Ullstein Bilderdienst:
9, 10/11, 12/13, 14 u., 16/17, 18 u.,
19 u., 20 u., 21 u., 22/23, 22 u., 26/27,
31 u.l., 32 u., 33 u., 35, 37 M., 38, 40, 41 u.,
45 u., 46/47, 49 o., 51 o., 52 o., 57 u.,
59 u., 60/61, 65 u., 118, Rücktitel

UPI: 56/57

Verband der Köche Deutschlands/
Fotos: Stephan Morgenstern: 96, 112, 136

Verlagsgruppe Milchstraße:
212; Rücktitel

Peter G. Wichman: 58 u.

INHALT

FLEISCH

WILD UND WILDGEFLÜGEL

DESSERTS

HUMMER UND KAVIAR SATT

KAISERS HERRLICHE ZEITEN

*Willkommen im Adlon,
bei Aschinger und Kempinski.
Das Bürgertum schlemmt
in Bier- und Weinpalästen,
Wilhelm II. feiert mit Pomp und
Selbstdarstellung. Glanz und
Gloria der Jahrhundertwende
enden mit der Katastrophe des
Ersten Weltkriegs*

Der Saal im Hotel Esplanade, in dem Wilhelm II. mit seinen Generälen speiste, gehört heute zum Sony Center

Die Bier- und
Weinpaläste der
Kaiserzeit hatten oft
mehr Köche als
manche Restaurants
heute Gäste. Im
„Rheingold" am
Potsdamer Platz
standen über
110 Köche, Patis-
siers und Fleischer
sowie 250 Kellner
für 4800 Gäste zur
Verfügung

Damals wie heute ein beliebtes Ausflugsziel: der „Zenner"-Garten an der Spree. Mit einfachen Lokalen fing auch der Möbeltischler Lorenz Adlon an und wurde nach der Jahrhundertwende Berlins Hotelkönig. 1921 wird er nicht weit vom Adlon am Brandenburger Tor überfahren

Für den Neubau des Adlon am Pariser Platz hatte Kaiser Wilhelm II. sich eingesetzt. Berlin sollte mit Grand Hotels prunken. Die Baukosten betrugen 17 Millionen Goldmark, und für die Gäste lagen im Sekt- und Weinkeller über 140 000 Flaschen bereit

Um Mitternacht dröhnen 33 Kanonenschüsse im Lustgarten, das 20. Jahrhundert bricht an, begleitet von 133 Festnahmen wegen „Skandalmachens, groben Unfugs und Trunkenheit". Die Kapelle des 2. Gardedragoner-Regiments spielt auf der Galerie der Schlosskuppel einen Choral zum Großen Wecken. Es ist acht Uhr morgens am 1. Januar 1900, die vom Berliner Astronomen Rudolf Falb vorhergesagte Kollision der Erde mit einem Planeten hat nicht stattgefunden, und Kaiser Wilhelm II. schreitet vorm Neujahrsempfang im Weißen Saal des Schlosses mit seinen sechs Söhnen zur Fahnenweihe ins Zeughaus Unter den Linden.

Von Wehr und Waffen wird dort geschwafelt, von der neuen Marine und dem „noch nicht erreichten" Platz an der Sonne fürs Deutsche Reich, nach dem es Seine Majestät, im Bürgertum SM und im Proletariat Lehmann gerufen, nun schon seit Jahren dürstet.

Aber Berlins Bürger sähen den Säbelrassler lieber als „erhabenen Schirmherrn einer friedlichen Entwicklung des Vaterlands und seiner Hauptstadt" (Laudatio des Architektenvereins) und den Platz an der Sonne vor reich gedeckten Tischen statt auf den teuren Panzerkreuzern des Admirals von Tirpitz.

Es ist Wildsaison, auf den Menükarten der Oberschicht drängen sich Hasel-, Schnee-, Birk- und Steinhuhn, Auerhahn, Fettammer, Trappe, Waldschnepfe, Bekassine und Krammetsvogel, vom Kgl. Hoflieferanten F. W. Borchardt in der Französischen Straße auf Wunsch „auch mit Speck umwickelt, mit feinster Leber oder ganzen Périgord-Trüffeln gefüllt". 50 000 Helgoländer Hummer werden in Berlin jährlich verzehrt.

Vollrausch des Leben-und-Lebenlassens in einer Stadt mit fast zwei Millionen Einwohnern, Prasserei im Bürgertum und knappe Kassen im Proletariat. Jeder fünfte Neuberliner ist in den letzten fünf Jahren vor der Jahrhundertwende zugewandert. Herrliche Zeiten hat SM seinen Untertanen versprochen, wenn auch mit dezenter Hilfe von fünf Milliarden Franc Reparationen, die Frankreich nach dem verlorenen Krieg 1871 zahlen musste, und die in der Festung Spandau gehortet werden. Als kulinarischer Kriegsgewinnler hatte Rudolf Dressel dem scheidenden französischen Botschafter

Graf Benedetti noch den Rotweinkeller abgekauft und damit die Bestände seines Luxusrestaurants Unter den Linden 50–51 aufgefüllt. Dressel, ehemals Kellner, führt zusammen mit dem Kommerzienrat Borchardt die gastronomische Spitze in der Reichshauptstadt an. Bei Dressel speisen Hof und Finanz, bei Borchardt neben Kronprinz, Auswärtigem Amt und Gardekavallerie auch der homosexueller Neigungen verdächtige Kaiser-Freund Philipp Fürst zu Eulenburg. Das Hiller, Unter den Linden 62–63, von dem aus Mainz zugewanderten Lorenz Adlon bewirtschaftet, empfängt Theater, Musik, russische Fürsten und reiche Provinz. Das langt für den dritten Platz.

Doch auf die stille Welt der dicken Teppiche, schweren Vorhänge und Portieren ist Mehltau gefallen. Die intimen Weinrestaurants für Aristokratie und Geldaristokratie finden immer weniger Gäste, die soliden gemütlichen Weinstuben für Weinkenner und -liebhaber gelten als spießbürgerlich und werden zu „Lustbarkeitsstätten bei rauschender Musik" umdekoriert – „das Publikum singt im Chore mit", mokiert sich die Frankfurter Fachzeitschrift „Kochkunst und Tafelwesen" und registriert hinter den Büfetts „junge Damen mit verführerisch blickenden Augen". Küche und Keller stünden auf einem den Verhältnissen angepassten niedrigen Niveau, „denn hier wird nicht viel bekrittelt". Die Gäste kommen, um sich zu amüsieren, und nicht der kulinarischen Genüsse wegen – so, wie in den Szenelokalen der Stadtmitte im Jahre 2000. Alles schon dagewesen.

Das Berlin der Kaiserzeit ist laut geworden und wird es von da an bleiben. In den Bierpalästen der Gründerjahre ist von der berühmten preußischen Sparsamkeit nicht mehr viel zu spüren, und gegen die mit viel Kapital arbeitenden Unternehmen kommen die kleinen Weinstuben nicht mehr an. 1901 macht in der Leipziger Straße der Großbetrieb „Traube" auf, der Renommierraum „Großes Faß" wird von mit dem Hals nach unten aufgehängten

Zur Jahrhundertwende werden im Zeughaus die Fahnen des Gardekorps geweiht. Vom Prunk der Kaiserzeit profitiert der Feinkostlieferant Borchardt, von dem Name und Teile des Gebäudes überlebt haben. Nicht ganz so fein geht es in den Volksküchen für die Versorgung des Proletariats zu

Sektflaschen beleuchtet, ganz im Geschmack der neuen Zeit.

Mitten in der falschen Pracht hat der Gastronom Dressel nichts mehr verloren, er stirbt 1901, und Berlin nimmt bei der Trauerfeier Abschied von der biedermeierlichen Beschaulichkeit des vergangenen Jahrhunderts.

Es tut jetzt allen Urberlinern leid
um die Lokale aus der alten Zeit,
wo man im Dunst und Rauch behaglich aß,
oft sechs Mann hoch bei einem Weißbierglas.
Kein alter Siechen grüßt uns mehr mit Humor,
kein Dressel setzt uns mehr den Rotspon vor,
's Bierstübchen, das zum Altberliner paßt,
hat längst sich gewandelt zum Bierpalast.
Französisch die Karte, nach der man serviert,
aus England die Möbel, ganz frisch importiert.
Das Orchester aus Ungarn, die Kellner aus Wien –
so schwindest du hin, mein altes Berlin.
(COUPLET UM DIE JAHRHUNDERTWENDE)

Mit dem alten Berlin verschwindet aus den Hotels auch die traditionelle Table d'hôte, die meist mit einer großen Glocke eingeläutete, schon von Fontane gehasste verbindliche Essenszeit und Speisenfolge für alle Hotelgäste. Den traditionellen Herbergen wie dem König von Portugal in der Burgstraße, als König von Spanien in Lessings „Minna von Barnhelm" erwähnt, fehlt es an Fayencebadewannen auf den Zimmern und Attraktionen wie dem „Wintergarten" im Centralhotel, wo die Gäste den künstlichen Sternenhimmel bestaunen.

Am Brandenburger Tor steht das Palais Redern leer, weil der Besitzer sein Privatvermögen beim Kartenspiel mit dem König von England verzockt hat, ein Filetgrundstück für ein neues Hotel, findet Gastronom Adlon.

Aber von der Weltwirtschaftskrise weht um 1900 auch ein kühles Lüftchen nach Berlin, und der Bau neuer Grand Hotels verzögert sich. 1907 eröffnet das Adlon am Pariser Platz, dessen Architektur der schräg gegenüber wohnende Maler Max Liebermann als „Fassadenkonserve" verspottet. Im selben Jahr kommen der Fürstenhof am Potsdamer Platz hinzu, 1908 das Esplanade in der Bellevuestraße und das Excelsior am Anhalter Bahnhof, mit 600 Zim-

mern und eigenem Wasserwerk das größte Hotel des Kontinents, 1912 das Eden am Zoo, in dem Rosa Luxemburg und Karl Liebknecht sieben Jahre später ihre letzten Stunden verbringen werden.

„Der Stolz Berlins ist wie ein frischgelegtes Ei", witzelt der französische Korrespondent Marc Henry über das junge und ungestüme Kaiserreich. „Alles neu, sogar der Marmor."

Gerade weil der Pomp so neu ist, wird er groß aufgetragen.

Zur Kaiserlichen Galatafel im Schloss erscheinen die Damen im Hofkleid, die Militärs in großer Uniform mit Ordensband und die weniger angesehenen Zivilisten in Gala mit weißen Unterkleidern. Ritter mit wallenden Ordensmänteln warten vor Gobelins und Nussbaumpilastern mit knurrenden Mägen, bis die Zwischengerichte auf gemusterten Porzellantellern, die Hauptgerichte auf silbernen Platten gereicht werden. Das Tafelgeschirr trägt ein Blumendekor mit dem Monogramm der Majestäten und ist – ohne Initialen – auch in der Königlich Preußischen Porzellanmanufaktur erhältlich, Geschäft bleibt Geschäft. Die Diener, je einer für zwei Gäste, servieren Kraftbrühe, Steinbutt in Champagner, Rehrücken und Gemüse, getrüffelte Wachteln, Hummer, Elsässer Hühner und Gefrorenes von Schokolade. Die Tischzeremonie ist lang und zieht sich hin, alle Augen richten sich auf das Kaiserpaar unter dem Thronbaldachin in Erwartung der von dort ausgesandten Trinksprüche. In Kristallgläsern mit Goldrand schwappen Madeira, Portwein oder Sherry zur Suppe, Sekt zu Austern und Fischen, Rheinwein oder Bordeaux zum Braten, Tokayer und Muskat zu den Desserts. Störenfried Bismarck, vom Protokoll wegen seines noch jungen Fürstentitels stets weit unten platziert, hat im fernen Friedrichsruh das Zeitliche gesegnet.

Nur ein paar hundert Meter sind es von den Gelagen vor Rokokospiegeln und silber-

Im eben eröffneten Grand Hotel Esplanade feiern Berlins Bürger 1908 Silvester. Im selben Jahr ist das Excelsior am Anhalter Bahnhof hinzugekommen, größtes Hotel Europas. Im Varieté Wintergarten bestaunen die Gäste Artistenpyramiden und künstlichen Sternenhimmel

nen Prunkgefäßen zum Fischerkiez mit den mittel-
alterlichen Gassen und dem Arme-Leute-Geruch.
In den engen Hinterhöfen hängt Wäsche, die nicht
wie die 26 Meter langen Tischdecken im Schloss aus
Damast gewebt wurde, und mitten im Kiez, Fischer-
straße 21, lärmen in Heinrich Zilles Lieblingslokal
Zum Nussbaum Gäste wie die Veilchengräfin, der
Fürst ohne Hirn oder das Ludeken, eine 70-jährige
Frau, die dort in 35 Stammgastjahren 23 000
Schnäpse gesoffen haben soll.

Die dunklen Winkel auf der Spree-Insel und am
Molkenmarkt wirken nur auf alten Fotos roman-
tisch. Hier sind die Armseligkeit und der Suff
zu Hause, und wo es für eine Butterstulle nicht
langt, muss die Kalatsche reichen, böhmisches
Backwerk aus grobem Pfannkuchenteig mit Pflau-
menmusfüllung. In Volkskaffeehäusern können
„unbemittelte Männer und Frauen (getrennt) Kaffee mit Zubrot für ein Billigstes erhalten und
verzehren", so ein Fremdenführer um die Jahrhundertwende.

Eines dieser Gebäude ist in der Neuen Schön-
hauser Straße 13 nahe den Hackeschen
Höfen noch erhalten. Heute residiert ein Sze-
ne-Italiener in den stattlichen Räumen, die
Alfred Messel, Architekt des Protz-Kaufhauses
Wertheim in der Leipziger Straße, errichtet hat.
Aber mit den Augen isst man sich nicht satt, und die
Volksküchen, in denen es Leber, Herz, Magen und
Kaldaunen gibt für die hungrige Unterschicht und
nur an Kaisers Geburtstag – dem 27. Januar – mal ein
handfestes Stück Roastbeef, sind eine kaum
kaschierte Armenspeisung.

Im „Strammen Hund" an der nördlichen Friedrichstraße ist das Besteck mit eisernen Ketten am Tisch
befestigt, Kellner füllen Erbsensuppe aus Behältern
auf dem Rücken in die Teller und saugen sie
sofort wieder ab, wenn der Gast nicht zahlen kann.
Im Norden und Osten Berlins wuchert die größte
Mietskasernenstadt der Welt, in die das Proletariat
gepfercht wird. Das Millionenheer aus den Turbi-
nen- und Generatorenwerken von Siemens, Borsig
und AEG bestimmt den Alltag der Industrie-
metropole Berlin, säuft Weißbier mit Strippe – mit
Kümmel angereichert – und „Nordlicht mit Luft",
den populären Gilka-Likör.

Der französische Schriftsteller Jules Huret hat um 1900 noch 250 Gaststätten, Restaurants und 1905 Schenken gezählt, fünf Jahre später kommt der Sozial- und Sexualwissenschaftler Magnus Hirschfeld bei einer Untersuchung über die „Gurgel Berlins" auf über 13 000 Kneipen bei 24 000 bewohnten Grundstücken, „also auf jedem zweiten Grundstück eine". Die tragen dann so idyllische Namen wie Hammelkopf, Blutiger Knochen oder Grober Gottlieb, ein für seinen Brachialcharme bekannter Wirt in der Jägerstraße nahe dem Gendarmenmarkt. Ist Schlachtetag, hängt eine weiße Schürze auf einem Stuhl vor der Tür.

Des Kaisers herrliche Zeiten beglücken nur das Bürgertum, das von Trinkhallen und Kaffeeklappen genug hat und nicht mehr in Gaststätten speisen will, wo der Geruch von verdorbenem Zander mit glühenden Holzkohlestücken im Kochtopf kaschiert wird. Die dicke Brieftasche ersetzt den Adelstitel, und sie wird nicht mehr für Napfkuchen oder Arbeitersekt, die Weiße, gezückt. An großbürgerlichen Stammtischen wie der „Roten Lunte" im Restaurant Austernmeyer an der Gedächtniskirche und im Weinhaus Huth am Potsdamer Platz wird vormittags pro Rotweinnase eine Pulle geleert, natürlich nur Premiers Crus Classés aus den ersten Lagen Frankreichs – mit einem Cru Bourgeois gibt sich hier niemand ab, auch wenn die Stammtischbücher auffällig oft Abgänge durch Schlaganfall vermelden.

Im altdeutsch möblierten Kaiserkeller auf der Friedrichstraße schafft die Küche, aus unerfindlichen Gründen im fünften Stock, in einem Jahr 275 320 Pfund Rindfleisch, 123 425 Pfund Kalbfleisch sowie 62 490 Pfund Fisch mit dem Speiseaufzug in die Schlünde nach unten, Schirmherr der Vielfraße ist natürlich auch hier SM, in Bronze und Admiralsuniform, „das energisch geschnittene Antlitz gebieterisch blickend, stolz erhoben und ein wenig zur rechten Schulter hingewendet", so der Hausprospekt in ei-

Wie im Mittelalter sah es 1908 am Molkenmarkt und auf der Fischerinsel aus. Der Kaiser ignorierte die von Heinrich Zille geschilderten Missstände. Der Kiez wurde von Bomben und DDR planiert, Zilles Stammkneipe „Zum Nußbaum" im Nikolaiviertel neu errichtet

nem Anfall von weit verbreiteter Götzenverehrung. Dabei ist der Hohenzoller als Schlemmervorbild ungeeignet, er verzehrt am liebsten biedere Kartoffelsuppe auf Schinkenknochen gekocht, mit einer Einlage aus feingeschnittener Rinderbrust.

Seine Untertanen aber drängt es zu Prager Saftschinken in Burgunder in die Bierkathedralen und Weinpaläste oder die beliebten Zooterrassen mit Affengekreisch draußen, zarten türkischen Schwänen auf dem Teller und Platz für 25 000 Gäste, Lorenz Adlons Goldgrube.

„Der Berliner", wird der Literat Franz Hessel ein paar Jahrzehnte später den Geltungsdrang seiner Landsleute resümieren, „verfällt in seinem Vergnügungseifer der Gefahr der Häufung, der Quantität, des Kolossalen. Immer wieder werden neue Groß-Cafés gegründet mit Platz für rund 1000 Besucher. Man muß mal einen zweiten Feiertag, wo alles ausgeht, weil doch auch die Hausangestellte Ausgang hat, in einem Monsterspeisehaus erleben. Da läßt der Vater was draufgehen. Es gibt die guten Hors-d'œuvre-Platten, wo alles dabei ist, Hummer und Kaviar und Artischockenherz, das Ganze immer gleich für zwei Personen, Doppelportionen wie das gigantische Entrecôte, das mit lauter Gemüsebeilagen garniert ist."

Der Hochmut ist vor dem Fall am größten. Kein rechter Deutscher mag den Franzmann leiden, aber seine Weine trinkt er gern, toasten die Stammtischbrüder im Deutschen Reich, und beim Besuch des Staatsgastes Edward VII. heißt es „Gott strafe England". Im Felde unbesiegt, wenn auch in den letzten Jahren nur gegen Boxer und Hottentotten, das nährt den nationalen Wahn.

Mit einem Festmahl wird am 17. Oktober 1903 im Hotel Kaiserhof an der Wilhelmstraße der Niederschlagung des Boxeraufstandes im fernen China gedacht. Die Offiziere des deutschen Expeditionskorps speisen mit ihrem Feldherrn, dem Grafen Waldersee, zwischen erbeuteten Geschützen und schwärmen vom Draufhauen und Dreinschlagen, wozu der Kaiser in seiner berüchtigten „Hunnen-Rede" ermuntert hatte: „Pardon wird nicht gegeben."

Nun sitzen die Kameraden einträchtig an der geschmückten Tafel und heben den Becher auf

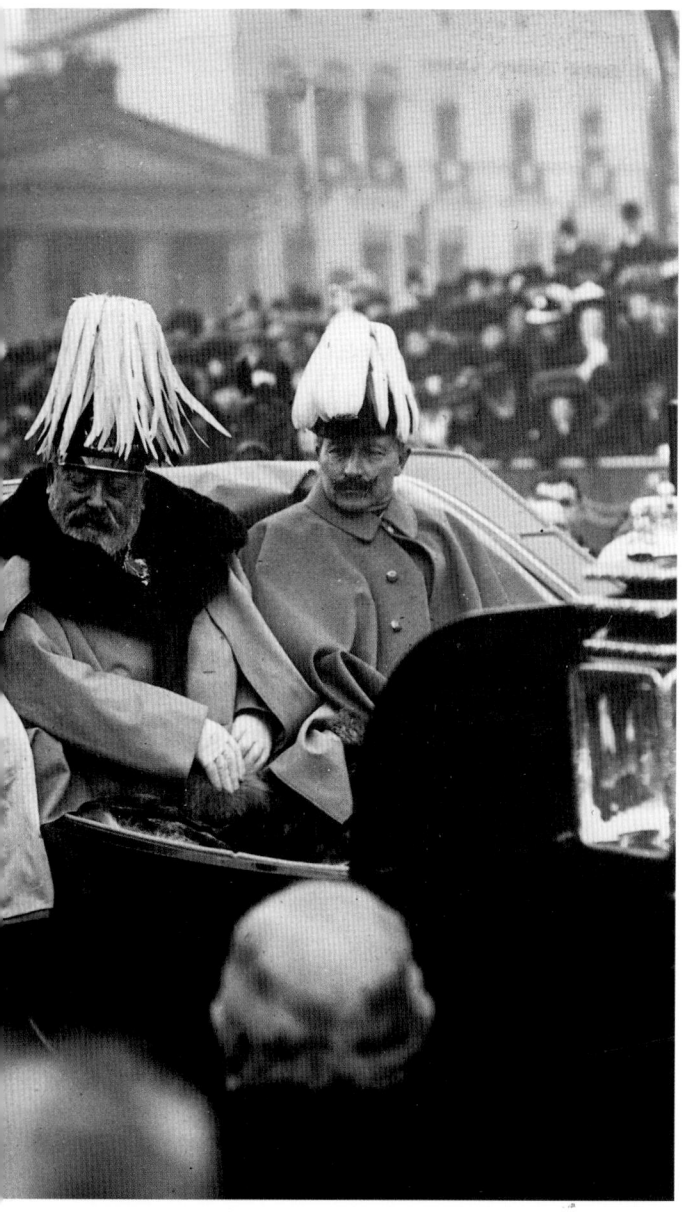

Heldentaten gegen armselig Bewaffnete, the Germans to the front, wenn auch unterstützt von sieben weiteren Nationen. Bei diesem „weltgeschichtlichen Akt", so ein Festredner, möchte auch die Küche des Kaiserhofes nicht abseits stehen und hat die Speisenfolge auf den Feldzug abgestimmt. Es gibt Waldersee-Kraftbrühe und Gelbe-Meer-Steinbutten mit Bendemannstunke – Vizeadmiral von Bendemann war der Stellvertreter Waldersees –, Kanton-Hammelrücken, Béarnaise mit Schantunger Gemüsen, Salat aus den Kaiserlichen Gärten von Peking und Iltis-Eis-Bomben, gesammelt in den Taku-Forts – das Kanonenboot „Iltis" hatte die Forts beschossen.

Nach dem Mahl wird ein dreifaches Hoch auf SM ausgebracht, danach vereinen sich die Teilnehmer zum Bierabend. Später wird ein neuer Feldherr in den Kaiserhof einziehen: Der bald größte Führer aller Zeiten residiert in dem Hotel, das wie das Adlon in der Weimarer Republik stets Schwarz-Weiß-Rot flaggt statt Schwarz-Rot-Gold, bis er endlich in die Alte Reichskanzlei wechseln kann.

Am Potsdamer Platz wird im Februar 1907 das Weinhaus Rheingold mit seinen elf Festsälen eröffnet, das – so die „Architekturwelt" schwülstig – „kommenden Geschlechtern Zeugnis ablegen soll von unserem Können, ein Geschlecht dem anderen, der Gegenwart für die Zukunft". Das Können des Architekten Bruno Schmitz, der auch den Kyffhäuser, das Deutsche Eck in Koblenz und das Völkerschlachtdenkmal gebaut hat, manifestiert sich in einem Bombast ohnegleichen. Schade, dass das Rheingold in den Bombennächten des Oktober 1943 in Schutt und Asche fällt – es wäre heute sehenswertes Fossil einer verschwendungssüchtigen Epoche, die sieben Jahre vor Ausbruch des Ersten Weltkrieges ihren Höhepunkt erreicht.

In die Kassetten des Kaisersaals sind die deutschen Kaiser gemalt, im Roten

Neffe Wilhelm II. baut neue Panzerkreuzer, und Edward VII. von England, 1909 auf Staatsbesuch, ist verärgert. Im Weinhaus Rheingold dürsten deutsche Patrioten nach Weltgeltung, und im nationalstolzen Hotel Kaiserhof haben Gemüseputzerinnen alle Hände voll zu tun

Saal plätschert ein bronzener Rheingoldbrunnen, den Steinsaal schmücken Kiesel, den Galeriesaal Perlmuttintarsien. Onyx, Mahagoni, Ebenholz und Muscheln überziehen die Wände, Goldmosaiken, silberbeschlagene Türen und Kolossalstatuen, die sich auf ihre Schwerter stützen, dräuen am Haupteingang.

„Wo bin ich?", fragt der Franzose Jules Huret und sieht „Mauern gleich heidnischen Totengrüften, indische Felsennester und Thronsäle von Gotenkönigen". 250 Kellner und 3 Küchenbrigaden mit 110 Köchen, Patissiers und Schlachtern, dazu 137 Hilfskräfte, stehen für die 4800 Gäste bereit. Vier Etagenöfen sind für die Süßspeisenköche eingerichtet worden, die Gefrieranlage liefert stündlich 20 Zentner Eis, die Gerichte können in 40 elektrisch beheizten Speiseaufzügen befördert werden. Das Geschirr, silberne Platten, Schüsseln und Teller, hat eine halbe Million Goldmark gekostet.

Wo die Kultur fehlt, müssen Zahlen herhalten, aber das neureiche Bürgertum möchte nun einmal so leben wie der Adel – oder so, wie es sich das Leben des Adels vorstellt.

Der Wahn währt kurz. Elf Jahre nach der Eröffnung hat sich die Hofgesellschaft mit der Katastrophe des verlorenen Weltkrieges aufgelöst, in den 20er Jahren ist der Klotz aus dem Kaiserreich bereits von gestern und muss in der Weltwirtschaftskrise Anfang der 30er Jahre wegen Gästemangel schließen. Im Zweiten Weltkrieg wird in dem leer stehenden Gebäude ein Gemeinschaftslager für ausländische Zwangsarbeiter eingerichtet, dann geht der Potsdamer Platz im Phosphorregen unter und mit ihm das Rheingold. Heute führt über das Gelände die neue Potsdamer Straße zwischen Sony-Zelt und DaimlerChrysler-Viertel.

„Aschinger wollte ein Lokal schaffen, das einzig dasteht", schreibt die „Kochkunst" 1907 nach einem Rundgang. Zum Neujahrsempfang nicht ins Schloss geladen? Macht nichts, hier kann man wie bei Kaisers tafeln.

Die Speisekarte lässt keine Wünsche offen. Die Tagesgerichte vom Deutschen Beefsteak über frische Ochsenbrust bis zum halben Wiener Backhuhn kosten 80 Pfennig, das Kalbskotelett mit Schoten, Spargel, Champignons oder ein halber Fasan mit

Lebercroûtons und Maronenpüree 1,30 Mark, das halbe Pfund Malossol-Kaviar, auf Eissockel serviert, 6,50 Mark. Die beliebte Rheingold-Platte mit frischem Hummer, Austern, Kaviarschnitten, Sardinen, Hühnersalat, Gänseleberpasteten, Butter und Toast wird für 1,30 Mark gereicht.

Mit dem Namen Aschinger verbinden sich heute Erbsensuppe und kostenlose Schrippen, aber die Brüder Carl und August hatten schon früh begriffen, dass mit kleinen Angestellten mehr als nur kleine Münze zu machen war. 1892 haben sie in der Neuen Roßstraße ihr erstes Schnellrestaurant eröffnet, 1911 dehnt sich ihr Reich auf 50 Bierquellen, Konditoreien, Restaurants und Hotels aus, der Familienbetrieb ist eine AG mit drei Millionen Mark Aktienkapital geworden, und die Schreiber, Kontoristen, Boten und Lageristen aus den Bürohäusern der Innenstadt stürzen sich auf die Brötchen, die belegt 10 Pfennig und mit Kaviar 15 Pfennig kosten. Bei Aschinger gibt es Löffelerbsen mit Speck oder Bockwurst mit Kartoffelsalat für 30 und Gänsebraten für 75 Pfennig.

Die „Kochkunst" bewundert die in der Großküche „in gleichmäßiger Tracht gekleideten, jungen kräftigen Gestalten des arbeitenden weiblichen Personals", mehr aber noch den Eierkochapparat, „in welchem 942 Eier zugleich gekocht werden können", die Gurkenschneidemaschine, die pro Stunde 3600 Gurken verarbeitet, und den Knödelformer, der im selben Zeitraum 360 Pfund Hechtfleischfarce kugelt. Das füllt die Kasse für den Neubau des Luxushotels Fürstenhof am Potsdamer Platz, und für das Paradestück Rheingold sind noch 15 Millionen Goldmark übrig.

Durch Erbsensuppe und kostenlose Brötchen sind die volkstümlichen Gaststätten von Carl (Foto) und August Aschinger berühmt geworden. 942 Eier fasste der Kochapparat in ihrer Großküche. Nach dem Krieg wurde Aschinger im Osten enteignet und machte im Westen Konkurs

Klotzen statt kleckern ist auch das Geschäftsprinzip von Berthold Kempinski, der den Aschingers immer um eine Nase voraus gewesen ist. Er war früher da und hatte eher begriffen, dass roter Marmor, Kronleuchter und ledergepolsterte Stühle kombiniert mit Forelle blau, Lachs in Zitronensauce oder Poularde auf Reisrand zu

Preisen zwischen zwei und vier Mark die große Welt verheißen, Luxus zu kleinen Preisen und halben Portionen, seine Erfindung, dazu die Flasche Mosel für 90 Pfennig.

1906 baut Kempinski das Stammhaus in der Leipziger Straße für 1,6 Millionen Goldmark um, mit noch mehr Marmor, Glasmalerei und einer reich vergoldeten Decke. Der Jugendstil mit Art-déco-Elementen wirkt moderner als die Alt-Nürnberger Pracht des Rheingold, im Erker-, Burgen-, Estraden-, Gelben und Grauen Saal drängeln sich bis zu 10 000 Gäste, und oft muss wegen Überfüllung geschlossen werden. Zwar bemeckert ein ausländischer Gast den „Mangel an Eleganz und Benehmen", zu sechst würde man an die Tische gezwängt, und der Deutsche lache mit weit aufgerissenem Mund: „Wirklicher Luxus existiert hier nicht."

Was soll's, zur Neueröffnung ist sogar SM gekommen, um den Cadiner Saal mit den Kacheln aus seinem Cadiner Majolikawerk zu bewundern, und Berthold Kempinski ist der Erste, der Gastronomie als Fabrik versteht. Für Aschinger und Kempinski ist genügend Platz im genusssüchtigen Berlin, auch in den 20er und frühen 30er Jahren, und erst als die braunen Bataillone die Macht übernehmen, wird es gefährlich für die jüdische Familie Kempinski, die ihr Unternehmen ausgerechnet an den Arisierer Aschinger verliert.

Hat der Berliner sechs Mark fünfzig
und geht mit einer Dame aus,
dann führt er sie mit Rothschild-Miene
zum Restaurant Kempinski hin.
Denn erstens ist es da sehr billig,
und zweitens ist das Essen schön,
und drittens trifft man auch Bekannte,
und viertens wird man da gesehn.
(ALEXANDER OTTO WEBER)

Berlin schwelgt. Vergoldete Schnitzereien, Marmorverkleidungen und Bronzebeschläge sogar in den neuen Automatenrestaurants in der Friedrichstraße, wo gegen Münzeinwurf belegte Brötchen auf weißen Platten und unter Glasglocken aus Vitrinen gezogen werden können; Kohlkopfhalden, Mauern von Salatkisten und Alleen mit rosigen Schweinehälften im Kaufhaus Tietz am Alexanderplatz, das als

Wahrzeichen eine Weltkugel in der Lichtkuppel führt. Kaufhäuser wie Fürstenschlösser, draußen der als Hofmarschall verkleidete Portier, drinnen livrierte Diener für den Lakritzekäufer. Immerhin: 1908 macht sich das Tietz durch Niedrigpreise von zehn Pfennig fürs Kilo um die Einführung der weitgehend unbekannten Tomaten verdient.

Ungekrönter König im Reich der Austernsuppen, Gänseleberparfaits und verzuckerten Veilchen ist der Kommerzienrat Borchardt in der Französischen Straße, Hoflieferant seit 1862 und schon von Bismarck 1878 mit der Versorgung des Berliner Kongresses beauftragt, wo die europäischen Großmächte bei Schnepfenpastete den Balkan neu sortieren.

Gegen die Konkurrenz der Großrestaurants und Protzpaläste setzt F. W. Borchardt auf Tradition und seinen Ruf als Caterer, dem kein Auftrag zu groß ist. Der Feinkost-Käfer des Kaiserreichs beliefert das Leibgrenadierregiment Nr. 8 mal eben mit 350 Rehrücken zum hundertjährigen Bestehen, ist bei der Einweihung des Reichsmilitärgerichtes (120 Braunschweiger Kalbsrücken) ebenso zur Stelle wie bei der Vorfeier zur Vermählung der Prinzessin Viktoria Margarete von Preußen mit dem 23. Prinzen Reuss, bedient den Gynäkologenkongress im Preußischen Herrenhaus und den König von Siam in seiner Botschaft, richtet die Eröffnung des Nordostseekanals aus und eilt zu den Krönungsfeierlichkeiten für Zar Nikolaus II. nach St. Petersburg.

Borchardts Lieferverzeichnis umfasst 225 Seiten, bestückt mit 76 Gelee- und Marmeladensorten und 32 englischen Fleisch- und Bratensaucen. Petersfisch oder Maille-Essig sind bei Borchardt lange vor Witzigmann selbstverständlich. Als Stärkung für Kranke und Genesende hält er in seiner Delikatessenabteilung, wo sich heute das neue Borchardt befindet und Kanzler Schröder, Hellmuth Karasek oder Katarina Witt eine eher mittelmäßige Küche goutieren, Kalbfleischessenz und Ochsenfleischgelee bereit. In den dezenten Räumen nebenan, im Krieg zerstört, schlemmte nach den Sitzungen im Preußischen Herrenhaus der Adel und saß das halbe Auswärtige Amt beim Frühstück. Speisekarten gab es nicht, die Gäste kannten sich aus und zogen Gespräche mit den Oberkellnern vor.

Moderne und Tradition: Schon um die Jahrhundertwende eröffneten in der Stadtmitte die ersten Selbstbedienungs- restaurants. In Bor- chardts altdeutschen Stuben in der Französischen Straße schirmten sich Garde- kavallerie und Auswärtiges Amt vor der Hektik der Großstadt ab

Bei Borchardt schlägt die Geburtsstunde eines neuen Gerichtes, dessen Zubereitung der Zeitnot des Geheimrats Fritz von Holstein zu verdanken ist, der „Grauen Eminenz" im Auswärtigen Amt. Canapés mit Lachs, Ölsardinen und Hummer als Vorspeise und danach Kalbschnitzel mit Spiegelei dauerten Holstein zu lange, deshalb ließ er beides kurzerhand auf ein und denselben Teller türmen. Das Holsteiner Schnitzel war erfunden.

Das zeugt nicht unbedingt von gutem Geschmack, ist aber immer noch dezenter als im Kempinski, Rheingold und Kaiserkeller, wo die Neureichen, gestern noch in Bierlokal und Bouillonkeller zu Hause, dem Provinzbesuch mit feinem Anstrich und französischer Poularde für 1,25 Mark imponieren.

Das dröhnende Ambiente vertreibt das gehobene Bürgertum in die gepflegten Hotelrestaurants, wo das Souper-Menü zwar üppige fünf Mark kostet, dafür aber mit Seezungenschnitte Mantua oder Tournedos mit feinen Erbsen höhere Stufen der Kochkunst zelebriert werden. Bei Banketten oder Hochzeitsgesellschaften darf natürlich auch der Tafelaufsatz nicht fehlen, dieses eindrucksvolle Denkmal des Nichtessbaren, Stolz jedes Gastrono- men und Sinnbild für den damaligen Trend zu orna- mentalen Schnörkeln.

„Auf eine runde Holzplatte", so heißt es in einer Gebrauchsanweisung, „gibt man etwas Polenta, Grieß- oder Reismasse, welche man zu einem flachen Hügel formt. Darauf kommt ein aus Karton geschnittener und mit Holzrinde beklebter Baum- stumpf, der die wächsernen Gnomen, das Vögel- chen, die Schnecke, Pilze und künstliche Schmet- terlinge aufnimmt. Mit Goldbronze bedeckte Fichten- und Lärchenzapfen werden mit Leim an der Kante des Tafelaufsatzes befestigt. Rund um den Baumstamm kommt präpariertes Moos, das man mit Gummi anklebt."

Als sich 1908 die Prachtentfaltung in der Gastrono- mie ihrem Höhepunkt nähert, kommt es erstmals zu einer Parlamentsdebatte über Verschwendung und Luxus in den Berliner Großrestaurants, und der Ab- geordnete Graf Mirbach erklärt, er setze sich lieber bei Habel an einen Holztisch.

Weinstuben wie Habel Unter den Linden, Ewest in der Behrensstraße, wo der Säbel des Husaren- generals Hans Joachim von Zieten hängt, oder

Lutter & Wegner in der Charlottenstraße sind die letzten Refugien der stillen Zecher im Lande. Der Keller von Lutter & Wegner, unsterblicher Schauplatz der Jacques-Offenbach-Oper „Hoffmanns Erzählungen", wurde in den Nachkriegsjahren als Restaurant genutzt und war noch in der Nachwendezeit als Gewölbe erhalten, bis das Hotel Four Seasons seinen Hintern in die nicht mal denkmalgeschützten Gemäuer setzte.

Die Debatte über die Großmannssucht in der Reichshauptstadt endet wie das Hornberger Schießen, kein Wunder bei einem in Glanz und Gloria verliebten Kaiserhaus, das sich höchstens mal erregt, wenn in Paul Linckes Operette „Frau Luna" Tänzerinnen nicht nur mit nackten Beinen, sondern auch noch mit Netzstrümpfen zu sehen sind.

In dieser konservativ geprägten Welt hat auch der Architekt Bruno Taut keine Chance, der für die Abschaffung der privaten Kochstellen in Miethäusern plädiert. Nahrungszubereitung müsse in einer einzigen Küche für alle mit elektrischen Kartoffel- und Obstschälern, Speckpressen, Wurststopfern, Fleischhackern, Brat- und Brotschneideapparaten wissenschaftlich erfolgen, sagt August Bebel. Gemeinsames Kochen für 50–60 Wohnungen soll „für ungezählte Hausfrauen eine Erlösung sein", aber nach den ersten vier Einküchenhäusern kommt es zu Streitigkeiten unter den Bewohnern, die sich über die pole position an Herd und Geräten nicht einigen können und in ihren Wohnungen heimlich Speisen zubereiten. Als der Erste Weltkrieg ausbricht, wird das Projekt in aller Stille beerdigt.

Am 15. Juni 1913 feiert Wilhelm II. sein 25-jähriges Regierungsjubiläum mit Rehrücken und jungen Enten, in der Zentralmarkthalle hängen 10 000 australische Hammel, und die „Kochkunst" beantwortet eine Leseranfrage nach dem Unterschied zwischen deutschem Sekt und französischem Champagner unerschrocken: „Sekt wird aus einem gewissen Patriotismus heraus serviert, aber von Feinschmeckern nicht verstanden, denn keine deutsche Fabrik hat bisher eine dem Champagner ebenbürtige Marke hergestellt."

Aber Feinschmecker haben im Kaiserreich bald nichts mehr zu sagen, da der Durst der Patrioten

nach Weltgeltung immer größer wird. Das ahnen wohl auch die Firmengründer Berthold Kempinski und F. W. Borchardt, die sich aus der Welt der Hurrarufe verabschieden.

Noch leben in Berlin 15 547 Millionäre, noch kann der Graf Pannwitz, des Hohenzollers Vermögensberater, mit einem Prunkempfang für 1000 Gäste zur Eröffnung seines neuen Palais im Grunewald laden, heute Ritz-Carlton-Schloßhotel und als Haus Gehrhus eine Traditionsadresse im Berlin der Nachkriegsjahre.

Allein für die Ziersträucher in seinem Garten hat der Graf Pannwitz 100 000 Goldmark spendiert. Dafür durfte eine Schneiderin in der Berliner Konfektion bei 10 bis 15 Mark Wochenlohn lange mit der Schere klappern.

Im Sommer 1914 ist Schluss mit lustig, „man drückt uns das Schwert in die Hand", erklärt SM vom Schlossbalkon, auf zum Frühstück in Paris. Schon kurz nach Kriegsbeginn müssen Hotels Tischtücher und Servietten zur Weiterverarbeitung abliefern.

Nun zählt es auch nicht mehr, dass Wachtel, Hasel- und Steinhuhn durch übermäßigen Abschuss immer seltener geworden sind, denn sie verschwinden bald ganz von den Speisekarten und werden durch panierte Koteletts von Haferflocken mit Grießnocken als Gemüsebeilage ersetzt.

Das Café Piccadilly im Haus Vaterland am Potsdamer Platz ist in Kaffeehaus Vaterland umbenannt, und in Paris tauft der berühmte Koch Escoffier die Sauce allemande in Sauce parisienne um, aus der Crème bavaroise wird die Crème moscovite und aus dem Rehrücken Baden-Baden der Rehrücken Briand.

Patriotismus bei Tische an der Heimatfront, während der Ausflug nach Paris im Stellungskrieg erstarrt. Als erste Großstadt rationiert Berlin sieben Monate nach Kriegsbeginn das Brot, und Großküchen übernehmen die Versorgung der Bevölkerung. Grieß- und Wassersuppen („1 EL Nährhefe zugeben") dämpfen die Kriegsbegeisterung im Volk, während bei der Königlichen Frühstückstafel im Schloss Bellevue am 11. März 1916

In den großbürgerlichen Haushalten gab es reichlich Personal und Platz in der Küche. Der Versuch der Architekten Taut und Gessner, 1908 fürs einfache Volk Mietshäuser mit Zentralküche einzuführen, scheiterte am Widerstand der Bewohner, die heimlich auf den Zimmern kochten

noch Kaisersuppe, Forellenschnitten, Spießrücken, getrüffelte Gänseleber und junge Puten aufgefahren werden, dazu ein 1878er Mouton Rothschild vom Franzmann, dessen Weine man so gern trinkt, den man aber auf dem Schlachtfeld nicht besiegen kann.

Nahrungsmangel („Auf einen Sperling für die Person rechnet man ¼ l Wasser") führt 1917 zu den ersten Hungerstreiks in mehr als dreihundert Berliner Betrieben, und die Zeitungen rufen zum Sammeln von Eicheln und Kastanien auf. Immer wieder werden Brot- und Kartoffelrationen gekürzt, die Milchversorgung bricht zusammen, und Kohlrüben müssen nun als Aufstrich, Pudding- und Kaffeeersatz herhalten.

Fleischlose Tage sind auch im feinen Weinhaus Huth am Potsdamer Platz angesagt, aber die Weinkarte – dezent in Feldgrau – verzeichnet noch 52 französische Châteaux, darunter einen 1895er Haut Brion Schloss-Abzug für 30 Mark – so viel kostet ein Pfund Butter im Laden, unerschwinglich für die meisten.

Nur vier Jahre hat sich der Graf Pannwitz an seinem Palais im Grunewald freuen können, denn des Kaisers schimmernde Wehr hat 1918 genug von vier Jahren Krieg mit zehn Millionen Toten und kapituliert. Keine Paradetafeln mehr mit Rheinlachs-Schnitten und Wildauflauf mit Trüffel im Hohenzollernschloss, in das nun die rote Volksmarinedivision einzieht. Ende 1919 folgt Pannwitz seinem Schirmherrn ins holländische Exil.

Auf dem Potsdamer Platz demonstrieren Arbeiter und aufständische Soldaten, sie marschieren an der italienischen Renaissance-Fassade des Hotels Esplanade vorbei, „dem unbestreitbar Schönsten", wie das Fachblatt „Die Küche" befand, „was Berlin auf dem Gebiet des Hotelbauwesen besitzt".

Aber die Elogen von 1909 sind jetzt Makulatur, die Gäste aus den Fürstenzimmern zerstoben, und am Potsdamer Platz wird bald die Angestelltenkultur dominieren.

REIN INS VERGNÜGEN

WELTSTADT IM TAUMEL DER ZWANZIGER JAHRE

Berlin hungert nach Glanz und Zerstreuung, die Angestelltenheere amüsieren sich im Haus Vaterland, im Kino, bei Revuen und Fünf-Uhr-Tees. Ein Tanz auf dem Vulkan, denn die Weimarer Republik wird der Arbeitslosen und Straßenkämpfe nicht Herr

Symbol für den Mythos Großstadt: Potsdamer Platz mit Hotel Fürstenhof, Haus Vaterland und Pschorr-Haus

Die Girls der Haller-Revue posieren im Admiralspalast, im Universum wird Filmstar Jenny Jugo gefeiert, und der Maler Rudolf Schlichter (hier im Selbstbildnis) schmückt nicht nur die Speisekarten im Lokal seines Bruders Max, sondern stellt dort auch seine Bilder aus

*Kaufhäuser
wie Kathedralen:
Das Karstadt in
Neukölln strahlt 1929
im Lichterglanz und
wird 16 Jahre später
beim Kampf um
Berlin von der SS
gesprengt. Bei Tietz
begrüßen livrierte
Angestellte die Kunden,
im Krieg gehen die
„arisierten" Hertie-
Häuser im Bomben-
hagel unter*

Das Kaiserreich liegt in Trümmern, SM hat sein Volk nicht den versprochenen herrlichen Zeiten entgegen, sondern direkt in die Katastrophe des Weltkriegs geführt, und die Berliner, erst jubelnde, dann zunehmend hungernde Untertanen, stehen verstört in der neuen Republik.

Das kümmerliche Jahr 1919 quetscht sich zwischen eine jäh verlöschte Epoche und die Goldenen Zwanziger, die so golden auch nicht werden.

Wie schon zur Jahrhundertwende donnern im Januar in der Stadtmitte wieder Kanonen, kein Salut im Lustgarten diesmal, sondern der Spartakusaufstand der Roten gegen die Regierung des Sozialdemokraten Friedrich Ebert. Freikorps, die Kommunisten und Sozis gleichermaßen verachten, hauen dazwischen, und nur so hartgesottene Flaneure wie der Literat Harry Graf Kessler haben die Nerven, abends in Aschingers Hotel Fürstenhof am Potsdamer Platz zu speisen, während draußen die eisernen Gittertore hochgezogen werden, weil ein Spartakusangriff auf den gegenüberliegenden Potsdamer Bahnhof erwartet wird. „Hell erleuchtet und überfüllt sind die großen Konditoreien Josty und Palastcafé", notiert der Graf. „Obwohl jeden Moment Kugeln einschlagen können, spielt im Café Vaterland die Wiener Kapelle, die Tische sind gut besetzt, und die Dame unten im Zigarettenhäuschen lächelt wie im tiefsten Frieden ihren Kunden zu."

Das Adlon serviert neben Gänseleber-Pastete für 32 Mark nun auch schlichte Hafergrützen-Suppe zu 1,50 Mark als Gabelfrühstück. Das noble Hotel ist als Ersatz für das in Kämpfen gegen rote Matrosen schwer beschädigte Schloss eine nostalgische Herberge für alle, die den Verlust des Vergangenen beklagen und ein vertrautes Ambiente suchen. Der erzreaktionäre General Ludendorff logiert als Karl Neumann mit falschem Bart im Haus und möchte Ebert samt Genossen am liebsten „baumeln sehen". Konservativer Geist weht durch die Hallen und Schwarz-Weiß-Rot auf dem Dach.

Inhaber Lorenz Adlon hängt noch ganz im Gestern, er läuft gedankenlos durch die mittlere Passage des Brandenburger Tors, die im Kaiserreich den Hohenzollern vorbehalten war, und kommt prompt unter die Räder der neuen Zeit. Schon im November 1918 ist er dort von einem Auto überfahren worden,

der zweite Unfall im April 1921 an derselben Stelle wird tödlich enden.

Eineinhalb Jahre nach dem Ende des „Völkerringens", wie es bei den Ewiggestrigen vollmundig heißt, erscheint auch die Fachzeitschrift „Kochkunst und Tafelwesen" wieder, nur nicht mehr auf teurem Kunstdruckpapier. Sie nennt sich nüchtern „Die Küche" und blickt ohne Illusionen in die Vergangenheit: „Die letzten zehn Jahre vor Kriegsausbruch bedeuteten eine Epoche des Glanzes, aber wir lebten zu verschwenderisch. Die endlosen Gänge bei Tisch wirkten ermüdend, die Speisekarten der großen Wein- und Bierhäuser gingen ins Unendliche, und die Menüs waren zu schwer. Wir hatten kein Interesse am Nährwert der Speisen und fragten nicht nach dem Kaloriengehalt. Der Krieg war uns ein guter Lehrmeister."

Der Lehrmeister hat Kochkunst wie Tafelwesen beseitigt und Tabula rasa gemacht. „Die Zeiten sind schlechter als ein Sterblicher zuvor geahnt", klagt der Koch Franz Karl Mack aus Berlin-Schöneberg und sieht „äußerste Sparsamkeit und Einschränkung in allem und jedem" als Gebot der Stunde, „einfache Eierspeisen auf den Tellern oder Schlachttierabgänge wie Ochsenschwanz, Hirn, Leber und Zunge".

Wegen des Fettmangels ist in den Küchen Erfindergeist gefragt, und Mack rät, rohe oder auch bereits verwendete Knochen fein gemahlen eine Stunde zu kochen und dann die Fettschicht abzunehmen. Als Ersatz für Kartoffeln, die unerschwingliche 100 Mark pro Zentner kosten, müssen Hafer-, Graupen-, Mais-, Reis- oder Hirsemehl herhalten, und Brühwürfel oder -extrakte wie Maggi, Plantox oder Oxena würzen die Gerichte.

Schwache Republik: Nach dem Krieg kämpfen Spartakisten gegen Freikorps, Außenminister Rathenau wird im offenen Wagen erschossen, und Reichspräsident Ebert (hier mit Konrad Adenauer) stirbt viel zu früh. Zum Nachfolger wählen die Deutschen den Monarchisten Hindenburg

„Tausende von jungen Köchen", resümiert die „Küche", „hielten noch nie Hummer, Steinbutt oder Poularde in den Händen und können weder einen Fond noch eine Sauce ansetzen. So wurden sie zur Pfuscharbeit erzogen."

Nicht so schlimm. Schieber und Neureiche sind die neuen Gäste, denen es gleich ist, ob statt Eiern der Eierersatz „Germania" auf den Teller kommt und getrocknete Pilze Fleischgeschmack heucheln. Der preußische Landadel, der einst sechs Wochen „Saison" in der Reichshauptstadt verbrachte und die Korken knallen ließ, hat sich nach Potsdam verzogen, des Kaisers Offiziere sind auf den Schlachtfeldern geblieben.

„Wirkliche Feinschmecker können sich den Besuch erstklassiger Restaurants und Hotels nicht mehr leisten", mault ein Restaurantführer, „an ihre Stelle treten Kriegsgewinnler und sonstige Emporkömmlinge, die früher Rippchen mit Kraut oder Sauerbraten mit Kartoffelklößchen für den Gipfel der Gastronomie gehalten haben. Solche Gäste spornen keinen Koch zu Höchstleistungen an. Die Ansprüche dieser Schlemmer sind leicht zu befriedigen. Schon das Bewusstsein, in einem erstklassigen Hotel oder Restaurant speisen zu können, genügt ihnen, um alles für tadellos erstklassig zu halten" – Einsichten, die sich auf die schicken Berliner Szenerestaurants des Jahres 2000 mühelos übertragen lassen.

Wo Kollege Schmalhans Küchenmeister ist, müssen Einfachgerichte helfen. Spießchen mit Nieren- oder Leberscheiben und Zwiebeln werden auf Rosten ohne Fett zubereitet und kommen als „Schaschlik aus dem Kaukasus" auf die Karte.

In den Cafés sind Berge der so lange entbehrten Schlagsahne von denen verzehrt worden, die es sich leisten können. Zwar werden hier nicht wie in Wien die Scheiben der Raffke-Lokale eingeworfen, aber die Zeitungen der Hauptstadt geißeln den Naschwahn als „hemmungslose Gier und absolute Ich-Sucht, während unterernährte Kinder nach Milch schreien".

Bayern, dem Rest des Reiches mal wieder voraus, bringt sogar einen Gesetzentwurf gegen die Schlemmerei ein: „Wer sich aus Hang zum Wohlleben übermäßig der Genusssucht hingibt, dass dadurch angesichts der Not des Volkes Ärgernis erregt werden kann, wird mit Gefängnis und Geldbußen bis zu 100 000 Mark bestraft." Wiederholungstätern drohen Zuchthausstrafen bis zu fünf Jahren.

Mit Luxus zu kleinen Preisen lockt das von Berthold Kempinski gegründete Schlemmer-Imperium. Sogar die Rückseite des Stammhauses in der Leipziger Straße ist verziert. Das Café Josty am Potsdamer Platz, ein Relikt der Kaiserzeit wie das Weinhaus Huth, das heute noch existiert

Den Kriegsgewinnlern ist damit jedoch nicht beizukommen. Hotels und Restaurants umgehen die Zwangsbewirtschaftung durch Zukäufe, die im Gesetz gegen Wucher und Schleichhandel verboten sind, und schließen am 15. Dezember 1920 aus Protest ihre Betriebe, weil immer wieder Küchen von der Staatsanwaltschaft inspiziert werden.

Verteuerung, Steuern, Abgaben und neue Ernährungsprobleme machen als „Schraube ohne Ende", klagt das Fachblatt „Die Küche", alle Hoffnungen zunichte, die notleidende Branche würde sich von der Katastrophe des verlorenen Krieges bald wieder erholen.

Stinkbomben und rechtsradikale Proteste gegen die „jüdische Pornografie" begleiten die Premiere des Schauspiels „Der Reigen" von Arthur Schnitzler, Rechtsradikale putschen, und Berlin taumelt in die hitzigen 20er Jahre, in einen Rausch, eine bis heute als „Tanz auf dem Vulkan" verklärte Blütezeit von Kunst und Boulevardkultur, der Ausstattungsrevuen, Tanztees und Neonreklamen, des Jazzfiebers und der großen Namen. Tucholsky, Brecht, Furtwängler, die Comedian Harmonists, Fritzi Massary, Richard Tauber, Kintopp und Dada. Weltstadt für ein paar Jahre, davon zehrt Berlin noch heute. Straßenschlachten, Streiks und Arbeitslosigkeit werden dabei meist ausgeklammert.

Das Josty serviert seine berühmten heißen Schokoladen; Kuchen aus gefrorenen Kartoffeln und Zigarren aus nikotingetränkten Kohlblättern gehören der Vergangenheit an wie Sirup als Zuckerersatz. Am Potsdamer Platz wimmelt es wieder von Menschen, keine revolutionierenden Soldaten mehr, sondern die vergnügungssüchtigen Heere der Angestelltenkultur. Die Berliner Stadtmitte gehört den kleinen Leuten, die Boheme hat sich im dekadenten neuen Westen rund um die Ge-dächtniskirche und den „jüdisch versippten" Kur-fürstendamm eingerichtet, das dezimierte Bürger-tum, im Geiste fest um Bismarck geschart, klammert sich an die Traditionsadressen des Kaiserreichs.

Die Masse feiert im Haus Vaterland, bei Kempinski und Aschinger, die einen neuen Gästeansturm erle-ben, die Intelligenz diskutiert und säuft im Romani-schen Café oder im Café des Westens, die Konserva-tiven trinken des Franzmanns Weine bei Trarbach und Huth, obwohl vor den dunklen eichenholz-getäfelten Wänden keine rechte Stimmung aufkom-men will angesichts der ungeliebten Weimarer Republik.

Auf den Speisekarten der Hauptstadt dominieren einfache Gerichte wie Kraftbrühe mit Ei, Zander vom Rost, verlorene Eier, Gänseklein oder Eisbein mit Sauerkohl, die Gerichte kosten um 25 Mark, ein Fasan 160. Der soll dann aber auch für vier Personen reichen.

Von den Tischen verschwunden sind die Tafelauf-sätze aus gegossenem Hammelfett oder Stearin und den mit Kaffeesatz lackierten ungenießbaren Trüf-feln, bei bloßer Berührung vom Einsturz bedrohte babylonische Turmbauten. Eissockel mit eingefro-renen frischen Blumen haben die Grieß- und Reis-blöcke ersetzt, und garniert wird mit Salm, der mit schaumig gerührter Butter bestrichen ist. Mit ge-hacktem Sulz gefüllte Räucherlachs- oder Aal-schnitten und mit Kaviar bestreute Eier sind nun tatsächlich zum Verzehr bestimmt und nicht hand-koloriertes Dekor.

Das Hotel Bristol Unter den Linden, heute von der riesenhaften russischen Botschaft überbaut, serviert nach dem Motto „Keine Übersättigung mehr" Hühnerfrikassee oder gedämpftes Rebhuhn statt Filet Mignon vom Rost mit der sonst allgegenwär-tigen Sauce béarnaise, es gibt gefüllte Taube, Kalbs-briesschnitte und Kalbsragout, leichte Menüs, wie sie erst 50 Jahre später durch Witzigmann & Co. wie-der in Mode kommen.

Zaghaft deutet sich ein Ende der Talsohle an, obwohl die „Küche" befindet, dass Hoteliers, Restaurateure, Direktoren und Oberkellner „vom alten Schlage" immer seltener würden, „sie besaßen gastronomischen Geschmack und beherrschten das Repertoire der feinen Küche". Alfred Walterspiel,

Inhaber des Hiller, hat sich verabschiedet und in München ein eigenes Hotel eröffnet.

Am 23. Juni 1922 tafelt Außenminister Walther Rathenau bis vier Uhr morgens im Luxushotel Esplanade am Potsdamer Platz mit dem neuen Eigentümer, dem konservativen Industriebaron Hu-go Stinnes. Ein paar Stunden später wird der Minister im Grunewald von Rechtsradikalen er-schossen, eine Million Berliner kommt zur Trauer-kundgebung und hat schon bald ganz andere Sorgen: Die Inflation beginnt, auf deren Höhepunkt das Schloßpark-Theater zwei Eier als Eintritt nimmt und Angestellte mit Brot bezahlt werden. Die Gesell-schaft zerfällt in Schwarzmarkthändler und Habe-nichtse, die einen stapeln Butterfässer, Speckseiten und Kaviarbüchsen bis zur Decke, die anderen trinken Kohlrübenkaffee und bekommen für einen Koffer voll Geld nicht mal mehr ein Paar Wiener Würstchen.

Das kann die Gastronomie nicht fröhlich stim-men. „Mit dem Wiederaufbau unserer Kunst, der einigermaßen im Gang war, ist es nun wieder vorbei", resigniert der Verband der Köche. Schon die Besetzung des Ruhrgebiets durch die Franzosen hatte im gesamten Reich zu Einschränkungen in der Gastronomie geführt, es gab keine Butter oder Eier und Eierspeisen mehr zum Frühstück, und den Geschäften war die Ausstellung von Lebensmitteln im Schaufenster verboten worden.

Im November 1923, als für ein Vier-Pfund-Brot 420 Milliarden Mark verlangt werden, plündern empörte Kunden die Bäckerläden, und im Scheu-nenviertel nördlich vom Alexanderplatz kommt es zu antisemitischen Krawallen. Jüdische Spekulanten sollen Notgeld aufgekauft haben, das von den Kom-munen ausgegeben wird und wertbeständiger ist als die inflationäre Reichsmark. Polizei riegelt das von vielen ostjüdischen Immigranten bewohnte Arme-Leute-Viertel ab, und in den Gaststätten hängen Schilder mit der Aufschrift „Jüdischer Besuch ver-beten", kleiner Vorgriff auf den noch fernen Führer, der im selben Monat erfolglos in München putscht. Ende November beendet schließlich die Währungs-reform – eine Billion Papiermark gegen eine Ren-tenmark – den Albtraum, und die in Tanzpalästen

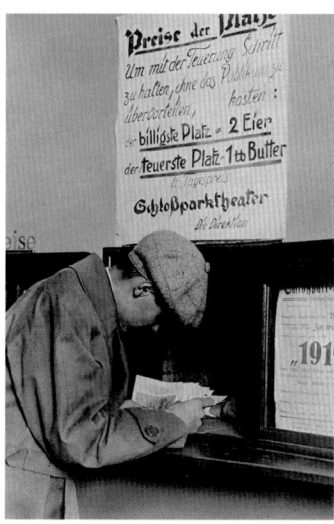

Ende 1923 ist ein Dollar 4,2 Billionen Papiermark wert, eine Währungsreform beendet die Krise, und Kinder spielen mit dem Altgeld. Drei Jahre später wird der Funkturm gebaut, und nichts erinnert mehr an die Inflation, als Theaterkarten mit Eiern und Butter bezahlt werden mussten

eingerichteten Wärmehallen und Volksküchen werden aufgelöst. Die bitteren Jahre sind überwunden, aber es dauert noch ein weiteres Jahr, ehe der Aufschwung in Gang kommt. Zur ersten Großen Berliner Funkausstellung im Dezember 1924 reisen 115 000 Besucher an und bestaunen die neuen Fernempfänger.

Die Restaurants und Hotels sind überfüllt, in den Küchen werden die riesigen Kohleherde durch Gasherde ersetzt, die für erträglichere Temperaturen sorgen. Hochsaison auch für Stadtküchen wie Rollenhagen und Borchardt, die nun gepökelte Rinderbrust, ganze Schinken, Puten, Gänse und gespickte Wildrücken küchenfertig in Bratpfannen an Privathaushalte liefern, Convenience Food der zwanziger Jahre.

Beim Berliner Presseball im Januar 1925 verspeisen die Gäste neben getrüffelten Hamburger Küken und kalifornischen Früchten auch die nach der Sängerin Pauline Lucca benannten „Lucca-Augen" – Tatar, Kaviar und Auster auf Buttertoast.

„Aus den bürgerlichen Speisenanstalten sind nun endlich wieder richtige Restaurants geworden", freut sich August Vetter, Restaurantdirektor im Nobelhotel Bristol, „vorbei die Jahre der Not, wo die Benutzung von Tischwäsche polizeilich verboten war und Crêpepapier als Ersatz dienen musste."

Die Hotels Adlon und Eden laden zu Galadiners, zu denen die Ullsteins, Borsigs und Siemens erscheinen, und schon wird der Potsdamer Platz „als gefährlichste Stelle Berlins" bezeichnet, obwohl dort keine Kugeln mehr pfeifen, sondern ein Verkehrsturm den tosenden Verkehr regeln muss.

Oderkrebse mit Sauce bordelaise, umlegter Kalbsrücken, Rehsteak und Kapaunbrust, aber auch fertige Tagesgerichte wie Kalbsnacken sind nun zu kleinen Preisen zwischen 1,40 und zwei Mark für jene erschwinglich, die wieder Arbeit haben, wer nicht, geht betteln, aber auch dann langt es oft nicht für die Bierwurst mit Salat für 60 Pfennig. Ein Kochlehrling im feinen Weinhaus Huth verdient im ersten Jahr drei Mark pro Woche.

1925 hat Berlin über vier Millionen Einwohner und ist größer als Paris. Im Kaufhaus Tietz werden die ersten Rolltreppen in Betrieb genommen, und der Monarchist Hindenburg ersetzt den verstorbenen Sozialdemokraten Friedrich Ebert.

Ist es eine Lust zu leben? In den Tanzrevuen schwingen die Tiller-Girls ihre nackten Beinchen, der Schriftsteller Hans Ostwald beklagt die „mechanisierte Erotik" und den „neu-sachlichen Mädchentyp", der sich hemmungslos ins Vergnügen der Fünf-Uhr-Tees stürze. Sekretärinnen, die 90 Mark im Monat verdienen, leisten sich Seidenstrümpfe. Tanzorchester sind die neuen Szenestars und machen sich gegenseitig Konkurrenz, Barnabas von Géczy im Hotel Esplanade, Marek Weber im Adlon, Bernard Etté im Fürstenhof. Zum Glück ist der Weinzwang aufgehoben worden, und am Gedeck für drei bis fünf Mark – Tee, Kaffee oder Schokolade mit Gefrorenem – kann sich der Mittelstand, der die Tanzflächen bei Boston und Jimmy dominiert, lange festhalten. Nicht mal der Eintänzer muß bezahlt werden, anders als in Paris.

Auch die bürgerliche Familientafel wird nun wieder reichlich eingedeckt, mit Ragout vom Hammel, Hirschpfeffer, Kaninchen- und Kalbsragout, Kalbsherz und Ochsenschwanz.

1926 wird der Funkturm gebaut und die erste Grüne Woche eröffnet. Eineinhalb Millionen Touristen, darunter 30 000 Amerikaner, strömen nach Berlin. Im Hotel Bristol, das als einziges auf Tanztees verzichtet hat, lässt sich Außenminister Gustav Stresemann vom vornehmen Weinkellner Dennecke bedienen, der aussieht, als wäre er selbst Diplomat im Auswärtigen Amt. Im feinen Peltzer, Neue Wilhelmstraße, sitzt der Hochadel in seiner „Prinzenecke", bei Hiller Unter den Linden die Hochfinanz, und F. W. Borchardt eröffnet eine Filiale im neuen Westen.

Dorthin drängt nun alles, bei Schwannecke in der Rankestraße können die Premierengäste bei Kalbssteak au four den Theaterkritikern zuhören und entscheiden, ob ihnen die neue Inszenierung von Max Reinhardt gefallen hat.

Der Maler Rudolf Schlichter illustriert die Speisekarten eines Restaurants in der Lutherstraße, das seinem Bruder Max gehört. Emil Jannings und Bertold Brecht sind Stammgäste in dem kleinen Lokal, das wie durch ein Wunder Bombennächte und Abriss überlebt und noch bis 1969 existiert. In den Räumen hat sich heute eine Pizzeria eingerichtet, niemand erinnert sich hier an Schlichter, Jannings und Brecht.

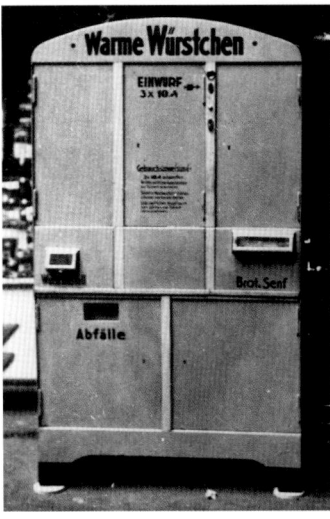

Brauner Terror: 1926 übernimmt Joseph Goebbels den „Gau Berlin", organisiert erste große Propagandamärsche und Straßenschlachten, Berlin-Besucher Hitler spricht 1927 im Konzerthaus „Clou". Zwei Jahre später gibt es Würstchenautomaten – Billigkost für die Arbeitslosenheere

Die Friedrichstraße in der Stadtmitte haben die Berliner Mitte der 20er Jahre den Touris überlassen, sie flanieren lieber über den Kurfürstendamm, obwohl der Schriftsteller Eugen Szatmari kritisiert: „Berlin spaziert nicht, Berlin hat keine Zeit. Es gibt nicht mal Aperitiflokale, und das Kranzler ist kein Café de la Paix. Hier hat jeder sein Ziel. Der Berliner geht nicht ins Café, um wie in Wien die Ereignisse des Tages zu besprechen, sondern um einen Kaffee zu trinken."

Das trifft natürlich auf die Boheme nicht zu, die im Café des Westens oder im Romanischen Café bei knapper Kasse sitzt, Slevogt, Kisch, Ringelnatz und Remarque, der noch an seinem Roman „Im Westen nichts Neues" bastelt. Der Verleger Ernst Rowohlt kaut dort Sektgläser, als wären es Kaviarbrötchen, und Stammgast Walter Trier verspottet seine Kollegen:

„O Mime, flicht die Nachwelt keine Kränze,
verkaufe Sülze und Salat mit Krebsgeschwänze,
auch Rinderbrust mit Kren,
es wird der Ruhm von Deinen Kalbsrouladen
nicht in Äonen untergehn."

Für Journalisten, Schriftsteller, Regisseure, Schauspieler, Tänzer, Maler, Musiker, Bildhauer und Kabarettisten, ihre Gäste, ihre Zuschauer und Zuhörer sind es wohl tatsächlich „Goldene Zwanziger" gewesen, obwohl am 1. November 1926 auch ein gewisser Joseph Goebbels nach Berlin kommt, die Leitung des NSDAP-Gaus Berlin-Brandenburg übernimmt und schon 14 Tage später den ersten großen Propagandamarsch der SA organisiert.

Die Firma Kempinski kümmert sich nicht um die antisemitischen Parolen und eröffnet nun auch im neuen Westen eine Filiale, Kurfürstendamm/Ecke Fasanenstraße, heute Adresse des Kempinski-Hotels. Es gibt dort Riesenkrebse in Weißwein für 1,50 Mark, Kaviar aus Astrachan im Eisblock für 12,50 Mark das Viertelpfund und jungen böhmischen Fasan mit Sauerkraut für gerade mal drei Mark. Bei Kempinski ist an alles gedacht, Tagesgerichte für 95 Pfennig, halbe Portionen zum halben Preis, Wochenzettel mit täglich wechselnden Gerichten, der halbe frische Hummer in Trüffelbutter oder die beliebte Nougattorte „Alt-Wien", natürlich auch zum Mitnehmen. 37 Köche sorgen dafür, dass bei täglich 2500 Gästen Seezunge in Butter, Rentierfilet und Schnepfenpasteten nie ausgehen.

Im Konzerthaus „Clou", einer früheren Markthalle in der Mauerstraße, hält Hitler seine erste Berliner Rede, wenn auch wegen öffentlichen Auftrittsverbots in einer geschlossenen Mitgliederversammlung der NSDAP, zweifelhafte Ehre für den drittklassigen Tanzschuppen, in dem 1943 verhaftete Juden auf ihren Abtransport warten werden.

Saal- und Straßenschlachten zwischen SA und Kommunisten stören den Lebenshunger der Berliner nicht, die sich ab September 1928 ins umgebaute Haus Vaterland stürzen können, Kalbsherz sauer im Löwenbräu-Saal verschlingen oder Kalbsbeuschel mit Knödel in der Grinzinger Schänke. Die als Blockhaus verkleidete Wildwestbar mit ihren Kellnercowboys und das türkische Café sind ein frühes Disneyland für den Provinzonkel aus Neu-Ruppin, der aufs Wäschermädel-Ballett stieren und in den Rheinterrassen stündlich ein künstliches Gewitter erleben darf.

Zweihundert Kellner bedienen in den neun Sälen unter dem Kuppelbau, der wie kein anderes Haus Symbol des Berlins der 20er Jahre geworden ist. Fünf Millionen Mark hat sich die Firma Kempinski den Umbau kosten lassen. „Schwere Luft, heißes Temperament, duftiger würziger Südwein und eine rassige Musik, bei der Frauenaugen lockend, verführend und gewährend glühen", wirbt ein Prospekt schwül für die spanische Bodega im Haus, das seine Anziehungskraft bald mit einer anderen Attraktion teilen muss: Im November spricht der Führer, nun nicht mehr ins „Clou" verbannt, zum ersten Mal im Sportpalast.

Kempinski-Konkurrent Aschinger geht es 1928 nicht ganz so gut. Das Imperium, in der zweiten Generation von Fritz Aschinger geführt, hat sich mit immer neuen Übernahmen und Beteiligungen von Großhotels wie dem Baltic oder dem Kaiserhof und dem Bau einer Großschlachterei und Wurstfabrik am Prenzlauer Berg verhoben und muss einen Teil seiner 50 Bierquellen und Konditoreien schließen. Noch fünf Jahre, dann wird die arische Abstammung der Aschingers den Wettbewerbsnachteil wieder ausgleichen, und die Aschingers sind dort, wo die feineren Kempinskis immer waren.

Schief hängt der Haussegen auch beim vornehmen F. W. Borchardt, obwohl Delikatessengeschäft und Restaurant florieren. Mastpoularde mit Trüffelreis liefert das Borchardt an private Bankhäuser, Rehrücken Carmen, Gans auf bulgarische Art und Kalbsrücken Carlton an die umliegenden Ministerien, Schnepfencreme, Wolga-Sterlet und kalten Puter an ein Rittergut im Erzgebirge. Aber die Erben des Kommerzienrates Fritz Borchardt, Sohn und Enkel, geben das Geld schneller aus, als es reinkommt. Schwester Marie Beck in Breslau erwirkt gegen die Verschwender einen Arrestbefehl, verbunden mit einer Forderung über 60 000 Mark, da das Unternehmen „durch verschwenderischen Lebenswandel und geschäftlich nicht einwandfreies Verhalten gefährdet" sei. Es kommt zur Zwangsversteigerung, eine AG mit anonymen Geschäftsführern übernimmt das Haus in der Französischen Straße, und die Borchardts haben bei Borchardt nichts mehr zu sagen.

Ein Küchenmeister Carl Bried aus Köln wirbt 1928 in Berlin für sein Hühnergericht nach Hindenburg, schon „während des Krieges dem Generalfeldmarschall oft serviert und durch dessen persönliche schriftliche Genehmigung zur Führung dieses Namens berechtigt". Ein in Viertel zerlegtes junges Huhn mit fein gehackter Zwiebel und mit Cognac abgelöscht hat der Held von Tannenberg im Felde also gegessen, serviert mit fein geschnittenem rohem Sellerie und gedämpften frischen Champignons, während sich die Heimatfront Kohlrübenschnitzel in den Magen stopfte, die weder im leichten Bouillonrisotto angerichtet noch mit in Butter gerösteten Borsdorfer Apfelscheiben belegt waren.

Im Ratskeller des Roten Rathauses feiert das Internationale Arbeitsamt bei Fasanensuppe und gespicktem Rinderfilet mit feinen Gemüsen. Und beim Empfang der Stadt für den afghanischen König Aman Ullah, der zu seiner Verwunderung als eine Art Kaiser-Ersatz in Berlin mit Ovationen empfangen wird, ist der Ratskeller, wo auch Rosa Luxemburg und Karl Liebknecht speisten, mit 380 Portionen Kalbslende und Safranreis dabei.

Reiche Ausländer bevölkern nun das Adlon. „Die Lebensgewohnheiten des Russen zielen zur

Schlemmerei", hat Küchenmeister Aloys Borcke erkannt und serviert den neuen Gästen russische Pastetchen, junge gefüllte Puter, Schwarzwälder Forelle und böhmischen Edelfasan.

Der Maharadscha von Patiala quartiert sich mit 30 Familienangehörigen und Dienern für mehrere Monate im Adlon ein. Er bringt seinen indischen Koch mit, was Küchenmeister Borcke nicht so komisch findet. Aber der Fürst aus dem Morgenlande lässt 40 000 Mark Trinkgeld im Haus, da widmet ihm Aloys Borcke eine Platte mit Safranreis, gerösteten Hammelkoteletts und roten Pfefferschoten als Garnitur.

Ohne Glanz und Gloria feiert das kleine Weinhaus Habel nahe dem Adlon sein 150-jähriges Bestehen mit Rehrücken mit Ananas und englischem Roastbeef. Gründer Johann Simon Habel ist 42 Jahre

Spaß trotz Weltwirtschaftskrise: Im Adlon spielt die Kapelle Marek Weber, amüsiert sich die Jeunesse dorée auf dem Presseball, Josephine Baker tanzt im Wintergarten. Nur das Weinhaus Habel Unter den Linden feiert sein 150-jähriges Bestehen dezent hinter der neuklassizistischen Fassade

mit Kalbfleischsuppe, gedämpftem Sahnerostbraten und Mokkacreme kostet 1,10 Mark, und die hauseigene Bäckerei stellt im pausenlosen Nachtbetrieb 50 000 Pfannkuchen her, die in Berlin niemand Berliner nennt.

Die Zahl der Arbeitslosen steigt auf 450 000, Döblins Roman „Berlin Alexanderplatz" erscheint, und im Oktober 1929 läutet in New York der Schwarze Freitag die Weltwirtschaftskrise ein. Bei Aschinger kostet die Erbsensuppe mit Speck 50 und bei Wertheim das Pfund Spitzbein 60 Pfennig, im Varieté Wintergarten tritt Josephine Baker im Bananenröckchen auf, und Heinrich Himmler wird zum Reichsführer der SS ernannt, da ist sein späteres Domizil, das Hotel Prinz Albrecht, noch ein kleines Hotel unweit vom Potsdamer Platz.

Kellermeister bei Friedrich dem Großen gewesen, jetzt führt Heinrich Habel das Haus mit der klassizistischen Fassade, die sich zwischen den Prunkbauten Unter den Linden eher bescheiden ausmacht. Nach dem Krieg wird die ausgeglühte Ruine trotz der gut erhaltenen Außenmauern von der DDR abgerissen und mit dem Lindencorso überbaut.

1929 ist ein Jahr des euphorischen Wohlstands. Die Löhne und Umsätze im Einzelhandel steigen. In Berlin leben 2335 Millionäre, das Karstadt vertraut auf ein Wirtschaftswunder ohne Ende und eröffnet am Hermannplatz in Neukölln einen Prachtbau mit 4000 Angestellten und U-Bahn-Anschluss im Tiefgeschoss. Die hochmoderne Küche mit den sechs Elektroherden liefert für die Gäste im Erfrischungsraum täglich 1500 Gedecke aus, ein Menü

Noch feiert das Berliner Bürgertum seine Maskenbälle und Hochzeiten im Adlon oder bei Huth mit Haffzander und Rehkeule in Sahne, während die kleinen Angestellten in den Bierpalästen Siechen, Pschorr und Spaten die Schalter für Rostbratwurst belagern, die Berliner singen „Mein Papagei frisst keine harten Eier" und laufen in hellen Scharen zu den Nazis über.

Der Abgeordnete Konrad Adenauer nimmt ausgerechnet im Wohlfahrtsministerium an einem üppigen Büfett teil und wird dafür im Nazi-Blatt „Stürmer" gegeißelt. Die Galeries Lafayette wollen am Potsdamer Platz ein Großkaufhaus eröffnen, vertagen das Projekt jedoch wegen der Wirtschaftskrise. Erst 67 Jahre später gibt es wieder ein Lafayette in Berlin, aber da ist in Berlin nichts mehr, wie es mal war.

KANONEN STATT BUTTER

MIT SIEG HEIL IN DEN UNTERGANG

Berlin jubelt dem „Führer" zu, isst jede Woche einmal Fisch und trifft sich zum Eintopfsonntag. Nach den Olympischen Spielen und der 700-Jahr-Feier geht es dem Krieg entgegen, der mit Graupensuppe und Grützwurst im Bombenhagel endet

Stadt unterm Hakenkreuz: Von „Sturmlokalen" wie hier am Mühlendamm rückt die SA zu Straßenschlachten aus

Zweiundzwanzig Mark Wochenlohn bekommt die Kaltmamsell Anni Rockstroh im vornehmen Weinhaus Huth, davon werden ihr noch elf Mark fürs Essen abgezogen. Hochbetrieb bei Huth mit Omeletts und Pökelkamm schon am frühen Morgen und Krabbencocktails bis tief in die Nacht, in Dauer- und Handarbeit werden Kartoffeln geschält und Mayonnaisen gerührt, denn Küchenmaschinen gibt es in der Gastronomie noch nicht. Aber wer will sich da beschweren, wenn er doch Arbeit hat und keine Schnürsenkel verkaufen muss am Potsdamer Platz? Berlin marschiert in die 30er Jahre, die wie die Jahrzehnte zuvor mit Schüssen beginnen. In der Großen Frankfurter Straße 62 erwischt es am 14. Januar den SA-Mann Horst Wessel, und Gauleiter Goebbels, der die Berliner Gastronomie mit einer neuen Gattung, den Sturmlokalen der SA, versorgt hat, baut den Toten zum Märtyrer auf.

„Hungerkanzler" Heinrich Brüning übernimmt die Regierung und wird der Arbeitslosen nicht Herr. Im Ufa-Palast hat der „Blaue Engel" Uraufführung, und die Berliner jubeln Marlene Dietrich zu. Der Tonfilm, erst ein paar Jahre jung, zieht die umtriebigen Massen an, wer möchte da noch im stillen Café Josty auf der Terrasse sitzen wie einst des Kaisers Offiziere? Die Traditionsadresse am Potsdamer Platz verschwindet.

Ein „immer mehr steigendes Lebenstempo, soziale Umschichtung, Verarmung und in den Restaurants schnelle Befriedigung der leiblichen Bedürfnisse" registriert das Fachblatt „Die Küche". Der „anonyme Gast" würde nach hastiger Orientierung suchen und werde mit Heil- statt Steinbutt oder Rot- statt Seezunge schamlos betrogen.

„Lieblose Zubereitung von Gerichten, ausgelaugte Bohnen, Blumenkohl als Gummistrünke auf dem Teller leise vor sich hinweinend", beklagt ein Restaurantkritiker. Die neue Massengastronomie legt keinen Wert auf klassische Rezepte. Das Schnellrestaurant „Quick" im neuen Westen verkauft von neun Uhr morgens bis drei Uhr nachts über 10 000 belegte Brötchen, 1000 Paar warme Würstchen und 1600 Apfelstrudel. Fasziniert beobachten die Berliner das Surren und Schieben in den 24 Speisen- und Getränkeautomaten und lassen sich die Gläser nach Münzeinwurf mit Bier und Limonade füllen.

Noch im Premieren-kleid reist Marlene Dietrich nach der Uraufführung des „Blauen Engel" nach Amerika ab, den Arbeitslosen – 600 000 sind es in Berlin – verspricht Adolf Hitler „Freiheit und Brot" und grüßt als frisch ernannter Reichs-kanzler vom Balkon des Hotels Kaiserhof

Nur Kempinski ficht das Fast Food nicht an. Unge-rührt hält das Stammhaus in der Leipziger Straße täglich über 200 Schlemmergerichte feil, vom Rie-senkrebs in Weißwein, Waldschnepfe und Wild-schweinskopf bis hin zu Triester Gulasch, Nougat-torte und den berühmten Windbeuteln mit Schlag-sahne. Was macht es, dass die Nazis bei den Wahlen am 14. September 1930 im Reichstag 107 statt bis-her zwölf Sitze bekommen und antisemitische Stu-denten kurz darauf bei Kempinski die Scheiben ein-werfen. Noch drei Jahre sind es bis zum tausendjäh-rigen Reich, aber schon grummelt das Schlägerheer der SA und fordert höhere Bier- und Wurstrationen für erlittene Blessuren in den Straßenkämpfen.

Dem Restaurant und Delikatessengeschäft Bor-chardt geht es nach den finanziellen Turbulenzen und der Zwangsversteigerung in den 20er Jahren trotz Weltwirtschaftskrise wieder besser. Ein Max Boehm aus dem schlesischen Gleiwitz hat den Be-trieb übernommen, und die Telefonistin Ruth Otto erinnert sich an das Gedränge in der Fisch- und Kaviarabteilung.

Ruth Otto, einzige Frau im Hauptbüro, saß vor ih-ren Stöpselschränken und hatte Krach mit dem Chef. „Der war viel zu unbeholfen und der Laden für ihn eine Nummer zu groß." Eine Zeit lang über-legt ihr Mann, ob er das angesehene Unternehmen nicht selbst übernehmen solle, aber „der Laden war schon zu sehr runtergewirtschaftet", sagt Frau Otto, die das Borchardt 1930 verlässt. Millionenhypo-theken belasten den Betrieb bis zur Halskrause, und fünf Jahre später wird das Borchardt von der inzwi-schen braun gefärbten Deut-schen Treuhandverwaltung Groß-Berlin als „jüdisches Vermögen und Eigentum des Volkes" beschlagnahmt.

Auf der jährlichen Koch-kunstausstellung erinnert das Adlon 1931 mit einer üppi-gen Tafel aus dem Jahr 1913 an die Verschwendungssucht der Kaiserzeit. Ganze in Ma-deira gedünstete Trüffeln werden aufgefahren, mit Hummerfarce gefüllte und mit Trüffelscheiben belegte

Seezungenfilets, Schnepfen auf Speckstreifen und Haselnusskranz mit Schlagsahne. Daneben nimmt sich der aktuelle Speisezettel, Forelle kalt mit Artischockenboden und Châlons-Huhn im Blätterteigschiffchen mit Geflügelragout, geradezu bescheiden aus.

Auch das kleine Hotel Prinz Albrecht ist auf der Ausstellung vertreten. Es präsentiert ein Polterabend-Büfett mit Forelle Rothschild, Haffzander, Seezungenröllchen, Salat Rachel und Ananas in Tokaiergelee. Das langt nicht für den ersten Preis und ist nur erwähnenswert, weil das Prinz Albrecht nach 1933 mit neuen Dauergästen zum Sitz der SS-Zentrale aufsteigt und Heinrich Himmler für den Umgang mit Namen wie Rachel und Rothschild eigene Vorstellungen hat.

Im Juli 1931 ist Bankenkrach in Deutschland, verängstigte Sparer wollen ihre Konten abräumen, und die Schalter schließen für zwei Tage. In Gastronomie und Hotellerie geht der Umsatz um die Hälfte zurück. Auf dem Kurfürstendamm kommt es zwei Monate später zu antisemitischen Ausschreitungen, aber die Berliner amüsieren sich bei Feuerwerk und Eisbein mit Erbspüree im Luna-Park am Halensee. Mit Seezungenfilets und Mastpoularde lockt das Luxushotel Eden am Zoo tausend Gäste ins Pavillonrestaurant und in die Dachgartenbar, obwohl von kulinarischer Fantasie nicht die Rede sein kann, denn Poularde steht auch auf der Silvesterkarte vom Adlon, Bristol, Kaiserhof, Centralhotel, im Vaterland, bei Kempinski und den Zooterrassen. Nur die Weinstube Habel macht mit gefüllter junger Pute eine Ausnahme, und wem die Bettler vor den Hotels und Restaurants zu lästig sind, der lässt sich von den Stadtküchen Rollenhagen, Wertheim oder Koschwitz dezent Präsentkörbe nach Hause liefern und von der Konditorei Hillbrich den beliebten Abreißkalender aus Marzipan.

Ein Vierteljahr später gibt es in Berlin mehr als 600 000 Arbeitslose, sechs Millionen im Deutschen Reich, und Adolf Hitler, Hindenburgs Gegenkandidat bei den Wahlen zum Reichspräsidenten, verspricht ihnen „Freiheit und Brot". Ein letztes Mal siegt der Feldmarschall, aber die Weimarer Republik hat hilflos auf die braunen Machtdemonstrationen reagiert. Wer im Dachgarten des Eden Rehmedail-

lons oder Heidschnuckenkoteletts speisen möchte, setzt sich auf die Seite zum Zoo. Vogelkäfig und Bärenzwinger sind amüsanter anzusehen als die Straßenkämpfe zwischen SA und Rotfront.

Am weniger feinen Alexanderplatz, Aschinger-Gegend, ist der Arbeiter mit der unvermeidlichen Schirmmütze zu Hause, und die Bierquellen mit dem weißblauen Rautenmuster sind auf schmale Brieftaschen abonniert. Lange Schlangen vor der Aschinger-Theke bei Löffelerbsen mit Spitzbein für 45 Pfennig, Ochsenbrust mit Meerrettichsauce oder Pökelkamm mit Erbspüree für 1,45 Mark. Aschingers neue Großfabrik in der Saarbrücker Straße produziert täglich 30 000 Bierwürstchen und 60 Zentner Kartoffelsalat. Die Knetmaschinen und Öfen spucken stündlich bis zu 32 000 Brötchen aus, die kostenlos in den 50 Filialen bereitliegen und Aschingers legendären Ruf bis heute bewahren.

Der General von Schleicher ist Anfang Dezember als Nachfolger Franz von Papens Reichskanzler geworden, um Hitler zu verhindern, aber die Berliner sind jetzt mit den Feiertagen beschäftigt. Medaillon vom Kalb mit Gänseleber, Essenz von Waldschnepfen und Hummer mit Seezungen gibt es bei den vorweihnachtlichen Essen im Borchardt, auf einer Weihnachtsfeier für Erwerbslose im Konzerthaus Clou reicht es nur für einen bunten Teller mit Äpfeln, eine Fischkonserve und einen halben Liter Löwenbräu zu zwei Stücken gebackenem Fisch mit Kartoffelsalat. Wie zum Hohn bekommen die 3000 Arbeitslosen noch ein Fischkochbuch geschenkt.

Aschingerautos fahren Pfannkuchen aus, die Zoo-Restaurants bunkern vier Zentner Seezungen und fünfeinhalb Zentner Poularden für den Ansturm der 6000 Gäste, sechs Orchester spielen, und um Mitternacht gibt es ein Glückskleeblatt mit der Aufschrift „1933". Vier Wochen später sind die Nazis an der Macht. In ihrem provisorischen Hauptquartier, dem Hotel

In Aschingers Zentralküche werden täglich 30 000 Bierwürste produziert, und im April 1933 rufen die Nationalsozialisten zum Boykott von jüdischen Betrieben wie Wertheim und Kempinski auf. Im Konzerthaus Clou wurden in der Weimarer Republik Arbeitslose abgespeist

Kaiserhof, begrüßen Gauleiter Goebbels und SA-Führer Röhm den frisch ernannten Reichskanzler Hitler, von „einer neuen Brüderlichkeit" und „einem Heer von Volksgenossen" ist die Rede, da kann auch der Verband der Köche nicht abseits stehen und nennt sich „Deutscher Arbeitsverband des Nahrungsmittelgewerbes".

Neue, wieder einmal herrliche Zeiten kündigen sich an. Davon profitiert auch Krolls Etablissement, der 1844 im Tiergarten errichtete Kitschbau mit Tanzsälen, Wintergarten und einer Sommeroper von miserabler Akustik, in der die Beliebtheit der dort auftretenden Stars an der Zahl der in den Pausen verzehrten Butterbrote gemessen wird, 360 für „mies", über 700 für „großartig". Wechselnde Eigentümer haben Kroll Höhen wie Pleiten beschert, mal mit „Tannhäuser", mal mit dem Affenmenschen Klischnigg und dem Entfesselungskünstler Houdini. Im Opernhaus hat Otto Klemperer mit moderner Musik von Paul Hindemith musiziert. 1928, bei der Wiedereröffnung des Festsaals, feiern die Gäste mit Prager Schinken, Rheinlachsen und Wildschweinköpfen, doch Krolls Etablissement blieb ein Haus von zweideutigem Ruf.

Im Februar 1933 brennt der Reichstag, und die Kroll-Oper kommt als Ersatz-Reichstag knapp vier Wochen später mit einer Ansprache Hermann Görings zu neuen Ehren. „Wuchtige Erklärungen des Führers", steht in einer NS-Broschüre. Und „Krolls Tage sind gezählt, denn zum 100. Geburtstag, 1944, wird es den Umgestaltungsplänen des Führers und seines Baumeisters Prof. Albert Speer weichen müssen". Das besorgen dann alliierte Bomber, und ab Sommer 1945 darf im Kroll-Garten vor ausgebrannten Mauern vorübergehend wieder getanzt werden. Heute deckt grüner Rasen die Vergangenheit, und am Rande des Kroll-Geländes erhebt sich das Bundeskanzleramt in neuer Wuchtigkeit.

Am 1. April 1933 werden die Schaufensterscheiben der jüdischen Kaufhäuser beschmiert. Ab Oktober müssen die Berliner Gaststätten wie alle im Reich ein Eintopfgericht anbieten, um einem Wunsch des „Führers" folgend „den Armen im Volk zu zeigen, dass das ganze Volk mit ihnen fühlt". Das feine Restaurant Peltzer serviert nun ganz unfein Rheinische Bohnen mit Speck und Salzkartoffeln für 2,50 Mark und führt davon zwei Mark ans Win-terhilfswerk ab, im Eden – „Deutsche Ernte auf Deutschen Tisch" – gibt es Linsen mit Kasseler Rippenspeer. „Ausländer", schreibt die „Küche" stolz, „nahmen die Speisenkarten als Kuriosum mit und bewunderten die disziplinierte Opferbereitschaft des deutschen Volkes." „Jede Woche einmal Fisch", wird nun gefordert, und ein meeresgrünes Reklamemobil wirbt für den Verzehr von Schellfisch, Dorsch, Scholle und Hering. „Deutschland steht im Zeichen seiner Schicksalswende", schwafelt die „Küche". „Abertausende haben zum Deutschtum zurückgefunden." Andere Abertausende werden als „Volksschädlinge" aussortiert.

Die Gastronomie hat die Reihen fest geschlossen. „Kameraden!", ruft der Reichsfachgruppenwalter der Köche, Rudolf Wilke, anlässlich der Kochkunstausstellung 1934, „Jeder hat die Pflicht, zur Erreichung des uns von unserem Führer Adolf Hitler vorgezeigten Zieles nach besten Kräften mitzuwirken."

Die Gaststätte Heidelberger in der Friedrichstraße wirbt als Haus der deutschen Heimat mit regionaler Kost aus deutschen Gauen, Krabbensalat im Hansa-Raum und Haxe im bayrischen Bierhof, deutsch sind nun das Blaufelchen im Bodensee und der Königsberger Klops. Auch die Mitglieder der Gesellschaft zur Förderung der Kochkunst arbeiten „alle für einen, einer für alle", so Gustav Bauer, Küchenmeister im Eden. Auf die Kollegen warten neue Aufgaben, zum Beispiel die „Massenverpflegung für 4000 SA-Männer im unwirtlichen Gelände", verständliche Stärkung für eine demoralisierte Truppe, die gerade ihren Chef Ernst Röhm, einst Kempinski-Kunde, an ein Hinrichtungskommando der SS verloren hat.

„Keine Nachäfferei des Auslandes" ist in der deutschen Kochkunst jetzt angesagt, aus dem Empfangschef wird ein Empfangsherr, aus dem Lift Fahrstuhl, und der Portier sieht sich zum Türwart umgetauft. Französisch, Umgangssprache in der Gastronomie, wird von der „Arbeitsgemeinschaft für Sprachreinheit im deutschen Gaststättengewerbe" getilgt. Die Serviette heißt jetzt Mundtuch, die Brigade mutiert zur Köcheschaft und das Gelee zum Gallert. „Seid Soldaten der Arbeit", ruft die Deutsche Arbeitsfront den Kellnern zu, „legt das Dienerische ab! Werdet keine Knechte."

Auch Köche müssen im Dritten Reich „alle für einen, einer für alle" arbeiten, fordert der Küchenchef im Hotel Eden, während oben im Dachgarten zum Tanztee aufgespielt wird. Im Restaurant Horcher, das 1931 Charlie Chaplin bediente, steht die Entenpresse für Görings Luftwaffe bereit

In die Stille der Lutherstraße 21 dringt das Gebrülle nicht, der Koch für kalte Speisen heißt hier noch Gardemanger, und die Speisenkarte – für Damen ohne Preise – verstößt heftig gegen die deutsche Muttersprache. In den mahagonigetäfelten Salons des Restaurants Horcher findet der Pariser Journalist A. Gonnet wie selbstverständlich Rehrücken à la crème, Cassolette von Seezungen und Noisette vom Kalb Florentine. Von der „Wiedergewinnung eines nationalen Charakters in der deutschen Kochkunst" ist hier nicht viel zu sehen, obwohl natürlich auch Rheinsalm auf der Karte steht, aber die „sinnlose Übernahme der internationalen Küche", die der Reichsleiter der Arbeitsfront, Robert Ley, angeprangert hat, wird mit Roueneser Enten, Kalbsnieren flambés und Crêpes Bar-le-Duc konterkariert. NS-Funktionäre fühlen sich zwischen den grünen Seidentapeten nicht wohl, nur einmal kommt Ley in Begleitung des Herzogs von Windsor und verschlingt vor den Augen des indignierten Hitler-Sympathisanten ein halbes Pfund Kaviar.

Noch heute, 60 Jahre nach seinem Ende, ist das Horcher bei alten Berlinern verklärte Erinnerung, sie verbindet sich mit den 30er Jahren und dem Generalluftzeugmeister Ernst Udet, der bei Horcher sein Lieblingsgericht, gefüllte Kalbsröllchen mit Champignons auf Reisrand, verzehrte. Zuckmayers „Des Teufels General" spielt im Horcher, das selbst in den braunen Jahren einen Mouton Rothschild bereithält, wenn auch in eine Karaffe abgefüllt und als „österreichischer Rotwein" getarnt.

Schon in den 20er Jahren sind Emil Jannings, Elisabeth Bergner, Charlie Chaplin bei Horcher Gäste gewesen, und die Tänzerin La Jana aß nach ihren Auftritten in der benachbarten „Scala" kalte Wildpastete mit Cumberland-Sauce und kleinen Schnepfenbrüstchen, Horcher-Diät.

1931 übernimmt der dynamische Otto Horcher nach dem Tod seines Vaters den Betrieb und führt ihn sicher durch die Wirtschaftskrise ins tausendjährige Reich. Göring, schon als Jagdflieger und Pour-le-mérite-Träger während des Ersten Weltkriegs zu Gast bei Horcher, ist nun ein mächtiger Gönner.

1935 verläuft das Leben für die Berliner in „geregelten Bahnen", schreibt „Die Chronik Berlins", es gibt wieder Arbeit, wenn auch meist in Rüstungsbetrieben, bei der Nord-Süd-Bahn oder beim

Arbeitsdienst. Durch den Rausschmiss der jüdischen Beamten sind viele Stellen frei geworden, und ein Joachim Walter, Leiter der Reichsarbeitsgemeinschaft für Berufserziehung, möchte auch aus der Gastronomie alle verbannen, „die den neuen Mindestanforderungen nicht genügen." 18 000 Unfähige – Kurzsichtige, Plattfüßler – werden nach Berufseignungsprüfungen ausgeschlossen, neben gesundem Geist ist ein gesunder Körper gefragt, nach Wiedereinführung der Wehrpflicht in feldgraues Tuch gehüllt.

Das Gastgewerbe stellt sich „in den Dienst der volkswirtschaftlichen und ernährungspolitischen Aufgaben", mehr Kohlehydrate, Kartoffeln und Brot sollen die Volksgenossen verzehren, weniger Eiweiß und Fett, kleinere Fleischportionen und Frischgemüse statt Konserven. Die Berliner, beim Butterverbrauch mit den Sachsen Spitzenreiter, müssen die Stulle nun dünner schmieren.

Butter, Schmalz und Speck, Einfuhrgemüse und fette Käse werden auch in den Gaststätten eingespart, dem Fleisch- und Devisenmangel soll ab- und der Wehrertüchtigung aufgeholfen werden.

„Großkampftag zum Silvester-Service" im Hotel Eden, das für die Materialschlacht 58 Pfund Kaviar, 900 Austern, 20 Rinderhessen, 280 Pfund Hummer, neuneinhalb Zentner Poularden und 120 Liter Schlagsahne bereitstellt. Das passt zwar nicht ganz zu den propagierten Sparmaßnahmen, aber Küchenmeister Gustav Bauer fordert, „alle Kräfte für die kommende Olympiade zu sammeln, um zu beweisen, dass der deutsche Koch der beste Qualitätsarbeiter der Welt ist".

Kurz nach der Automobilausstellung im Februar 1936 wird der erste VW im kleinen Kreis dem Führer präsentiert, der sich ärgert, dass die Prototypen noch nicht serienreif sind. Und im Sommer brechen die Olympischen Spiele los, eine einzigartige Machtdemonstration der Diktatur ganz ohne antisemitische Parolen, natürlich nur vorübergehend. König und Königin von Bulgarien speisen im Bristol Rehrücken Lucullus, und der Kaiserhof darf im Weißen Saal des ehemaligen Schlosses dem Olympischen Komitee auftragen.

Viel los in Berlin. Hermann Göring lädt zur Rehkeule nach Jägerart in sein Haus der Flieger, und die Restaurants wetteifern mit internationaler Küche.

Kidney Pie und Risotto Milanese, indisches Lammcurry und Szekely-Kotelett, Pièce de boeuf flamande dürfen kurzfristig über die Sprachreinheit dominieren, und für die polnischen Nachbarn gibt es Zrazy, Rindsrouladen. Der Nachtisch, Bomben und Granaten, kommt drei Jahre später.

Blender Mussolini auf Staatsbesuch wird mit einem Lichtdom begrüßt, Speer legt seine Pläne für ein neues Germania – früher Berlin – vor, und 1937 darf die Stadt ihr 700-jähriges Bestehen feiern. Tausend Restaurants kochen im Stadtschloss auf, Hochbetrieb in den Stadtküchen, die alle NS-Ministerien mit kalten Platten beliefern. Für die jüdischen Kempinskis ist im tausendjährigen Größenwahn kein Platz, sie „verpachten" nach jahrelangem Druck zu Einstandspreisen an Aschinger und emigrieren – das Haus Vaterland trägt seinen großdeutschen Namen nun zu Recht. Rasserein werden Vierländer Ente, mit Gänseleber gefüllte Rehkoteletts und Rheinlachs in Champagner serviert, am Eintopfsonntag gibt es „deutschen Fischsuppentopf" für 1,10 Reichsmark, und im Hetzblatt „Der Angriff" buhlt das Haus um neue Gäste. Die kommen aus der nahen SS-Zentrale oder Görings neuem Luftfahrtministerium.

Der Koch wirkt jetzt als „getreuer Gefolgsmann unseres Führers". 1938 werden Haushaltsnachweise für Butter, Schmalz, Speck, Talg und Rohfette eingeführt. Es riecht nach Krieg.

Das letzte friedliche Silvester in Berlin eint die Gäste im Eden-Pavillon bei Masthuhn und Spargel mit holländischer Tunke, das Adlon wirbt mit Entenküken und das Pschorr am Potsdamer Platz mit Krebssuppe, Rinderrippenstück und Karpfen blau.

Bei Borchardt hat das Reichsfinanzministerium offenbar die Übersicht verloren, Fritz Borchardts Witwe in Stuttgart wird, mit deutschem Gruß, um Auskunft gebeten: „Wer ist der neue Eigentümer des Grundstücks?" Es meldet sich die Treuhandverwaltung, die den Betrieb 1939 ans Deutsche Reich abtritt. Ein Jahr später, bei der Versteigerung des Unternehmens, langt Fritz Aschinger zu.

Übergroßer Fleischverbrauch, schreibt der „Völkische Beobachter" am 17. August 1939, führe nicht nur zur „ruhigen Rundlichkeit" und damit zu gesundheitlichen Schäden, sondern belaste auch die

Am Tag nach dem Reichstagsbrand 1933 müssen Animierlokale schließen, und ein Jahr später kündigt Hitler den Volkswagen an, der erst kurz vor Kriegsausbruch bei der Automobilausstellung präsentiert wird. 1936 ruft das Reich die Völker der Welt zu den Olympischen Spielen nach Berlin

Volkswirtschaft. Zehn Tage später werden Lebensmittelkarten verteilt. Darauf gibt es pro Person und Woche 700 Gramm Fleisch, 280 Gramm Zucker, 110 Gramm Marmelade, 150 Gramm Grieß, Nudeln oder Graupen, 1 Liter Milch, 60 Gramm Milchprodukte, Öl oder Fett, während der Führer am 1. September in der Kroll-Oper verkündet, dass er seit 5.45 Uhr auf Polen zurückschießen lasse.

Die verbliebenen Berliner Juden dürfen nur noch zwischen 16 und 17 Uhr Lebensmittel kaufen, und in den Gaststätten werden im September 1940 beim „Opfersonntag des Kriegs-Winterhilfswerkes" Brühkartoffeln mit Einlage, Weiß- oder Wirsingkohl mit Rindfleisch oder Gemüsetopf serviert.

Bei Horcher, wo sich acht Kellner um zwölf Tische kümmern, nimmt das niemand ernst. Als stünde ringsum nicht die Welt in Flammen, achtet Otto Horcher, die Serviette stets unter dem Arm, auf die korrekte Bedienung der Entenpresse, wenn vor den Gästen wie Albert Speer die berühmte Consommé „Marcelle Rhana" aus angebratenen und zerdrückten Rinderfiletscheiben zubereitet wird. Nur Stammgast Ernst Udet sitzt immer seltener vor der in Mokkatassen servierten Consommé und kommt schließlich gar nicht mehr. Görings Luftwaffe verliert 1941 die Schlacht um England, und der Generaloberst erschießt sich.

Im Oktober 1940 ist der Zwang zur Fleischmarkenabgabe auch in der Gastronomie eingeführt worden. Wegen der Preis- und Gewichtskontrollen kommen im Weinhaus Huth die Portionen vor dem Anrichten auf die Briefwaage, und im Adlon schneiden die Kellner, wie immer mit weißen Handschuhen, die Coupons mit versilberten Nagelscheren aus den Lebensmittelkarten.

Fritz Aschinger, der das Borchardt erworben hat, überträgt den Firmenmantel nun auch auf das Vaterland, das kann den Fronturlaubern egal sein, die sich bei Verdunkelung und Dünnbier mangelhaft amüsieren. Für Fleischgerichte sind Marken pro 100 Gramm zu entrichten, dazu eine Kriegssteuer von 21 Mark. Von Januar 1942 an müssen die Berliner Gaststätten zweimal pro Woche ein so genanntes Feldküchenessen ohne Vorspeise anbieten.

Berlin erlebt einen strahlend schönen Sommer, das Strandbad Wannsee und das Kranzler auf dem Kurfürstendamm können die Menschen nicht fassen. 100 000 Neubürger ziehen in die Stadt.

Im Frühjahr 1942 sind die Fleischrationen von 700 auf 300 Gramm pro Woche gesenkt worden, aber im Herbst bekommt Göring wieder Oberwasser und verkündet: „Das Schwerste in der Ernährung ist überwunden, denn die Gebiete mit der fruchtbarsten Erde haben wir ja." Damit meint er vor allem den eroberten Boden im Osten, aber der Reichsmarschall hat sich zu früh gefreut, mit der Katastrophe von Stalingrad kündigt sich wenig später die Wende des Kriegs an.

Obwohl Goebbels einen Sonderzug mit requirierten Lebensmitteln aus der Ukraine spendiert, geht es auch der Heimatfront an den Kragen. Nach der Kapitulation der 6. Armee ruft Goebbels im Februar 1943 den totalen Krieg aus und lässt alle Gaststätten mit besonders hohem Aufwand, die für die Kriegswirtschaft oder die Versorgung der Bevölkerung nicht unbedingt erforderlich sind, schließen. Da dämmert es auch Herrn Horcher, dass die Zeit der Austern und Hummersalate vorbei ist. Görings Luftwaffenoffiziere haben jetzt andere Sorgen, Russland dient nicht mehr mit Beluga Malossol, sondern jagt deutsche Divisionen vor sich her.

Mit schweren Angriffen im Frühjahr und Herbst beginnt die Luftschlacht in Berlin. Am Potsdamer Platz verglühen Fürstenhof, Palast-Hotel und Pschorr-Bierpalast. Auch Wertheim, jetzt als AWAG arisiert, geht in Flammen auf. Das Haus Vaterland, das noch im Oktober gegen Marken Graupensuppe, Sardellenbratlinge und als markenfreies Stammgericht Szegediner Kraut mit Thüringer Klößen serviert hat, wird vier Wochen später durch Sprengbomben schwer angeschlagen. Vorbei ist es mit den beliebten Gratisbrötchen, die es ohnehin nur noch gegen Brotmarken gegeben hat.

Die Berliner werden mit kargen Sonderrationen belohnt, Frischgemüse und je 50 Gramm Bohnenkaffee für Heldenmut in Luftschutzkellern. Auf dem Gendarmenmarkt werden Obst und Gemüse angebaut, Runkelrüben wachsen auf dem Alexander- und Raps auf dem Blücherplatz.

Fritz Aschinger zerrinnt sein arisches Imperium unter den Händen, im November brennt das Kempinski-Stammhaus in der Leipziger Straße nieder. Herr Horcher packt die Entenpresse ein und bittet seinen

Göringfreund Ernst Udet, der bei Horcher Kalbsröllchen schlemmt, erschießt sich nach der verlorenen Luftschlacht um England. Der Gendarmenmarkt wird für Gemüseanbau umgepflügt, und kurz vor der Kapitulation überfliegen russische Kampfflugzeuge das brennende Berlin

Schirmherrn Göring um einen letzten Freund-schaftsdienst. Während Luftminen und Phosphor-bomben auf die Reichshauptstadt hageln und es in den Weinstuben der Innenstadt nicht mehr nach Wein riecht, sondern nach Rauch, verzupft sich Horcher mit Silberbesteck, Tischwäsche und Por-zellanfiguren im Güterwaggon nach Madrid. Im neutralen Spanien eröffnet er noch im selben Jahr ein neues Horcher, das heute seinem Sohn Gustavo gehört. Nach dem Krieg kommen alte Nazis und junge Falangisten, dann Horst Buchholz und Hilde-gard Knef, und einmal schaut auch Frau Göring, nun Witwe, nebst Tochter herein. „Bei uns waren alle", sagt Sohn Gustavo, „nur Hitler und Franco nicht."

Im August 1944 lässt Goebbels die meisten Gast-stätten schließen, der Propagandaminister löffelt Suppe bei Ausgebombten, und die „Berliner Mor-genpost" empfiehlt gebratene Grützwurst mit Pfefferersatz: „250 g Gerstengrütze und Brühwür-fel in 1 Liter Wasser bringen ein gut schmeckendes Essen auf den Tisch."

Götterdämmerung: Lastkähne werden zu schwimmenden Volksküchen ausgebaut, die vernagelten Restaurants zu Meldestuben für den Volkssturm umfunktioniert. Ein schwe-rer Bombentreffer hat bei Aschinger in der Leipzi-ger Straße einen Lkw in den ersten Stock geworfen, Borchardt verliert eine Haushälfte, der Kaiserhof, einst Führerhauptquartier, fällt in Schutt und Asche, auf einem Mauerrest steht nach der Entwarnung: „Gäste und Personal alle gerettet".

Anfang 1945 gibt es pro Person pro Woche noch 1700 Gramm Brot und 250 Gramm Fleisch. Am 3. Februar löscht ein schwerer Tagesangriff die ge-samte Friedrichstraße und in der Lutherstraße das leer stehende Horcher aus. Im einst so feinen Wein-haus Huth hat noch immer die Schoppenstube ge-öffnet, und Brot kostet jetzt 100 Mark das Kilo. Die letzten Vorratslager werden aufgelöst, Tiefflieger schießen in die Warteschlangen. In leeren Kasernen greift sich die Menge, was sie zu fassen kriegt, Erbs-mehl, eingemachtes Suppengrün und Dosen ohne Etikett. Gekocht wird zwischen Vorentwarnung und Vollentwarnung, zehn Minuten Zeit, bevor die Stromsperre einsetzt. Flakhelfer brauen sich Eierli-kör aus Apothekerschnaps und holen sich Malzbier aus den Automatenrestaurants, im Stahlhelm mit zugeklebten Löchern.

Nur eine Oase gibt es noch in Berlin: das Adlon. Die Bunker unter dem Pariser Platz sind ganz im Stil des Hauses eingerichtet, mit Extraräumen für Diploma-ten und Stabsoffiziere. Wer nicht zum Haus gehört und bei Alarm im Adlon-Bunker Zuflucht fand, wird nach der Entwarnung wieder weggeschickt, die Stammgäste aber bedienen sich im Weinkeller, wo noch über 80 000 Flaschen lagern. Hans Schrö-der ist von 1944 bis in die letzten Tage des Krieges Page und Restaurantlehrling im Adlon gewesen und hat im Frack das Tafelsilber aufgedeckt. Gesandte aus Japan, Botschafter aus Kroatien, Rumänien und an-deren Vasallenstaaten geben ihm die wertvollen Rei-semarken als Trinkgeld oder ausländische Zigaret-ten. „Die hatten natürlich alle feuchte Hosen wegen der Russen", erinnert sich Herr Schröder, „aber ich war 15 und fand das aufregend. Das war ja eine Frie-densinsel mitten im Weltuntergang."

Die Fensterscheiben im Erdgeschoss sind vermau-ert, um die Räume vor umherfliegenden Splittern zu schützen. Als am 21. April die ersten Granaten in der Innenstadt einschlagen, geht das Personal nach Hause, und in den unteren Räumen wird ein Laza-rett für verwundete Soldaten eingerichtet.

Kaum einen Bombentreffer hat das Hotel im Krieg abbekommen, während der Pariser Platz in Trüm-mer fiel. Auch jetzt, wo im Reichstag und vor der Reichskanzlei, nur ein paar hundert Meter entfernt, erbitterte Straßenkämpfe toben, bleibt das Adlon unbeschädigt. Am 2. Mai kapituliert Berlin, und im Adlon hängt die Tischwäsche aus den Fenstern, zu weißen Fahnen zweckentfremdet.

Zwei Tage Frieden werden dem Adlon geschenkt, dann brennt es ab. Plündernde Rotarmisten haben den Weinkeller gestürmt, wahrscheinlich ist eine Zi-garette in die mit Stroh und Strohhülsen gefüllten Holzkisten gefallen, aus dem Feuerchen wird ein Feuer, und die „Fremdarbeiter" an der Wassersprit-ze bekommen den Schwelbrand nicht in den Griff. Louis Adlon, Sohn des Gründers Lorenz, ist in sei-nem Landhaus bei Potsdam von russischen Soldaten festgenommen, aber bald wieder freigelassen wor-den. Am 7. Mai stirbt der 70-Jährige auf dem Rück-marsch am Straßenrand. Vom Untergang seines Hotels hat er nichts mehr erfahren.

AUFERSTANDEN AUS RUINEN

SCHWARZER MARKT UND HÜHNER-HUGO

Bei Kriegsende liegt die Hauptstadt in Trümmern, alle Grandhotels sind verschwunden, und die Restaurants servieren Fleischkäse und Erbsensuppe. Nach Blockade und Mauerbau ist Berlin zweimal vorhanden, mit Soljanka im Osten und Ragout fin im Westen

Idylle im Sommer 1946: Vom Weinhaus Lutter & Wegner ist nach dem Bombenkrieg nur noch der Keller geblieben

Nachmittags am 2. Mai 1945 ergibt sich die verheerte Reichshauptstadt der Roten Armee. Zweieinhalb Millionen Berliner, Flüchtlinge, Soldaten und Fremdarbeiter stolpern aus Bunkern und Kellern, fassungslos ist der Schriftsteller Georg Holmsten über „das große, das größte Wunder – dass wir leben, wieder leben, noch leben".

Die Rote Armee baut Gulaschkanonen auf und schafft von Mai bis Juli 10 000 Tonnen Lebensmittel aus Truppenbeständen in eine Stadt, die jeden Monat das Achtfache benötigt. Auf die erste Lebensmittelkarte, nach dem populären russischen Stadtkommandanten Bersarin-Karte genannt, gibt es im Mai im Schnitt täglich 400 g Kartoffeln, 200 g Brot, 25 g Fleisch, 10 g Zucker und 2 g Kaffeeersatz. Auf dem Olivaer Platz wachsen Rote Rüben. Eicheln statt Steckrüben wie im Ersten Weltkrieg müssen beim Überleben helfen, es gibt Eichelkaffeeersatz und Buletten aus Eichelmehl, Kartoffeln, Möhren und Zwiebeln, aber auch das muss im Umland bei Bauern, denen ein Seidenkleid 30 Pfund Kartoffeln wert ist, erst gehamstert werden.

Auf dem schwarzen Markt kosten Butter 1000 und Kaffee 5000 Mark das Kilo, dafür kann eine Trümmerfrau, 72 Pfennig die Stunde, lange Steine klopfen.

Der Keller von Lutter & Wegner stellt Tische und Stühle vors zusammengefallene Hauptgebäude, im Heidelberger Keller unter dem zerstörten Wintergarten wird Alkolat serviert, aromatisiertes Ersatzgetränk aus Früchten und Kräutern mit 15 Prozent Alkoholgehalt.

Arbeitslose Lehrlinge, Köche und Kellner aus zerbombten Betrieben melden sich im Weinhaus Huth, das als einziges Gebäude am Potsdamer Platz überlebt hat und für die kleine Schoppenstube nicht mal alle eigenen Leute einstellen kann. Aschinger, einst größter Gastronomiebetrieb Europas, sind vier Bierquellen, eine Konditorei und elf Bäckereien geblieben, nur die Wurst- und Brotfabrik am Prenzlauer Berg steht unversehrt. Im Juni 1945 bittet Fritz Aschinger für die Revitalisierung des schwer zerstörten Haus Vaterland um Lieferung von je 3000 Kilo Salz, Zucker und Kaffeeersatz sowie 150 Tonnen Kartoffeln, „da wir uns an den Volksgaststätten beteiligen und täglich 20 000 Personen beköstigen

Am 3. Mai, einen Tag nach der Kapitulation Berlins, ordnen die russischen Besatzer Aufräumungsarbeiten an. Frauen werden dienstverpflichtet, wer nicht mitmacht, erhält keine Lebensmittelkarte. Gulaschkanonen versorgen die Bevölkerung, Hamsterzüge fahren aufs Land

wollen". Im einst protzigen Kaiserkeller sitzen die Gäste vor mitgebrachten Kerzen und „Boulli", einer markenfreien „Kraftsause" aus Fett und Eiweiß.

Die Grandhotels Fürstenhof, Eden, Kaiserhof und Bristol sind Trümmerhalden, im zerstörten Excelsior kümmern eine Gaststätte und ein paar Hotelzimmer vor sich hin, und in den wenigen erhaltenen Räumen des Esplanade feiert das Nachkriegs-Berlin erste Feste. Später steht die Teilruine jahrzehntelang leer, erst nach der Wende übernimmt Sony die Gebäudereste samt Kaisersaal, in dem SM pensionierte Generäle empfing, und integriert sie in den Neubaukomplex am Potsdamer Platz.

Nur zwei Monate nach dem Adlon-Großbrand gibt es wieder ein Adlon am Brandenburger Tor. Das ist ein schäbiges Seitenhaus, in dem früher die Domestiken prominenter Gäste übernachtet und leitende Angestellte gegessen haben, und Lutz Bormann kann im Sommer 1945 dort als Lehrling anfangen. In dem so genannten Courierflügel gibt es 16 Zimmer für russische Offiziere, aber im Restaurant darf für 200 Kartoffel-, 100 Fleisch- und fünf Fettpunkte schon mal Fleischkäse gegessen werden.

„Die Küche sah aus wie zur Kaiserzeit", erinnert sich Herr Bormann, „die versilberten Platten, Annoncenbretter, Türen und Wasserhähne, alles da." Unten führen dunkle Gänge zu Bunkern oder ins Nirgendwo, und Lutz Bormann hat „Schiss, nicht zurückzufinden". Einmal schaut auch Hedda Adlon rein, Witwe des Inhabers, findet ein „amtliches Übernachtungsheim" vor und lässt sich nach der Enteignung durch die DDR nicht mehr blicken. Immerhin wird das Rest-Adlon im Lauf der Jahre auf 70 Zimmer erweitert und existiert, zuletzt als Lehrlingswohnheim, bis zum Abriss 1984. Da verläuft vorm Haus das Niemandsland der Mauer.

Im Januar 1946, bei Minustemperaturen bis zu 20 Grad, wird das Adlon aktenkundig, es hat Gerichte zum Wucherpreis von 25 statt fünf Mark verkauft und 20 Mark als „Pfand" für fehlende Lebensmittelmarken einbehalten.

Die Stadtküche Koschwitz fährt jetzt keine Rebhühner mehr aus, sondern füllt Trockengemüse in Dosen ab, und bei Borchardt, wo des Kaisers Gardekavallerie speiste, gibt es Erbsensuppe mit Spitzbein.

Die Berliner halten sich Hühner auf dem Balkon und überleben den zweiten Nachkriegswinter mit Notspeisungen und in Wärmehallen. Auf dem schwarzen Markt kosten eine Büchse Kondensmilch 100 und ein Kilo Speck 1000 Mark. Auch Erich Kästner macht mit: „Ich schiebe, ich schob, ich hab geschoben, Fett schwimmt oben."

Organisierte Banden klauen den Spinat vom Ludwigkirchplatz und die Erbsen aus der Kaiserallee, die einen leben von Nachtkerzenwurzeln in holländischer Tunke und Brennnesselpudding, die anderen sitzen in Schwarzmarktlokalen vor Entenpresse und Rechaud. Heinz M. Zellermayer serviert ab Juli 1945 im Restaurant seines teilzerstörten Hotels am Steinplatz schwarz gekauftes Fleisch oder Geflügel, „während die Gäste Diamanten und Benzin verschoben. Bei denen spielte Geld keine Rolle". Schön mollig ist es am Kachelofen, während in der Stadt Tausende verhungern und erfrieren. Herr Zellermayer züchtet Champignons im Keller und Tomaten auf dem Dach, hält sich Ziegen und Kaninchen. Auf dem Platz vorm Haus sind gefallene Rotarmisten begraben.

1947 probiert auch Aschingers Haus Vaterland unter fremder Leitung einen Neuanfang. Von Saus und Braus bei künstlichen Gewittern kann nun nicht mehr die Rede sein, im 1. Stock der stabilen Ruine öffnet ein Restaurant, das fünf Jahre später wieder verschwinden wird.

Im Frühjahr 1947 wird Bernhard Schambach Kochlehrling im Weinhaus Huth. Ihn treibt der Hunger, denn „zu essen gab's nischt außer geklauten Mohrrüben oder Buletten aus Kartoffelschalen". Bei Huth will man ihn erst nicht nehmen, weil er so klein ist, dass er nicht mal in die hohen Suppentöpfe gucken kann. Die Suppe ist aus zehn Liter Wasser und vier Esslöffel Brühpaste zubereitet, statt Roter Rüben wird Rotkohl zu schmalen Streifen geschnitten. Nur einmal kommt Hackfleisch ins Haus, da hat sich der junge Schambach einen Band-

Die Grandhotels Kaiserhof, Hitlers Berliner Hauptquartier vor 1933, und das Eden sind nach dem Krieg Ruinen, vom Adlon ist nur ein Seitenflügel intakt. Auf dem schwarzen Markt kostet das Kilo Speck 1000 Mark, die Berliner ziehen Gemüse und Tabak auf dem Balkon

wurm geholt, „weil wir die Hackmasse gleich roh gefressen haben".

Die einen betteln – meist vergebens – um Ersatz für verlorene Lebensmittelkarten, die anderen haben Zugang zu legierter Grießsuppe und Rinderragout im russischen Künstlerklub Möve oder feiern Silvester 1947 im Hotel Heckh draußen in Nikolassee, wo der Besitzer, ehemals Kellner bei Horcher, Besuchern wie Professor Sauerbruch und Dirigent Furtwängler Kaviar, Trüffel-Consommé, Gänseleber in Portweingelee und Truthahn aufträgt. „Die Gäste waren Schlemmer und dürfen es endlich wieder sein", freut sich Herr Heckh, wenn auch zu früh. Ein halbes Jahr später zerstreiten sich die Alliierten über die Währungsreform, und die Russen blockieren die Verkehrswege nach Berlin. „Meine Gäste", sagt Herr Zellermayer, „sind wie Tauben davongeflattert."

Ein Major Klimow von der sowjetischen Zentralkommandantur droht den Angestellten im Haupternährungsamt, sie könnten ihre „Köpfe auf Tellern tragen", wenn sie bei der Abschnürung der Westsektoren nicht mitmachen. Die berühmten Rosinenbomber fliegen Milch, Kartoffeln, Gemüse und Obst als Trockenware in die Stadt, um Frachtraum und Gewicht zu sparen, es gibt Fleischkonserven ohne Knochen, Eipulver, aber nur wenig Fett und Zucker, und gegen den Mangel an Vitamin C müssen Tabletten helfen.

In Westdeutschland füllen sich die Läden, Berlin darf Heldenmut zeigen. Diesmal kämpft der Ami auf der richtigen Seite, und die Frontstädter jubeln, als die Blockade im Mai 1949 zusammenbricht. Rhabarber, Salat und Spitzkohl wieder reichlich vorhanden, meldet der Gemüsegroßmarkt im Juni 1948, da fasst auch das Luxusrestaurant Aben am Kurfürstendamm neuen Mut und eröffnet direkt neben dem zerstörten Original aus der Vorkriegszeit. Kellner aus dem Adlon oder der Traube servieren in kurzen roten Frackjacken Helgoländer Hummer oder hausgebeizten Lachs mit Meerrettich.

Wer dafür zu klamm ist, verzehrt an Herta Heuwers Imbissbude am Stuttgarter Platz Wurst mit einer patentierten Chillup-Sauce, und Frau Heuwer geht in die Geschichte der Berliner Küche als die Erfinderin der Currywurst ein.

Fritz Aschinger hat durch den Krieg ein Vermögen von 58 Millionen Mark verloren. Zwei Jahre hofft er auf Rückgabe seines Unternehmens durch die sowjetische Militäradministration. Im Februar 1949 wird die Enteignung bestätigt, und Fritz Aschinger nimmt sich mit seiner Schwester das Leben. Der Konzern wird zum Volkseigenen Betrieb „Aktivist". In den Westsektoren werkeln 277 statt früher 4500 Angestellte in einer bescheidenen Aschinger AG mit elf Bäckereien, einer Konditorei und vier, später zehn Restaurants und Bierquellen, die mit Erbsensuppe und kostenlosen Brötchen an glanzvolle Zeiten erinnern. Aber die Firma kommt nicht auf die Beine, Aschingers Tochter Ingrid versucht bis zum Konkurs 1978 vergebens zu retten, was nicht mehr zu retten ist.

„Wo stehen wir heute?", fragt die Fachzeitschrift „Die Küche" bang und empfiehlt, „mit bescheidenen Mitteln Gutes zu vollbringen". 1950 eröffnet das ausgebrannte KaDeWe wieder, nachdem man aus dem Innenhof einen abgestürzten US-Bomber gepolkt hat, zunächst in den unteren beiden Etagen und mit einer kleinen Lebensmittelabteilung.

1951 kommt es auch im Gaststättengewerbe zur formalen Trennung zwischen Ost- und Westverband der Köche. Bei der ersten Kochkunstschau in der Ex-Hauptstadt entschuldigen sich die Aussteller für den „langen Ausfall an Übungsmöglichkeiten" und präsentieren vorwiegend Klassiker wie Rinderhochrippe und Steinbutt in Sauerampfermarinade. Nur ein junger Koch serviert den verdutzten Besuchern schwarze Eier, die auf Feuerstellen mit Holzkohle gesotten werden.

Die Imbissfrau Herta Heuwer am Stuttgarter Platz gilt als Erfinderin der Currywurst. Ihre Chillup-Sauce hat sie patentieren lassen. Während der Blockade 1948/49 wird Berlin aus der Luft versorgt, und bei der Teileröffnung des KaDeWe 1950 gibt es eine kleine Lebensmittelabteilung

Das ist Werner Fischer, der ein Jahr später in der Rankestraße das „Ritz" eröffnet und mit parfümierter persischer Mandelsulz, burmesischer Fischhaut mit Selleriesalz oder russischen Windbeuteln die weite Welt auf den Teller holt. Während seine Konkurrenten Medaillons vom Hammel als Mailänder Topf oder Scheiben vom Frischlingsfilet in Rotwein als Jägertopf rei-

chen, ist ihnen Fischer mit koreanischen Kastanien-
rollen, Auflauf vom japanischen Kugelfisch und
balinesischer Palmweinsuppe um Meilen voraus.

Im Sommer 1952 wird am Kurfürstendamm das
Kempinski eingeweiht, der erste große Hotelbau im
Nachkriegs-Berlin, zur Eröffnung gibt es Seezun-
genfilet und mal wieder Brüsseler Poularde, bereits
vor dem Krieg Dauerbrenner der gehobenen Küche. Die Kempinskis verabschieden sich schon ein
Jahr später aus Berlin und verkaufen das Haus an die
Hotelbetriebs AG, die den berühmten Namen so
lieb gewinnt, dass sie ab 1977 nur noch als Kempinski AG firmiert. Mit den Kempinskis, die in England
und Amerika leben, hat das Unternehmen nichts
mehr zu tun.

Ebenfalls 1952 ist in der Kantstraße die Paris
Bar eröffnet worden, skurrile Idee des
Militärbeamten Jean Coupy aus Lyon, das
Sehnsuchtsland Frankreich mit Zwiebelsuppe, Choucroute garnie und Steak minute kulinarisch
nach Berlin zu holen. An der Garderobe verkündet
ein Schild neben zwei Krückstöcken „Weinwunder-
mittel – wir zeigen diese Stöcke, von unseren Kunden vergessen". Monsieur Coupy hängt schwer hinter der Theke, und die Weine, meist Rosés, hat der
spätere Besitzer Michel Würthle als „süffig und
schlecht" in Erinnerung, das Essen als „ungenieß-
bar" – doch was macht's, die Paris Bar mit ihrem ver-
qualmten Charme ist Kult. Im Grunde egal, ob Günter Grass durch die Tür kommt oder sich der Schauspieler Otto Sander an seinem Stammplatz festgesof-
fen hat, die Paris Bar hat auch die Wende und den
Run auf die Stadtmitte im Osten nach einer leichten
„Delle" (Würthle) glanzvoll überstanden.

„Der Berliner isst sich froh und optimistisch ins
neue Jahr", hat Werner Fischer vom Ritz 1952
hoffnungsvoll auf seine Silvesterkarte geschrieben.
Friedenstaubennestersuppe, Seezungenfilets à la
anerkanntes Bundesland Berlin und Filetsteak à la
ihr Kinderlein kommet von Bonn nach Berlin sollen die Gäste animieren, doch statt der Kinderlein
kommen im neuen Jahr russische Panzer und walzen
im Ostsektor den Aufstand vom 17. Juni nieder,
und in der Stadt macht sich Ernüchterung breit.

Im Februar 1954 findet in Berlin die Vier-Mächte-
Konferenz statt, und die Stadtküche Rollenhagen

Mit Zwiebelsuppe und Steak minute bringt die Paris Bar 1952 französisches Flair an die Spree. Kempinski feiert mit einem neuen Hotel am Kurfürstendamm die Rückkehr nach Berlin. Im Ostsektor wird ein Jahr später der Aufstand vom 17. Juni mit russischen Panzern niedergewalzt

darf zu Ehren des sowjetischen Außenministers Molotow im Kontrollratsgebäude klare Schildkrötensuppe und Hummer Newburgh auftragen, aber das Treffen bleibt ergebnislos. US-Außenminister Dulles isst im Ritz sibirischen Lachs, sein Tischnachbar Gromyko, Molotows Stellvertreter, greift zur Pekingente, die Damen der Politiker probieren im Schlichter, das dem Bruder des Malers Rudolf Schlichter gehört, Hausspezialitäten wie Karpfen polnisch. Der schmeckt auch dem jungen Politiker Willy Brandt so gut, dass er sich das Rezept für die Bier- und Pfefferkuchensauce geben lässt.

Auf der Gastwirtmesse 1956 locken endlich Leckerbissen, Rollenhagen trägt Parfait von getrüffeltem Steinbutt auf und das Hotel am Zoo tranchierte Fasanenbrüste auf halber Ananas. Im Osten werden 1958 die Lebensmittelkarten abgeschafft, acht Jahre später als in West-Berlin, wo Bundespräsident Theodor Heuss 1959 seinen Berliner Amtssitz Schloss Bellevue übernimmt, 120 geladene Gäste speisen Ostseelachs mit Trüffeln und Rehrücken Försterin Art. Die Berliner stürmen zu Hühner-Hugo, dem König der Imbissbuden, und essen „Hühnersuppe alles drin" für 1,25 Mark. Die Hühner sind im eigenen Fett gebraten und schmecken deshalb besonders lecker.

Im Juni 1961 quartiert sich die Wirtin Lina Buhmann mit ihrem Wiener Heurigen im Weinhaus Huth am einsamen Potsdamer Platz ein und erwacht am 13. August mit dem Mauerbau direkt vor der Tür. Angesichts von Stacheldraht und Wachtürmen muss Frau Buhmann ihr Lokal schon im Herbst wieder schließen und tut's mit dem Spruch „An dieser Mauer werden Wein und Gäste sauer".

Eberhard Schreiber, als „Hardy" stadtbekannter Berliner Gastronom, empfindet die Teilung der Stadt als „furchtbaren Schlag, alles wollte weg und raus, Spediteure waren auf Monate ausgebucht". Hardy stellt den Gästen seiner Weinstube Käsewürfel mit Spießchen hin, um den Weinumsatz anzukurbeln, und meint heute, „dass man Walter Ulbricht dankbar sein müsse, denn ohne den Mauerbau wären keine Bonner Subventionen nach Berlin geflossen".

Im Ostsektor, nahe dem Alexanderplatz, wird die nach Bombenschäden schwer heruntergekommene Kneipe Zur letzten Instanz abgerissen und ein

Jahr später von der DDR penibel rekonstruiert. Das Häuschen in der Waisenstraße ist mit den beiden Nachbargebäuden schon um 1680 an die mittelalterliche Berliner Stadtmauer gebaut worden und eines der letzten Zeugnisse des einstigen Armeleuteviertels.

Maishuhnstreifen und Kalbsnieren flambiert sind die Modegerichte der 60er Jahre in den Börsenstuben am Zoo oder im feinen Hotel Gehrhus, früher Palais Pannwitz, draußen im Grunewald, vor allem aber Ragout fin aus Champignons, Kalb- und Geflügelfleisch in Muschelschalen überbacken, trotz des französischen Namens eine deutsche Kreation.

400 000 Frontstädter bejubeln 1963 John F. Kennedy, der sich zu einem der Ihren erklärt, aber wegen des Jubels an Nazi-Kundgebungen erinnert fühlt. Jenseits der Mauer, im alten Borchardt, dann HO-Spitzenlokal Lukullus, wird das erste Gastmahl des Meeres eröffnet, denn auch die DDR-Bürger sollen mehr Fisch essen, den die Fangflotten des Arbeiter-und-Bauern-Staates von Westafrika mitbringen. Oft stehen die Gastmahl-Köche ratlos vor dem Beifang aus fernen Gewässern: Degen-, Adler- und Papageienfisch. Einmal muss die Küche mit einem ganzen Wal fertig werden, 112 Tonnen, der erst als Roulade, dann als kaltes Büfett aufgetischt und schließlich an die anderen Gastmahl-Filialen in den DDR-Bezirken weitergereicht wird.

Am Lützowplatz eröffnet der Berlin-Grill und wird für Stör mit Kaviar oder Spanferkel mit Pfifferlingen bald den ersten Michelin-Stern bekommen, im russisch angehauchten Troika wird Bier in silbernen Bechern und zum Bœuf Stroganoff Striptease serviert, Pizzerias lösen Hühner-Hugo ab, und die Menüs sind fast wieder so üppig wie in der Kaiserzeit. Bei einem Hochzeitssouper im Charlottenburger Schloss schaufeln die Gäste Krebssuppe und getrüffeltes Gänseleberparfait, Edellachsschnitten, Langustenmedaillons, Hühnerbrüstchen, gefüllten Schinken und sizilianisches Orangenkörbchen. Der Küchenmeister Siegfried Rockendorf fängt 1968 im Hilton an, damals eines der modernsten Hotels in Deutschland, und resümiert die Berliner Küche: „Gekocht wurde wie vor dem Krieg, die Köche waren noch die alten und gaben ihre Rezepte an

die nächste Generation weiter." Seinen Kollegen bescheinigt er – mit Ausnahmen – ein „relativ niedriges Niveau, Essen zum Sattwerden".

Im Hilton gibt es sonntags Kartoffelsuppe, paniertes Schweinekotelett mit Blumenkohl und roter Grütze für 23,50 Mark, eines der teuersten Menüs der Stadt. Tournedos Rossini galten als hohe Schule der Kochkunst, Klassiker wie geschmorter Ochsenschwanz, Mastkalbssteak Talleyrand, Zwischenstück Bordelaise und Kalbsleber Berliner Art dominierten auf den Speisekarten. „Berlin war eine verschlafene Kleinstadt", sagt Bernhard Schambach, damals Küchenchef im renommierten Kempinski. Die Küche war anspruchslos, „Eisbein, Hühnerfrikassee oder Krebsschwänze in Dill wurden auf Verdacht gekocht und warm gestellt, in einer Pfanne mit zerstoßenem Eis standen die Konservendosen." Trotzdem kommt die Küche mit Graf-Luckner-Spieß und Geschnetzeltem von der Kalbsleber in Sahne und Whisky kaum nach.

Kalorienreiche Gerichte beschäftigen 1972 auch die „IV. Nationale Konferenz für Gesundheitserziehung". Der DDR-Bürger verzehre mit 3170 Kalorien täglich elf Prozent mehr, als ihm gut tut, haben die Funktionäre ausgerechnet, sie wollen den Fettverbrauch von 128 Gramm auf 90 Gramm täglich senken und empfehlen die Verwendung von Pflanzenmargarine statt Butter.

In Westdeutschland bricht die Nouvelle cuisine an, in Berlin bleibt alles beim Alten, der Stern von Eckart Witzigmann geht in München auf, und sein Kollege Lothar Eiermann jubelt: „Endlich Loup de mer, Rougets, Doraden und Jakobsmuscheln, Mousses und Pürees", aber Perlhuhnmus und Karottenpüree werden in der Frontstadt als Babykost bespöttelt. „Der Berliner, selbst der wohlhabende", schreibt der Restaurantkritiker Klaus Besser, „liebt das Deftige, Riesenportionen und dazu die Molle. Ein Zeremoniell bei Tisch, das jeder Pariser für normal hält, versetzt einen richtigen Berliner in Angst und Schrecken."

Hardy an der Oper setzt 1961 die Tradition der Berliner Weinstuben fort. Vier Monate später wird die Mauer gebaut. US-Präsident Kennedy – mit Willy Brandt und Kanzler Adenauer – macht 1963 der Frontstadt Mut. Das alte Palais Pannwitz wird zum Hotel Gehrhus umgebaut

EISBEIN UND WACHTELBRUST

DAS NEUE HAUPTSTADT-GEFÜHL

In den siebziger Jahren
wird die Frontstadt (West)
zur Idylle, und die Hauptstadt (Ost)
strebt Weltniveau an. Dann stellt der Fall
der Mauer alles wieder auf Anfang,
die Regierung zieht nach Berlin,
und im KaDeWe werden jährlich
540 000 Austern geschlemmt

Henri Lévy will Berlin mit seinem Maitre ein kulinarisches Glanzlicht aufsetzen und scheitert 1982

Im Großen Saal feiern Erich und Margot Honecker mit Ministern und Architekten 1976 die Eröffnung des Palastes der Republik. Kneipenkost wie Solei und Bulette wird immer seltener angeboten und kommt 1998 im Café Lampion am Prenzlauer Berg wieder zu Ehren

Zwischen Mauerfall und Währungs- reform bieten die Läden in Ost-Berlin noch das vertraute Bild. Doris Burneleit führte mit dem Fioretto eines der wenigen selbstständi- gen Restaurants im Arbeiter-und- Bauern-Staat. Heute betreibt sie das Paparazzi am Prenzlauer Berg

Der Prachtpalast der Republik wird 1976 in Ost-Berlin eröffnet, das Volk der Arbeiter, Bauern und Kleinbürger besetzt Mokkabar, Linden- und Spreerestaurant oder übt Akklamationen in der Volkskammer der DDR, alles unter einem Dach. Der fistelnde Honecker strebt Weltniveau an und plant sogar den Wiederaufbau der Friedrichstraße samt Varieté Wintergarten. In West-Berlin, inzwischen mehr Idylle als Glitzerding, breiten sich die WGs schwäbelnder Autonomer und von Bundeswehrflüchtlingen aus, alles unter einem Dach.

Die „Berliner Morgenpost" beklagt das Wegsterben der kleinen Kneipen, „Solei und Bulette aus dem Hungerturm auf der Theke will keiner mehr". Fast ein Drittel der 5000 Schank- und Speisenbetriebe in der Stadt wechsele jährlich den Besitzer, und die Postille prophezeit, „im Jahr 2000 werden wir alle Algen essen".

Vorläufig bleibt es bei dicken Saucen und Filetsteak mit sechs Sorten Kräuterbutter. „Die Nouvelle cuisine", gesteht Bernhard Schambach, damals Chefkoch im Hotel Kempinski, „habe ich verschlafen." Einmal probiert er kühn flambierte Erdbeeren mit grünem Pfeffer, da kommen böse Kommentare von den Tischen. Noch wird der Kosakenspieß brennend durchs Lokal getragen, während die Zeloten der Nouvelle cuisine in Westdeutschland, den Guide Michelin unter dem Arm, längst Kir Royal bestellen. Im Kempi bleibt es beim Hummercocktail.

Immerhin verschwinden auch rings um den Kurfürstendamm fetthaltige Pommes frites und Kroketten von den Speisekarten der besseren Restaurants, und die Gastronomen diskutieren, ob Weinzwang noch zeitgemäß sei. In den vom Michelin gelobten Conti-Fischstuben und dann im Hotel Ambassador wagt sich Koch Jan Peter Drexhage an Zander mit Sauerkraut oder in einer Vanille-Noilly-Prat-Sauce, aber gefragt sind Standards wie Seezunge Müllerin und Forellen oder Schleie aus dem Frischwasserbecken. Das Hilton am Zoo blickt westwärts und serviert Gänseleberkugeln als „Golden Nuggets", Haifischflossen „Golden Gate" oder Colorado-Beef mit Maiskolben und Idaho-Kartoffel.

Ende 1977 verlässt Siegfried Rockendorf, bis dahin Küchenchef im Schweizerhof, das Einerlei von

Zürcher Geschnetzeltem, Kalbsleberspießli oder Bündner Bratwurst und macht sich in der Alten Waldschenke im Tegeler Forst selbstständig. „Die klassische Küche wurde mit viel Arroganz verteidigt und war Neuerungen gegenüber wenig aufgeschlossen. Die ließ man nicht an sich heran, und für Gäste auf der Suche nach originellen Gerichten gab es Kalbssteak Hawaii mit gemischten Früchten aus der Dose." Rockendorf stellt die Karte von tiefgefrorenem auf frisches Gemüse um und hat prompt schwer zu kämpfen. „Ich habe neue Rezepte ausprobiert und mein Restaurant mehrmals leer gekocht."

Um einen Platz an der Sonne ringt auch 13 Jahre nach der Eröffnung das Maitre des Franzosen Henri Lévy. Der ehemalige Kellner empfindet Berlin als gastronomische Wüste und kultiviert sie mit Schaum von Fischen und Räucherspeck oder Pot-au-feu vom Hasenrücken. Lévys Gerichte sind kühn und extravagant, der Patron ist hochfahrend und verschwenderisch, aber er lässt lange vor Witzigmann und Nouvelle cuisine Austern und Fisch aus Frankreich kommen und bereitet seine berühmten Gänseleber- und Rotweinsaucen nur mit erstklassigen Produkten.

Berlins quantitativ orientierte Restaurantkritiker vermissen bei Lévy „was zum Beißen" und stöhnen über die üppigen Preise. Elitäre Eleganz ist an der Spree verdächtig, und die tiefroten Zahlen bescheren der „verspotteten Kochfigur" (Rockendorf) 1982 das Aus für gebackene Königsdorade auf Fenchelcreme, mit Langustinen gefüllte Hühnerbrust oder Seezunge mit Räucherspeck.

Der Küchenmeister Siegfried Rockendorf macht sich 1977 selbstständig und hält seitdem einen Spitzenplatz in Berlin. Das Kranzler, nach dem Krieg am Kurfürstendamm auferstanden, schließt im März 2000 – die Feinschmeckeretage des KaDeWe wird nach der Wende vergrößert

1978 wird im KaDeWe die Lebensmitteletage ausgebaut, ein Schlemmerparadies mit Pfifferlingen aus Marokko, Bohnen aus dem Senegal und Bourgeoisfisch von den Seychellen. Das Kaufhaus holt den Duft der kulinarischen Welt ins verdöste West-Berlin der siebziger Jahre, schade, dass sich zur selben Zeit Werner Fischer, nicht mehr der Jüngste, von afrikanischer Flussschweinskeule und gefülltem Schweinehals im Ritz verabschiedet.

„Berlin ist eine Reise wert", heißt es 1980, vier Millionen Besucher kommen und bestaunen auch die Mauer, in deren Schatten alle Träume von Wiedervereinigung und Hauptstadt begraben liegen. Das Hotel Excelsior serviert Tunfisch „Indiana" mit Sardellen gespickt in einer Safran-Curry-Sauce, Lamm- und Matjeswoche wechseln mit skandinavischen Spezialitäten und Chinatagen, aber die anspruchsvolle Tünche nutzt nichts: Typisch für Berlin, schreibt die Frankfurter Fachzeitschrift „Die Küche", wären nun mal Trivialgerichte wie Saure Eier mit Specksauce und Eisbein, „Berliner Anspruch" zeichne sich durch „Nüchternheit und Sparsamkeit" aus und ließe „keinen Platz für großspurige Gaumenfreuden".

Die Reduzierung aufs Deftige und Rustikale wird im Osten noch eifriger betrieben als im Westen, die Alt-Berliner Bierstuben im Nikolaiviertel servieren Plumpse (Blutwurst) mit Sauerkraut, Ulsterknöppe (Buletten), Briefträgereisbein (Rollmops), dazu Weiße mit Strippe (Kümmel) und Maurertod (Boonekamp mit Pfefferminz). Kein Schluck und Bissen ohne ideologische Sättigungsbeilage, „wir wollen", heißt es auf der Speisekarte, „Ihnen im Kleinen das humane Anliegen unseres Staates zur Erhaltung und Pflege unseres Kulturerbes nahebringen."

Das Erbe, obwohl eher preußisch, wird von der DDR in der alten Stadtmitte mit Denkmälern und restaurierten Fassaden aufgemöbelt, die sozialistischen Bruderländer laden die Berliner (Ost) ins Budapest und Bukarest, La Habana, Sofia, Prag und Warschau oder zu Fleischplinsen ins Moskau, wenn sie denn einen Platz finden. In den Interhotels zählt, wer Valuta hat und wer keine; im Erdgeschoss sitzt das Staatsvolk bei Soljanka und Broiler, in den oberen Etagen treffen sich Klassenfeind und Handelsdelegationen bei Entenkraftbrühe mit Trüffelscheiben.

Für den Massenbedarf gibt es Konsum und HO, Zentralküchen liefern täglich bis zu 21 000 Gerichte an Großgaststätten wie den Alextreff, Clublokale, Schulen und Rentner. Die Planwirtschaft hält Äpfel, aber weder Thymian noch Rosmarin bereit.

Curry sieht aus wie Hobelspäne und schmeckt nach Muskatnuss, es blühen Schiebung und privater Tausch, kleine Gärtnereien haben Hochsaison, und Kaviar wird von den Gastwirten für die Jugendweihe gebunkert.

Die wenigen selbstständigen Betriebe wie das Fioretto in Köpenick hadern mit den Kontrolleuren der Arbeiter-und-Bauern-Inspektion, die Portionen in Reagenzgläsern messen. „Zu wenig durfte es nicht sein, aber zu viel auch nicht", sagt Wirtin Doris Burneleit, die damals hintenrum Zucchini, Auberginen und Kräuter abgestaubt hat und oft weniger Produkte als Gäste hatte. Die Preise sind vorgeschrieben, und Frau Burneleit darf 0,65 Mark für die hausgemachte Pasta mit Butter und Olivenöl nehmen.

Im Westen dominieren türkische Gemüsehändler und italienische Pizzerias, Gazpacho und Bouillabaisse sollen Urlaubserinnerungen wecken, und Kartoffeln werden nicht länger in 250-Gramm-Portionen serviert – so üppig haben Berliner Gastronomen in den ausgehenden 70er Jahren den Appetit ihrer Gäste kalkuliert.

Die Völker der Welt schauen immer seltener auf diese Stadt, in der sich eine bräsige Normalität breit macht, verschwunden ist die Euphorie, aus der die Stadt trotz aller Nackenschläge ihre Kraft bezog. Der vom Michelin mit einem Stern ausgezeichnete Siegfried Rockendorf hat 1981 in Waidmannslust ein neues Feinschmeckerlokal eröffnet und bleibt über zwei Jahre zusammen mit einem anderen Restaurant einer der wenigen, die der kritische Gastronomieführer einer Auszeichnung für wert befindet.

Alt-Berliner Traditionsadressen: Das Borchardt wurde bereits 1853 gegründet, und das Ritz-Carlton Schlosshotel gehörte als Palais Pannwitz einem Freund Kaiser Wilhelms II. Türkische Obst- und Gemüseläden dominieren ab den siebziger Jahren in West-Berlin

„Kein Geld in Berlin", sagt Rockendorf über das karge Brot der frühen Jahre. Aber mehr als 4000 Genießer gebe es nun mal nicht in der Millionenstadt, und das wird bis zum Mauerfall so bleiben.

1987 wird Berlin 750 Jahre alt und ist nun gleich zweimal vorhanden, viel zu tun für die Gastronomie in beiden Teilen der Stadt. 1937 haben die Wirte noch im Weißen Saal des Stadtschlosses aufgetragen, aber nun gibt es kein Schloss mehr, gefeiert wird im Palast der Republik (Ost) und im ICC (West), Umzüge und Selbstdarstellung im Doppelpack.

Am einsamen Potsdamer Platz ist der Jubiläumsrummel spurlos vorübergegangen. In den Ruinenresten des Esplanade, wegen Einsturzgefahr gesperrt, sitzt der Hausmeister Otto Redlin und züchtet Kaninchen. Draußen weiden Schafe, und vor der Tür zum Kaisersaal, wo Wilhelm II. einst mit seinen pensionierten Generälen speiste, hängt ein Schild: „Bin im Garten übern Hof."

Im Jubeljahr schließt am Kurfürstendamm das Traditionslokal Mampes Gute Stube, und die denkmalgeschützten Zimmer werden von Mövenpicks Marché übernommen. Unvergänglich bleibt nur der Spruch, mit dem sich die Berliner einst über den Optikerslogan „Sind's die Augen, geh zu Ruhnke" lustig machten:

Sind's die Augen, geh zu Mampe,
gieß dir einen auf die Lampe,
wirst dann alles doppelt sehn,
brauchst nicht mehr zu Ruhnke gehn.

Im Mai 1988 macht im Westteil der Stadt das Grand Hotel Esplanade auf und lockt Berliner Partygänger mit Harry's New York Bar, nur im Feinschmeckerrestaurant Harlekin lässt der Erfolg auf sich warten. Die Direktion rätselt über „Schwellenangst" und Zurückhaltung der Gäste trotz Pot-au-feu von Wels und Hummer oder Rochenflügel auf Tomaten-Lauch-Fondue.

In Berlin-Ost haben die Menschen andere Sorgen, Friedens- und Umweltgruppen machen gegen eine Obrigkeit mobil, die den Alltag bis ins Absurde reglementiert. „In der DDR", heißt es in der Informationsschrift „Sie wünschen bitte?", „wird in der Regel die erste Hauptmahlzeit des Tages zu Mittag zwischen 12 und 14 Uhr eingenommen."

In die Welt der Schweigemärsche und Massenfluchten eilt im Sommer 1989 eine Delegation westdeutscher Köche zum zehnjährigen Bestehen des Palasthotels in die Hauptstadt der DDR. Küchenchefs aus beiden deutschen Staaten verwöhnen die hundert geladenen Gäste mit einem Zehn-

Gänge-Menü, es gibt Lachsmousse im Geleemantel (West) und Fasanenbrust (Ost). Bei Kuchen mit Orangen und Äpfeln, warmer Orangensauce und Cointreaueis verabschieden sich die Besucher „mit dem Ziel einer Kooperation zwischen den Köcheverbänden in Ost und West" und – so die Fachzeitschrift „Die Küche" – „einem deutlichen Auf ein Wiederkochen".

Dazu ist schon im November Gelegenheit. Mehr als 400 Köche aus der Bundesrepublik fahren während ihrer Jahrestagung in West-Berlin zu einer Kochkunstschau in Palast- und Grandhotel und loben Küchenmeister Bernhard Wegner, den „kulinarischen Botschafter und Teamchef der DDR-Nationalmannschaft", denn der, so die Verbandszeitschrift, „verstand es wieder einmal, die Küche seines Landes hervorragend in Szene zu setzen". Aber das Land pfeift auf dem letzten Loch, und vier Tage nach dem Treffen fällt die Mauer.

N och nie ist der Kurfürstendamm so voll gewesen, sogar das Café Kranzler erlebt noch mal eine kurze Blüte, es gibt Begrüßungskaffee für 50 Pfennig Ost an improvisierten Ständen, und am Grenzübergang Potsdamer Platz tragen die Mieter aus dem Weinhaus Huth Glühwein zu den frierenden Zöllnern.

Währungsunion und Wiedervereinigung beherrschen nun die Schlagzeilen. Siegfried Rockendorf hat die Nachwendejahre 1990 und 1991 als „Goldgräberrausch" in Erinnerung, „wo nichts teuer genug sein konnte, auch wenn man mit aufgekrempelten Hemdsärmeln bei Tische saß". Mitten in der Euphorie der hundertprozentigen Umsatzsteigerungen baut das KaDeWe „die größte Feinkostabteilung Europas" mit 1300 Käsesorten, 1200 Wurst- und Schinkenspezialitäten sowie 2400 Weinen.

Nahe dem Gendarmenmarkt ersteht im März 1992 das Borchardt in den Räumen der unversehrten Delikatessenabteilung. Die neuen Besitzer räumen Bau-

Sony baut am Potsdamer Platz und verschiebt 1996 die Reste des Esplanade-Hotels um 75 Meter auf Luftkissen. Sieben Jahre zuvor ist die stabile Mauer gefallen und bis auf wenige Meter beseitigt worden. Auftrieb in Harry's New York Bar, die jährlich 102 000 Cocktails austeilt

schutt aus dem Keller, bessern Kugeleinschläge aus und kratzen den schwarzen Anstrich von den Marmorsäulen. Die Räume der ehemaligen Delikatessenabteilung werden bald von Neu-Berlinern geflutet, Politiker, Jungmanager und Journalisten entdecken eine neue Berliner Mitte, die nichts weiter als die alte ist.

Daimler-Benz beginnt am Potsdamer Platz mit dem Bau eines Stadtviertels, das dem vereinsamten Weinhaus Huth ein neues Umfeld beschert. Nach der Fertigstellung 1998 ist es ringsum von Hochhäusern umgeben, es gibt Weinstube und Restaurant im Haus Huth wie schon zur Kaiserzeit, und die blank geputzte Fassade erinnert daran, dass hier einmal ein ganz anderes Berlin gestanden hat.

Die Hochstimmung der Wendezeit hält nicht lange an, „1993 bis 1998 waren Jahre des Niedergangs", sagt Siegfried Rockendorf – neue Spesenordnungen, das Ende der Berlin-Zulage und Subventionsabbau gehen trotz des Baubooms auf Kosten der Schlemmerlokale, und mit dem Abzug der Alliierten verschwinden 1994 auch die Genießer der französischen Garnison.

1996 eröffnet in der Friedrichstraße ein neuer Kaufhaustempel. Die Galeries Lafayette, die schon Ende der 20er Jahre am Potsdamer Platz bauen wollten, haben mit Verspätung nun doch nach Berlin gefunden. Ein Jahr später ersteht am Pariser Platz das Adlon wieder. Obwohl es Streit um die historisierende Fassade des Neubaus gibt, nimmt das Nobelhotel wieder seinen Platz in der ersten Reihe ein. Auch das neue Weinlokal Lutter & Wegner, ohne jede Ähnlichkeit mit dem zerbombten Original in derselben Straße, zehrt vom alten Namen, und im Palais Pannwitz, heute Schlosshotel Ritz-Carlton, ist der Empfangssaal in aller Pracht erhalten. „Hundertmal lieber als in jedem Neubau" ist Paul Urchs, aus Bayern zugereister Meisterkoch, hinter

Das Weinhaus Huth, letztes Gebäude aus der Kaiserzeit am Potsdamer Platz, wurde rausgeputzt und erinnert, von Hochhäusern umgeben, an ein vergangenes Berlin. Neuzeit in den Hackeschen Höfen: Bei der „Pasta e Opera" im Oxymoron gibt's Arien mit Spaghetti

Mauern, die den Kaiser, kroatische Gesandte und britische Besatzer gesehen haben. „Als kalte und unpersönliche Stadt" hat er Berlin nach seiner Ankunft empfunden, aber seit dem Umzug der Bundesregierung hat sich die gastronomische Szene durch die vielen Neu-Berliner belebt. Die Szenelokale in der Stadtmitte fangen die hohen Mieten mit hohen Preisen auf.

Des Kaisers herrliche Zeiten sind nun schon lange her, und „ein Borchardt wie einst wird es nicht wieder geben", sagt Inhaber Roland Mary, „das Großbürgertum ist verschwunden und die Menschenheere in der Innenstadt". Den „Gast, der hemmungslos isst und trinkt wie früher, den gibt's nicht mehr", sagt auch Josef Laggner vom Lutter & Wegner. Der Potsdamer Platz werde seinen Mythos fortführen, hat Berlins Regierender Bürgermeister Eberhard Diepgen bei der Eröffnung des neuen Potsdamer Platzes unverdrossen behauptet, Wunschdenken der Wiederkehr von Glanz und Gloria.

„In einer unter dem Einfluss der Technologie gewandelten Welt", sagt Edzard Reuter, der Daimler-Benz den Weg am einstigen Nabel von Berlin frei machte, „mit anderen Menschen und anderen Lebensumständen und Sichtweisen kann der Potsdamer Platz keine getreue Kopie des früheren sein, die 20er Jahre lassen sich nicht wiederholen, und insofern kann auch der Mythos vom Potsdamer Platz nicht auferstehen."

Das neue Berlin hat das alte unter sich begraben, und die neue Hauptstadt muss sich erst noch finden.

Im Jahr 1907 ist das erste Hotel Adlon am Pariser Platz eröffnet worden. Seit 1997 erinnert der historisierende Neubau an den Glanz der Kaiserzeit und die zwanziger Jahre vor dem Zweiten Weltkrieg, Mauerbau und Mauerfall – alles hier am Brandenburger Tor

Mit dem Franzmann, dessen Weine er gern trank, den er sonst aber nicht recht leiden konnte, hat der Deutsche seinen Frieden gemacht. Das KaDeWe bietet einen 1922er Château Mouton Rothschild Grand Cru Classé für 2100 Mark an, 2800 Kilo Kaviar und 540 000 Austern werden an den Schlemmerständen jährlich verzehrt und über 23 000 Hummer – vielleicht doch neue, herrliche Zeiten?

DIE BESTEN REZEPTE DER NEUEN HAUPTSTADTKÜCHE

*Mit mehr als
hundert Rezepten stellt
der renommierte
Koch Siegfried Rockendorf
die Berliner Küche vor.
Klassiker wurden
belebt und modernisiert,
neue Gerichte kreiert –
raffiniert und trotzdem
nachvollziehbar*

SIEGFRIED ROCKENDORF
*Jahrgang 1950, gehört seit Jahrzehnten
zu Berlins Spitzenköchen. Der Küchenmeister wurde
mit Michelin-Sternen und hohen Bewertungen
im Gault Millau- und Varta-Führer ausgezeichnet.
Seit dem Sommer 2000 befindet sich „Rockendorfs Restaurant"
in der West-Berliner City neben dem KaDeWe.
In „Rockendorfs Berlin" wird klassische und
feine regionale Küche serviert*

Gelee von Wildenten- brust auf Holundersauce mit Apfelsalat

ZUTATEN FÜR VIER PERSONEN

GELEE
*2 Wildentenbrüste mit Haut;
Salz; Pfeffer aus der Mühle;
Öl zum Anbraten; 4 EL sehr feine
Gemüsewürfel (Möhre, Sellerie,
Porree); 3 Blatt Gelatine;
200 ml Wildfond*

SAUCE
*100 ml Rotwein; 2 EL Zucker;
2 EL Himbeeressig; Schale und
Saft von 1 unbehandelten Orange;
100 g Holunderbeerenpüree;
1 EL Speisestärke*

APFELSALAT
*1 großer Apfel (Boskop oder
Cox Orange); 2 EL Crème
fraîche; Zitronensaft; ein Spritzer
Walnussöl; Salz; weißer Pfeffer
aus der Mühle*

BRIOCHE
*300 g Mehl und Mehl für die
Arbeitsfläche; 100 ml Milch;
3 Eigelb; 30 g Zucker; 70 g weiche
Butter und Butter für die Form;
15 g Hefe; 1 Prise Salz;
2 EL Rum*

GETRÄNKEVORSCHLAG
*Sauternes, zum Beispiel Château
Climens Premier Cru*

TIPP
*Holunderbeerenpüree oder
-marmelade bekommt man im
Reformhaus*

1 Den Backofen auf 200 Grad vorheizen. Die Wildentenbrüste mit Salz und Pfeffer würzen und in einer Pfanne in heißem Öl auf jeder Seite kurz anbraten, dann 5 bis 6 Minuten auf der unteren Schiene im Ofen rosa braten und auskühlen lassen. Die Haut abziehen und das Fleisch in kleine Würfel schneiden, dann mit den Gemüsewürfeln vermengen.

2 Gelatine in kaltem Wasser einweichen, den Wildfond erwärmen und die abgetropfte Gelatine darin auflösen. Enten-Gemüsewürfel-Mischung in 4 Formen oder Kaffeetassen gleichmäßig verteilen und mit dem Gelee auffüllen. 6 Stunden in den Kühlschrank stellen und fest werden lassen.

3 Für die Sauce 80 ml vom Rotwein, Zucker, Essig, Orangenschale und -saft 10 Minuten köcheln, Orangenschale herausnehmen, Holunderbeerenpüree hinzugeben. Erneut aufkochen. Stärke mit restlichem Rotwein glatt rühren und die Sauce damit binden. In eine Schüssel umfüllen und kühl stellen.

4 Apfel für den Salat schälen und in feine Würfel schneiden, mit Crème fraîche, Zitronensaft, Walnussöl, Salz und Pfeffer vorsichtig verrühren und kühl stellen.

5 Für die Brioche alle Zutaten in eine Rührschüssel geben und 5 Minuten mit der Küchenmaschine kneten, bis sich der Teig vom Rand löst. Den Teig 30 Minuten bei Zimmertemperatur gehen lassen, dann mit bemehlten Händen noch einmal kräftig schlagen und in eine ausgebutterte und bemehlte Kastenform geben. Den Backofen auf 190 Grad vorheizen.

6 Brioche 10 Minuten gehen lassen und 45 Minuten auf der mittleren Schiene backen, eventuell mit Pergament abdecken, wenn sie zu dunkel wird. Herausnehmen, etwas abkühlen lassen, dann aus der Form nehmen.

7 Formen mit Wildentengelee kurz in warmes Wasser halten, dann auf gekühlte Teller stürzen. Mit Apfelsalat und Holunderbeerensauce daneben anrichten. Brioche lauwarm dazu servieren.

Italienisches Gemüse auf Lavendel-Joghurt-Sauce mit Rotbarbenfilet

Feft-Mahl
zur Feier des Geburtstages Seiner Majestät
Kaiser Wilhelm II.
am Montag, den 27. Januar 1913.
Monopol-Hotel, Berlin

Speisen-Folge

Monopol-Vorspeisen

Ochsenschwanz-Suppe

Filet von Seezunge mit Hummer
nach Walewska

Englischer Hammelrücken
nach Kaiser Wilhelm

Matter Poularde am Spieß
Salat Victoria Luise

Hohenzollern-Eisbombe
Feines Gebäck

Käseplatte

Ein Hoch auf den Kaiser

Mit Jubelfeiern wird an jedem 27. Januar im Deutschen Reich des Geburtstags Seiner Majestät gedacht. 1913 regiert Wilhelm II. 25 Jahre, und bei einem Festmahl im feinen Berliner Monopol-Hotel in der Friedrichstraße gibt es wie fast überall Poularde als Hauptgericht. Die Speisekarte ziert der Zusatz „Deutschland in der Welt voran" – ein Jahr später ist Krieg

ZUTATEN FÜR VIER PERSONEN

GEMÜSE
1 rote Paprikaschote;
1 Fenchelknolle; 1 Zucchini;
1 Aubergine; 1 Artischockenboden;
Salz; weißer Pfeffer aus der
Mühle; 2 EL Olivenöl

SAUCE
3–5 Lavendelblätter;
3–5 Salbeiblätter; 150 g Sahnejoghurt; 100 g Crème fraîche;
1 zerdrückte Knoblauchzehe;
Salz; Pfeffer aus der Mühle

ROTBARBEN
4 Rotbarbenfilets; Salz;
Pfeffer aus der Mühle; Mehl zum
Wenden; 2 EL Ölivenöl

GARNITUR
2 Scheiben Toastbrot ohne Rinde;
20–30 g Butter; Gartenkräuter;
2 EL Walnussöl

GETRÄNKEVORSCHLAG
Mineralwasser oder
Gavi di Gavi, ein Weißwein aus
dem Piemont

TIPP
Feine Gräten der Rotbarbenfilets
mit der Pinzette ziehen

1 Gemüse waschen, putzen und in dekorative Formen schneiden, mit Salz und Pfeffer würzen und in Olivenöl goldbraun braten. Auf Küchenkrepp abtropfen und warm stellen.

2 Für die Sauce Lavendel- und Salbeiblätter sehr fein schneiden und mit Joghurt, Crème fraîche, Knoblauch, Salz und Pfeffer verrühren.

3 Für die Garnitur Brotscheiben würfeln und in Butter goldbraun braten.

4 Rotbarbenfilets mit Salz und Pfeffer würzen, in Mehl wenden und in restlichem Olivenöl knusprig braten.

5 Sauce auf 4 Teller verteilen, mit dem Gemüse dekorieren, Rotbarbenfilets darauf setzen. Mit Brot-Croûtons und Gartenkräutern garnieren und mit Walnussöl beträufeln.

Lübarser Tafelspitzsülze auf Feldsalat und Rote-Bete-Chutney

1 Am Vortag Tafelspitz und Kalbsfuß 3 Minuten in 2 l kochendem Wasser blanchieren, danach kalt abspülen. Beides in 2 l frischem kaltem Wasser aufkochen, immer wieder abschäumen. Zwiebel halbieren, die Schnittfläche in der Pfanne braun rösten, dann mit dem gewürfelten Suppengrün, Lorbeer, Thymian, Knoblauch, 1 TL Salz und den Pfefferkörnern in den Topf geben, 2½ Stunden köcheln. Über Nacht in der Brühe abkühlen lassen.

2 Gelatine einweichen. Gemüse putzen, sehr fein würfeln, in Salzwasser 3 Minuten kochen, in Eiswasser abschrecken.

3 Tafelspitz aus der Brühe nehmen, in sehr dünne Scheiben schneiden, das geht am besten mit einer Aufschnittmaschine. Brühe beiseite stellen. Von der Brühe ½ l durch ein Tuch gießen, die Hälfte davon erwärmen. Gelatine darin auflösen, mit der kalten Brühe mischen. Mit Essig, Salz, Zucker, Pfeffer kräftig abschmecken. Abkühlen lassen. Kurz bevor die Flüssigkeit zu gelieren beginnt, eine Schicht von ½ cm Höhe in eine Pastetenform gießen und im Kühlschrank fest werden lassen.

4 Tafelspitzscheiben darauflegen, Gemüsewürfel trockentupfen, darüber streuen und mit etwas Sülzflüssigkeit abdecken. Im Kühlschrank wieder fest werden lassen. Den Vorgang wiederholen, bis etwa 10 Schichten entstanden sind.

5 Für das Chutney die Rote Bete in Salzwasser mit Kümmel gar kochen, schälen und in Würfel schneiden. Zucker karamellisieren und mit Butter ablöschen. Schalotte würfeln, dazurühren, kurz andünsten. Rote-Bete-Würfel hinzugeben, mit Rotwein, Essig und 4 EL von der Tafelspitzbrühe ablöschen und etwa 30 Minuten zugedeckt bei milder Hitze köcheln.

6 Apfel würfeln, Ingwer fein hacken und mit Zitronensaft und Honig dazurühren. Mit Curry, Salz und Pfeffer abschmecken und abkühlen lassen.

7 Pastetenform vor dem Stürzen in heißes Wasser halten, damit sich die Terrine vom Rand löst. Stürzen und in 1,5 cm dicke Scheiben schneiden. Mit Chutney auf Feldsalat anrichten.

ZUTATEN FÜR VIER PERSONEN

SÜLZE
500 g Tafelspitz; 1 Kalbsfuß (beim Schlachter halbieren lassen); 1 Zwiebel; 1 Bund Suppengrün; 3 Lorbeerblätter; 1 Zweig Thymian; 1 Knoblauchzehe; Salz; 10 Pfefferkörner; 6 Blatt weiße Gelatine; 50 g Porree; 50 g Möhren; 50 g Sellerieknolle; 4 EL Rotweinessig; Zucker; Pfeffer aus der Mühle; 250 g Feldsalat

CHUTNEY
1 kleine Rote-Bete-Knolle (ca. 150 g); Salz; Kümmel; 30 g Zucker; 30 g weiche Butter; 1 Schalotte; 4 EL Rotwein; 2 EL Balsamessig; 100 g Apfel; 1 haselnussgroßes Stück frischer Ingwer; Saft ½ Zitrone; 1 TL Honig; Curry; Pfeffer aus der Mühle

BEILAGE
Bratkartoffeln

GETRÄNKEVORSCHLAG
Köstritzer Schwarzbier

TIPP
Gut würzen, weil kalte Speisen kräftiger abgeschmeckt werden müssen als warme

Kalbshaxenterrine mit Kerbelsauce und Spargel

ZUTATEN FÜR VIER PERSONEN

TERRINE
*4 kg Kalbshaxe; Salz; weiße
Pfefferkörner und Pfeffer aus der
Mühle; Piment; Lorbeerblatt;
1 Bund Suppengrün; 3 Petersilienwurzeln; 1 Knoblauchzehe;
1 kleines Bund Basilikum*

KERBELSAUCE
*100 g Kerbel; 3 EL Kalbsfond;
2 Eigelb; Salz; 1 TL Dijonsenf;
2 EL Schalottenessig; ⅛ l Öl;
Zitronensaft nach Geschmack;
weißer Pfeffer aus der Mühle*

SPARGEL
*500 g Beelitzer Spargel;
Salz; 1 TL Zucker; Saft von
½ Zitrone; 1 Orangenscheibe;
1 Scheibe Weißbrot*

GETRÄNKEVORSCHLAG
*Rheingauer Riesling, zum
Beispiel Kiedricher Gräfenberg
Spätlese trocken*

TIPP
*Die Weißbrotscheibe entzieht
dem Spargel eventuell vorhandene
Bitterstoffe*

1 Kalbshaxen in 4 l kochendes Wasser geben, aufkochen und abschäumen. Salz, Pfefferkörner, Piment, Lorbeer hinzugeben und langsam weiterkochen. Abschäumen.

2 Nach 1¾ Stunden das grob gewürfelte Suppengrün, die Peter-silienwurzeln, den Knoblauch und das Basilikum zufügen.

3 Nach weiteren 2½ Stunden mit einer Fleischgabel prüfen, ob sich das Fleisch leicht einstechen lässt. Fleisch herausnehmen, abkühlen lassen und lauwarm vom Knochen lösen. Sehnen und Häutchen entfernen. Es wird nur das schiere Fleisch verwendet.

4 Haxenfleisch sorgsam Schicht für Schicht in eine Terrinen-form pressen, dazwischen immer wieder leicht pfeffern und salzen.

5 Mit Folie und kleinem Brettchen abdecken und beschweren, zum Beispiel mit einer Konservendose. Etwa 4 Stunden durch-kühlen lassen.

6 Für die Sauce Kerbel zupfen, mit dem Kalbsfond im Mixer pürieren und durch ein Sieb streichen.

7 Eigelb mit Salz, Senf und Essig verrühren. Mit dem Öl zu einer Mayonnaise aufschlagen, Kerbelfond dazurühren und mit Zitronensaft und Pfeffer abschmecken.

8 Spargel schälen, 2 l Salzwasser aufkochen. Erst Zucker, Zitronensaft und Orangenscheibe, dann den Spargel und die Weißbrotscheibe hinzugeben und 12 Minuten kochen.

9 Spargel auf einem Tuch abtropfen und auskühlen lassen, dann schräg in Stücke schneiden.

10 Kalbshaxenterrine zum Lösen kurz in warmes Wasser halten, stürzen und in 1 cm dicke Scheiben schneiden. Mit Spargel-stücken garnieren und mit Kerbelsauce anrichten.

Rotkohlsalat mit Roquefortsauce und Walnüssen

Vom Tanztee zu Adolf Hitler

Das Konzerthaus Clou in der Mauerstraße war in den 20er Jahren einer der größten Berliner Vergnügungspaläste. Hitler hielt hier 1927 seine erste Berliner Rede, und vor der Zerstörung im Krieg warteten Juden in der ehemaligen Markthalle auf die Deportation. Überlebt hat nur das Verwaltungsgebäude

ZUTATEN FÜR VIER PERSONEN

*500 g Rotkohl (1 kleiner Kopf);
6 EL Himbeeressig;
Salz; weißer Pfeffer aus der
Mühle; Zucker; 1 Schalotte;
4 EL Walnussöl;
200 g Saure Sahne (30 % Fett);
60 g Roquefort; 2 EL fein
gehackte Walnusskerne;
1 kleines Bund Borretsch
mit Blüten*

BEILAGE
Baguette

GETRÄNKEVORSCHLAG
*Trockener Weißer von
Saale / Unstrut*

1 Rotkohl in sehr feine Streifen schneiden. Himbeeressig mit Salz, Pfeffer, Zucker verrühren und unter die Rotkohlstreifen mischen.

2 Schalotte würfeln, mit einem Sieb kurz in kochendes Wasser tauchen, kalt abspülen, mit Küchenpapier trocknen und mit Walnussöl unter den Rotkohl mengen.

3 Saure Sahne und Roquefort in einer Schüssel auf Zimmertemperatur erwärmen, schaumig schlagen und mit Salz und Pfeffer würzen. Gehackte Nüsse unterrühren, abschmecken.

4 Rotkohlsalat noch einmal abschmecken, eventuell nachwürzen und auf die Teller verteilen.

5 Roquefortsauce über den Salat gießen und mit Blättern und Blüten vom Borretsch garnieren.

Parfait von geräuchertem Stör

1 Die Haut vom Stör trennen, Filets von den Gräten lösen, großzügig putzen und kalt stellen, Filets werden für dieses Gericht nicht benötigt. Die Gräten zerkleinern.

2 Schalotten und Gemüse fein würfeln, Fenchelspitzen fein schneiden. Erst die Schalottenwürfel in der Butter andünsten, dann die Gemüsewürfel und Fenchelspitzen zufügen und mitdünsten.

3 Champignonstiele, Störabschnitte, die Haut und Gräten zufügen und 5 Minuten mitdünsten.

4 Mit Weißwein ablöschen. Wermut, Anisschnaps und Sahne zugießen, mit Salz und Pfeffer würzen. Dann 8 Minuten auf kleiner Flamme kochen, vom Herd nehmen und die in kaltem Wasser eingeweichte Gelatine dazurühren.

5 Alles durch ein Sieb streichen, einen ½ l Fond auffangen und zu gleichen Teilen in zwei Schüsseln gießen. Die eine Hälfte mit Tintenfischtinte schwarz färben.

6 Pyramidenförmchen (ersatzweise Kaffeetassen) mit der Spitze nach unten aufstellen und erst eine Lage schwarze Störmasse einfüllen, im Kühlschrank fest werden lassen, dann eine Lage helle Störmasse einfüllen, ebenso fest werden lassen. Weiter so verfahren, bis die Formen gefüllt sind. Für 4 bis 5 Stunden im Kühlschrank gut durchkühlen lassen.

7 Mit einem Mokkalöffel die Unterseite rund aushöhlen, mit dem Kaviar auffüllen und mit Störmasse verschließen. Nochmals ½ Stunde kalt stellen.

8 Für die Sauce Crème fraîche mit Salz und Pfeffer würzen. Die Parfaits auf die Teller stürzen, daneben die Crème-fraîche-Sauce anrichten und mit Kaviar garnieren.

ZUTATEN FÜR VIER PERSONEN

PARFAIT
1 kleiner geräucherter Stör;
2 Schalotten; 100 g Sellerie;
100 g Petersilienwurzeln;
50 g Porree; 50 g Fenchelspitzen;
50 g Butter; 3 Champignonstiele;
5 EL Weißwein; 5 EL trockener
Wermut; 2 EL Anisschnaps;
½ l Schlagsahne; Salz und
Pfeffer; Tintenfischtinte zum
Färben; 4 Mokkalöffel Sevruga
Kaviar für die Füllung

SAUCE
80 g Crème fraîche; Salz, Pfeffer,
1 TL Beluga Kaviar

GETRÄNKEVORSCHLAG
Ein eiskalter Wodka mit
etwas Limettensaft

TIPP
Das Störfleisch als Vorspeise
für eine andere Mahlzeit kurz im
Ofen wärmen, mit schwarzem
Pfeffer bestreuen und mit
Fenchelsalat anrichten.
Stör durch einen anderen
Räucherfisch ersetzen, zum
Beispiel Aal

Trio von Sylter Austern in Champagner, auf Blattspinat und auf Weinkraut

ZUTATEN FÜR VIER PERSONEN

12 Sylter Royal-Austern;
weißer Pfeffer aus der Mühle;
100 ml eiskalter Champagner;
Kerbel zum Dekorieren

SPINAT
80 ml trockener Rotwein;
Salz; Pfeffer aus der Mühle;
60 g Butter; 1 kleine Schalotte;
100 g Spinatblätter

WEINKRAUT
100 g Sauerkraut;
100 ml Riesling; ½ geschälte
mehlig kochende Kartoffel;
60 ml Schlagsahne; Salz;
Pfeffer aus der Mühle;
Cayennepfeffer

GETRÄNKEVORSCHLAG
Champagner Taittinger Brut

TIPP
Die besten Austern
gibt es in der Zeit von
Oktober bis April

1 Austern öffnen, 8 EL Wasser dabei auffangen. Je 1 EL Austernwasser und 1 Auster in 4 Sherrygläser geben. Mit Pfeffer würzen, Champagner auffüllen und bis zum Servieren ins Gefrierfach stellen.

2 Für den Spinat Rotwein mit 2 EL Austernwasser, Salz und Pfeffer auf 4 EL Flüssigkeit einkochen. 30 g Butter in Flöckchen dazurühren und warm stellen. Die Schalotte würfeln, in restlicher Butter glasig dünsten, Spinat darin warm rühren, mit Salz und Pfeffer würzen und warm stellen.

3 Sauerkraut mit 80 ml Riesling 15 Minuten köcheln. Kartoffel dazureiben und zum Binden noch 2 Minuten köcheln, warm stellen. Für die Sauce Sahne, restlichen Riesling und 2 EL Austernwasser auf 4 EL Flüssigkeit einkochen und mit Salz, Pfeffer und Cayennepfeffer abschmecken.

4 Den Backofen auf 240 Grad vorheizen, 8 Austernschalen abtrocknen und auf ein Backblech setzen.

5 Jeweils 4 Austernschalen mit Sauerkraut und 4 mit Blattspinat füllen. Immer 1 der restlichen 8 rohen Austern darauf legen und mit Pfeffer würzen. Im Backofen 4 Minuten erwärmen.

6 Die 4 Austern auf Blattspinat mit Rotweinbutter und die 4 Austern auf Sauerkraut mit Riesling-Sahne-Sauce überziehen. Gläser aus dem Gefrierfach nehmen.

7 Für jedes Trio eine Papierserviette auf einen Teller legen, darauf 2 verschiedene Austernschalen und 1 Glas anrichten. Mit Kerbel dekorieren.

Bretonischer Hummer mit weißem Trüffel auf Kartoffelsalat

1 Für den Salat Kartoffeln gar kochen, abkühlen lassen, pellen und in dünne Scheiben schneiden, dann ganz auskühlen lassen.

2 Speck fein würfeln, in ½ EL Öl langsam kross braten, aus der Pfanne nehmen und auf Küchenpapier abtropfen lassen. Zwiebel fein würfeln, im Speckfett bei milder Hitze glasig dünsten, aus der Pfanne nehmen.

3 Brühe erhitzen, mit Essig, restlichem Öl, Olivenöl, Salz und Pfeffer unter die Kartoffeln mischen.

4 Butter in der Pfanne erhitzen, bis sie eine leicht braune Farbe angenommen hat und etwas nussig schmeckt.

5 Zwiebel-, Speckwürfel und Nussbutter ebenfalls über die Kartoffeln geben und vorsichtig unterheben. 15 Minuten durchziehen lassen, abschmecken.

6 Für die Hummer 4 l Salzwasser mit Dill, Kümmel und klein geschnittenem Gemüse aufkochen.

7 Hummer nacheinander kopfüber in den sprudelnden Fond geben und 5 Minuten kochen, herausnehmen und in Eiswasser abschrecken.

8 Hummerfleisch aus der Schale lösen. Den Schwanz längs halbieren und den Darm entfernen. Die Hummerhälften mit Butterflocken belegen, abdecken und warm halten.

9 Auf vorgewärmten Tellern den Kartoffelsalat jeweils in die Mitte häufen, gebutterten Hummer darauf anrichten und Trüffel darüber hobeln.

ZUTATEN FÜR VIER PERSONEN

KARTOFFELSALAT
*800 g fest kochende Kartoffeln (am besten La Ratte);
60 g durchwachsener Räucherspeck; 2½ EL Öl;
1 Zwiebel; ½ l Rinderbrühe;
2 EL Champagneressig;
2 EL Olivenöl; Salz;
weißer Pfeffer aus der Mühle;
40 g gesalzene Butter*

HUMMER
*Salz; 1 kleines Bund Dill;
1 TL Kümmel; ½ Porreestange;
150 g Sellerie; 50 g Möhren;
2 Hummer à 500 g; 80 g Butter;
60 g Trüffel, weiß (am besten aus Piemont)*

GETRÄNKEVORSCHLAG
Jahrgangschampagner

Bretonischer Hummer mit Bohnen und Rotkohlstreifen

ZUTATEN FÜR VIER PERSONEN

WEISSE BOHNEN
100 g weiße Bohnen;
1 Schalotte; 1 Knoblauchzehe;
50 g fetter Speck; 30 g Butter;
1 Speckschwarte; 1 Tomate;
1 TLsp. Backpulver

HUMMER
2 Hummer à 500 g;
Salz; 1 TL Kümmel;
1 kleines Bund Dill;
½ Porreestange;
150 g Knollensellerie;
150 g Möhren

ROTKOHLSTREIFEN
300 g Rotkohl; Salz;
4 EL Himbeeressig; Pfeffer aus
der Mühle; 1 Prise Zucker;
2 EL Walnussöl; 50 g magerer
Räucherspeck; 1 TL Öl

DICKE BOHNEN
100 g dicke Bohnen;
50 g Butter; Salz

GETRÄNKEVORSCHLAG
Traminer von Saale/Unstrut

1 Weiße Bohnen am Vortag in kaltem Wasser einweichen. Schalotte, Knoblauch und Speck fein würfeln und in Butter glasig dünsten. Bohnen mit dem Einweichwasser und der Speckschwarte hinzugeben und zum Kochen bringen. Tomate häuten, entkernen, würfeln und nach 60 Minuten zugeben, weitere 30 Minuten köcheln. Backpulver unterrühren.

2 Für die Hummer in einem hohen Topf 4 l Salzwasser mit Kümmel, Dill und geputztem, zerkleinertem Gemüse zum Kochen bringen. Hummer einzeln kopfüber hineingeben und jeweils 5 Minuten kochen, dann herausnehmen und in Eiswasser abschrecken.

3 Hummerfleisch aus den Schalen lösen, den Schwanz längs halbieren, den Darm entfernen. Abgedeckt warm halten.

4 Den Rotkohl in feine Streifen schneiden, in kochendem Salzwasser blanchieren, in Eiswasser abschrecken und auf Küchenkrepp trocknen.

5 Rotkohl mit Himbeeressig, Salz, Pfeffer, Zucker und Walnussöl würzen. Speck würfeln und in einer Pfanne in Öl nicht zu dunkel auslassen, aus dem Fett heben, unter die Rotkohlstreifen mischen und abschmecken.

6 Dicke Bohnen aus der hellen Haut pressen und mit etwas Salz in nicht zu heißer Butter kurz schwenken.

7 Auf den Tellern jeweils eine Portion Hummer mit den Bohnen und den Rotkohlstreifen anrichten.

Bretonischer Hummer in Kamillenblütensauce auf Couscous mit Kaiserschoten

HUMMER

*½ Lauchstange; 100 g Sellerie;
100 g Möhren; Salz;
1 TL Kümmel; 1 kleines Bund
Dill; 2 Hummer à 500 g;
Butter zum Fetten der Form und
für Butterflocken; Pfeffer aus
der Mühle*

SAUCE

*Hummerschalen (Karkassen);
100 g Möhren; 100 g Sellerie;
50 g Fenchelknolle; 1 Zwiebel;
Öl zum Anbraten;
1 EL Tomatenmark; 1 EL Mehl;
5 EL weißer Portwein;
5 EL Cognac; ½ l Schlagsahne;
2 EL Anisschnaps; Salz;
Pfeffer aus der Mühle; Cayennepfeffer; 1 EL Kamillenblüten;
100 g geschlagene Sahne*

COUSCOUS

*1 mittelgroße rote Paprikaschote;
50 g Möhren; 50 g Sellerie;
2 EL Olivenöl; 1 Schalotte;
50 g Couscous; Salz; Pfeffer aus
der Mühle; je 1 Prise Zimt und
Paprika; Cayennepfeffer*

KAISERSCHOTEN

*150 g Kaiserschoten (Zucker-
erbsen); 50 g Butter; Salz;
Pfeffer aus der Mühle; Zucker;
frisch geriebener Muskat*

GETRÄNKEVORSCHLAG
*Grand Chardonnay,
Toques et Clochers*

1 Für die Hummer Gemüse putzen, zerkleinern und in 4 l Salzwasser mit Kümmel und Dill aufkochen. Hummer nacheinander kopfüber in den sprudelnden Fond geben, 5 Minuten kochen, herausnehmen und in Eiswasser abschrecken. Das Fleisch aus den Schalen lösen, Schwanz längs halbieren, Darm entfernen. Hummerfleisch abgedeckt kalt stellen. Hummerfond aufheben.

2 Für die Sauce die Hummerschalen waschen und trocknen. Das Gemüse fein würfeln. Öl in einem Bräter erhitzen und Hummerkarkassen anbraten. Nacheinander die Gemüsewürfel hinzugeben und mit anbraten. Tomatenmark dazugeben, ebenfalls mit anbraten und mit Mehl bestäuben. Mit weißem Portwein und Cognac ablöschen. Mit ½ l vom Hummerfond und flüssiger Sahne auffüllen, dann aufkochen. Mit Anisschnaps, Salz, Pfeffer und Cayennepfeffer würzen, 30 Minuten köcheln lassen. Kamillenblüten waschen, zugeben, weitere 15 Minuten köcheln. Dann die Sauce durch ein Sieb gießen.

3 Die Sauce noch einmal aufkochen. Geschlagene Sahne direkt vor dem Anrichten mit einem Schneebesen unter die Sauce rühren und mit einem Handmixer aufschäumen.

4 Für das Couscous das Gemüse sehr fein würfeln. Olivenöl im Topf erhitzen, Schalotte andünsten. Couscous zugeben, Hitze etwas reduzieren, mit 100 ml vom Hummerfond ablöschen. Gemüsewürfel unterheben und Gewürze zufügen. Bei niedrigster Hitze etwa 10 Minuten ziehen lassen.

5 Eine feuerfeste Form mit Butter einfetten, Hummerfleisch hineingeben, mit Butterflocken belegen, salzen, pfeffern. Im Backofen bei 200 Grad 10 Minuten auf der unteren Schiene warm werden lassen, öfter mit flüssiger Butter aus der Form begießen.

6 Kaiserschoten putzen und in feine Längsstreifen schneiden. In Butter mit 1 TL Wasser andünsten. Mit Salz, Pfeffer, Zucker und Muskat würzen, schwenken und glasieren.

7 Couscous auf jede Tellermitte häufen, warmen Hummer darauf legen und darüber die Kaiserschoten verteilen. Sauce ringsum gießen.

Gebackene Jakobsmuscheln auf Ratatouille mit Rouille und Knusperlauch

1 Für den Knusperlauch am Vortag den Porree putzen, längs halbieren, waschen. Blätter auseinander nehmen, in Streifen (1 cm breit, 20 cm lang) schneiden, durch Olivenöl ziehen. Nebeneinander auf ein mit Backpapier ausgelegtes Blech legen. Über Nacht an einer warmen Stelle trocknen. Zum Anrichten salzen.

2 Für die Rouille das Gemüse fein würfeln und in heißem Olivenöl andünsten, Salz und Koriander hinzugeben, mit Weißwein und Wermut ablöschen, Safran zufügen und einkochen. Geflügelfond zugießen und weiter reduzieren, bis die Gemüsewürfel weich sind. Mit Salz abschmecken, durch ein Sieb streichen und erkalten lassen. Eigelb und Senf verrühren und nach und nach beide Ölsorten in dünnem Strahl dazurühren. Mit Salz, Pfeffer, Limettensaft und Cayennepfeffer würzen. Die erkaltete Grundsauce langsam unter die Mayonnaise rühren. Tomaten häuten, entkernen, würfeln und zum Schluss unterheben. Bei Zimmertemperatur abgedeckt stehen lassen.

3 Die Jakobsmuscheln wässern. Kaltes Zanderfilet mit den abgetrennten 4 Corails, Sahne, Wermut, Zitronensaft, Salz und Pfeffer im Mixer zu einer Farce pürieren. Durch ein Haarsieb streichen. Teigblätter ausbreiten, Muscheln trockentupfen und mit der Farce bestreichen, mit Basilikumblättern umlegen, nochmals mit der Farce einhüllen, die Farce dabei aufbrauchen. Alle Muscheln auf je 1 Teigblatt legen, die Teigecken anfeuchten und zu einem Säckchen zusammendrücken. Öl auf 180 Grad erhitzen und darin die Muschelsäckchen goldgelb backen, herausnehmen und auf Küchenpapier abtropfen lassen.

4 Für die Ratatouille Schalotte, Knoblauch, Paprika, Zucchini und Aubergine fein würfeln. Eine hohe Pfanne erhitzen, Olivenöl hineingeben, dann nacheinander die Gemüse. Mit Salz und Pfeffer würzen, dünsten. Mit Tomatensaft ablöschen, weiterdünsten, bis das Gemüse gar, aber noch bissfest ist. Tomaten häuten, entkernen, würfeln, mit Petersilie und Basilikum zugeben.

5 Ratatouille auf jeder Tellermitte anrichten, Muschelsäckchen darauf stellen, mit Rouille umkränzen. Knusperlauch anlegen.

ZUTATEN FÜR VIER PERSONEN

KNUSPERLAUCH
1 kleine Porreestange;
2 El Olivenöl; Salz

ROUILLE
(KNOBLAUCHMAYONNAISE)
3 Champignonköpfe;
1 Schalotte; 2 Knoblauchzehen;
¼ Fenchelknolle; 1 Möhre;
10 cm Bleichsellerie; 1 Kartoffel;
2 EL Olivenöl zum Dünsten;
Salz; ½ TL gemahlener Koriander; 8 EL Weißwein; ⅛ l trockener
Wermut; 1 Msp. gemahlener
Safran; ¼ l Geflügelfond;
2 Eigelb; ½ EL Dijonsenf;
⅛ l Öl; 6 EL Olivenöl; Pfeffer aus
der Mühle; Saft von 1 Limette;
Cayennepfeffer; 2 Tomaten

MUSCHELN UND FARCE
12 Stück Jakobsmuscheln, davon
4 Stück mit Corail (Rogen von
Jakobsmuscheln); 200 g Zander
(gut vorgekühlt); 100 ml Schlagsahne; 1 EL trockener Wermut;
1 EL Zitronensaft; Salz; Pfeffer
aus der Mühle; 12 kleine Frühlingsrollen-Teigblätter; einige Basilikumblätter; Öl zum Frittieren

RATATOUILLE
1 Schalotte; 4 Knoblauchzehen;
2 Paprikaschoten; 2 Zucchini;
1 Aubergine; 4 EL Olivenöl;
Salz; Pfeffer aus der Mühle;
150 ml Tomatensaft; 3 Tomaten;
1 EL fein geschnittene glatte
Petersilie; 2 EL fein geschnittene
Basilikumblätter

GETRÄNKEVORSCHLAG
Rosé aus der Provence, zum
Beispiel von der Domaine Ott

Gebratene Gänseleber auf Tomaten-Kumquat-Confit

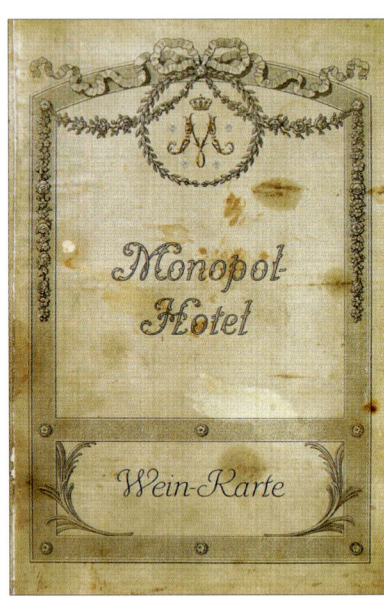

Wein vom Franzmann

Kein rechter Deutscher mag den Franzmann leiden, aber seine Weine trinkt er gern, sangen die deutschen Patrioten vor dem Ersten Weltkrieg. Das Hotel Monopol servierte 1910 passend dazu einen 1891er Château Margaux premier cru Schlossabzug für 12 Mark

ZUTATEN FÜR VIER PERSONEN

CONFIT
1 TL Zucker; 20 g Butter;
4 EL Beerenauslese;
10 Kumquats (Zwergorangen);
Salz; ½ TL Szechuanpfeffer
(Anispfeffer);
2 vollreife Tomaten

GÄNSELEBER
4 Scheiben Gänseleber
(Gänsemastleber) à 40 g;
weißer Pfeffer aus der Mühle;
Mehl zum Wenden;
Öl zum Braten;
grobes Salz zum Bestreuen;
Szechuanpfeffer

GETRÄNKEVORSCHLAG
Guldentaler Sonnenberg,
Scheurebe Beerenauslese
von der Nahe

1 Für das Confit den Zucker in einem kleinen Topf karamellisieren, mit Butter ablöschen, Wein zugießen und fast verdampfen lassen. Kumquats halbieren, entkernen und in feine Streifen schneiden, hinzugeben und 15 Minuten bei niedriger Hitze zugedeckt einkochen, mit Salz und Szechuanpfeffer würzen.

2 Tomaten häuten, entkernen, fein würfeln, einrühren, nur kurz erwärmen und abschmecken.

3 Die Gänseleberscheiben mit Salz und weißem Pfeffer würzen und in Mehl wenden. Eine beschichtete Pfanne erhitzen, Öl hinzugeben, Gänseleberscheiben von beiden Seiten je 1 Minute braun braten und auf Küchenpapier abtropfen lassen.

4 Gänseleber auf Tomaten-Kumquat-Confit anrichten, mit grobem Salz und zerstoßenem Szechuanpfeffer bestreuen und servieren.

Gemüsekotelett auf Estragon mit Blumenkohl

1 Salzwasser (2 l) aufkochen und mit Zitronensaft und Muskat würzen. Blumenkohl in Röschen zerteilen und al dente kochen, herausnehmen, unter kaltem Wasser abschrecken und beiseite stellen.

2 Alle Gemüse würfeln oder zerteilen und ohne die Zwiebeln im Blumenkohlwasser gar kochen, herausnehmen und auf Küchentuch abtropfen und abkühlen lassen. Für die Sauce ¼ l von dem Gemüsefond bereitstellen. Zwiebelwürfel in 20 g Butter andünsten.

3 Alles durch die mittlere Scheibe des Fleischwolfs drehen und die Masse in eine Schüssel geben, mit Eigelb und 100 g von den Semmelbröseln vermengen und mit Salz, Pfeffer und Muskat würzen.

4 Kräuter hacken und in die Gemüsemasse mischen, kalt stellen.

5 Für die Sauce Gemüsefond um die Hälfte einkochen, etwas abkühlen lassen und mit Joghurt verrühren. Estragon fein schneiden, mit Olivenöl unter die Joghurtsauce ziehen, mit Salz und Pfeffer abschmecken, warm stellen.

6 Blumenkohl im Gemüsefond heiß werden lassen, restliche Semmelbrösel in 30 g Butter braun rösten. Blumenkohl auf Küchenkrepp abtropfen lassen, in 4 Teile portionieren und mit Bröseln und Butter überziehen.

7 Aus der Gemüsemasse 8 kleine Koteletts formen, in Mehl wenden und in Olivenöl von jeder Seite 3 Minuten goldgelb braten.

8 Joghurt-Estragon-Sauce auf 4 vorgewärmten Tellern verteilen, je 2 Gemüsekoteletts draufsetzen, mit den Blumenkohlröschen umlegen.

ZUTATEN FÜR VIER PERSONEN

GEMÜSEKOTELETT
UND BLUMENKOHL
*Salz; Saft von 1 Zitrone;
frisch geriebener Muskat;
1 kleiner Blumenkohl;
100 g Möhren; 100 g Sellerie;
100 g Petersilienwurzeln;
100 g Porree; 200 g Kartoffeln;
200 g Spitzkohl; 100 g Brokkoli;
100 g Zwiebeln; 50 g Butter;
5 Eigelb; 110 g Semmelbrösel;
weißer Pfeffer aus der Mühle;
je 1 kleines Bund Petersilie und
Liebstöckel; 1 EL Mehl zum
Wenden; 5 EL Olivenöl*

SAUCE
*¼ l vom Gemüsefond;
150 g Sahnejoghurt; 1 Bund
Estragon; 2 EL Olivenöl; Salz;
weißer Pfeffer aus der Mühle*

GETRÄNKEVORSCHLAG
*Sancerre blanc, zum Beispiel
vom Weingut Reverdy*

Jakobsmuscheln auf Möhrensalat

Wagalaweia bei Tisch

Mit einem üppigen Festmahl wird am 1. Oktober 1903 die Weihe des Richard-Wagner-Denkmals im Tiergarten gefeiert. Die 500 Gäste im Centralhotel schwelgen bei Schwarzwälder Bachforelle, Hammelrücken und steirischem Kapaun

ZUTATEN FÜR VIER PERSONEN

SALAT
*250 g Möhren; 1 Orange;
Salz; Pfeffer aus der Mühle;
1 Prise Zucker; 1 EL eingeweichte
Rosinen; 2 EL Walnussöl;
2 EL Mandellikör*

MUSCHELN
*8 Stück Jakobsmuscheln ohne
Corail; Meersalz; Pfeffer aus
der Mühle; Reismehl zum
Wenden; 4 EL Öl zum Braten;
½ Bund Brunnenkresse*

BEILAGE
Ciabattabrot

GETRÄNKEVORSCHLAG
*Würzburger Stein,
Müller-Thurgau trocken,
Franken*

1 Für den Salat die Möhren fein in eine Schüssel raspeln.

2 Orange über den Möhren filetieren, Filets zum Garnieren beiseite stellen. Möhren mit Salz, Pfeffer und Zucker würzen, dann mit Rosinen, Walnussöl und Mandellikör mischen. 15 Minuten durchziehen lassen.

3 Muscheln trockentupfen, mit Salz und Pfeffer würzen und im Reismehl wenden. Öl in einer beschichteten Pfanne erhitzen und die Muscheln auf jeder Seite 30 Sekunden braten. Aus der Pfanne nehmen und auf Küchenpapier abtropfen lassen.

4 Muscheln auf den Möhrensensalat setzen und mit den Orangenfilets umlegen. Mit Brunnenkresse dekorieren. Mit wenig Pfeffer bestreuen.

Gemüserösti
mit Kopfsalatherzen

1 Kartoffeln schälen und 10 Minuten kochen, abgießen, abkühlen lassen und auf Küchenkrepp trocknen.

2 Kartoffeln, Möhren und Sellerie auf dem Gemüsehobel fein raspeln, Zwiebeln würfeln, Porree in sehr feine Streifen schneiden, alles mischen, auf einem Küchentuch ausbreiten und trockentupfen, dann mit Salz und Pfeffer würzen.

3 Öl in 4 erhitzte kleine Pfannen geben, Gemüsemasse in jeder Pfanne gleichmäßig verteilen, zu einem Fladen flach drücken und auf beiden Seiten goldbraun braten. Auf Küchenpapier abtropfen lassen und warm stellen. Backofengrill vorheizen.

4 Gemüserösti auf ein Backblech legen, mit Käsescheiben bedecken und unter dem Grill überbacken.

5 Für den Salat die Sahne mit Zitronensaft, Zucker, Salz und Pfeffer verrühren und abschmecken. Salatherzen waschen, gut abtropfen lassen und mit der Öffnung nach oben nebeneinander stellen.

6 Dressing in die Salatherzen löffeln und ein paar Minuten stehen lassen, dann wiederholen, bis die Herzen gefüllt sind.

7 Rösti mit einer Palette auf 4 Teller heben. Schnittlauchspitzen auf 6 bis 7 cm Länge abschneiden und sternförmig auf jedes Rösti legen. Salatherzen und restliches Dressing dazu anrichten und mit dem fein geschnittenen Schnittlauch bestreuen.

ZUTATEN FÜR VIER PERSONEN

RÖSTI
*500 g möglichst neue Kartoffeln;
200 g Möhren; 100 g Sellerie;
1 Zwiebel; 1 Porreestange;
Salz; weißer Pfeffer aus
der Mühle; Öl zum Braten;
4 Scheiben Emmentaler Käse*

SALAT
*200 ml Schlagsahne;
Saft von 1 Zitrone;
1 Prise Zucker; Salz;
weißer Pfeffer aus der Mühle;
4 Salatherzen von ganz
frischem Kopfsalat;
1 kleines Bund Schnittlauch*

GETRÄNKEVORSCHLAG
Buttermilch

TIPP
*Das Gemüse mit der
Küchenmaschine raspeln*

Hechtbratwürstchen in Mostrichsauce zu gebackenem Sauerkraut

ZUTATEN FÜR VIER PERSONEN

WÜRSTCHEN
*500 g Hechtfilet; Salz;
weißer Pfeffer aus der Mühle;
frisch gemahlener Muskat; 1 Ei;
1 Eiweiß; 250 ml Schlagsahne;
2 EL trockener Wermut;
2 EL Anisschnaps; 1 TL geschnittener Dill; ca. 2 m Saitlinge
(Därme); Mehl zum Wenden;
50 g Butter zum Braten*

SAUCE
*25 g Butter; 25 g Mehl;
¼ l Fischfond; ¼ l Schlagsahne;
Salz; weißer Pfeffer aus
der Mühle; 1 EL grober Dijonsenf*

SAUERKRAUT
*500 g Sauerkraut; 2 EL Mehl;
Öl zum Frittieren; Dill zum
Dekorieren*

BEILAGE
Gedünstete Gemüsestreifen

GETRÄNKEVORSCHLAG
*Kallstadter Saumagen,
Riesling Spätlese trocken,
Franken*

TIPP
*Hechtfilet beim Fischhändler,
Saitlinge beim Schlachter
bestellen*

1 Für die Würstchen Hechtfilet durch den Fleischwolf drehen, mit Salz, Pfeffer, Muskat, Ei, Eiweiß, Sahne, Wermut und Anisschnaps gut mischen und im Tiefkühlfach anfrieren lassen.

2 Die Masse im Blitzhacker pürieren, dann durch ein Sieb streichen. Dill untermengen, abschmecken und in einen Spritzbeutel füllen. Durch die Tülle in die Saitlinge drücken. Dann 8 etwa 8 cm lange Würstchen abbinden.

3 In einem Topf 2 l Salzwasser auf etwa 60 Grad erhitzen, die Würstchen darin 5 Minuten ziehen lassen, in kaltem Wasser abschrecken und trockentupfen.

4 Für die Sauce Butter erhitzen, Mehl dazurühren, dann Fischfond und Sahne unter Rühren zugießen, 10 Minuten köcheln. Mit Salz und Pfeffer abschmecken, durch ein Sieb in einen sauberen Topf gießen und den Senf unterrühren. Erwärmen, aber nicht mehr kochen.

5 Sauerkraut waschen, auf einem Tuch trocknen, dann gut mit Mehl bestäuben. In 4 Portionen in heißem Öl schwimmend ausbacken, während des Backens mit der Fleischgabel lockern und auf Küchenpapier abtropfen lassen.

6 Würstchen in Mehl wenden, abklopfen, leicht einritzen und in Butter goldgelb braten.

7 Sauce auf 4 Teller verteilen, die Würstchen hineinsetzen und das Sauerkraut obendrauf geben. Mit Dill bestreuen.

Kaisergranat im Nudelmantel auf Zitronengras

Berlin auf dem Strich

Vor dem Hintergrund von Haus Vaterland und Potsdamer Bahnhof malte Ernst Ludwig Kirchner 1914 zwei Prostituierte auf dem Potsdamer Platz. Kirchners Berliner Straßenszenen gehören zu den bedeutendsten Werken des deutschen Expressionismus

ZUTATEN FÜR VIER PERSONEN

100 g frischer Nudelteig;
8 große Kaisergranat (Scampi),
ausgelöst und ohne Darm; Salz;
weißer Pfeffer aus der Mühle;
½ TL Tandoorigewürz;
¼ l Öl zum Ausbacken;
250 g grüner Spargel;
40 g Butter; Zucker

SAUCE
1 Stiel Zitronengras;
5 EL trockener Wermut;
5 EL weißer Portwein;
50 g gesalzene kalte Butter;
2 EL geschlagene Sahne

GETRÄNKEVORSCHLAG
Rheingauer Riesling,
zum Beispiel vom Weingut
Robert Weil in Kiedrich

TIPP
Fertige frische Nudeln
verwenden

1 Für die Scampi den Nudelteig mit der Nudelmaschine ausrollen und zu Spaghetti oder feinen Bandnudeln schneiden.

2 Kaisergranat salzen, pfeffern, mit Tandoorigewürz bestreichen und in die geschnittenen Nudeln einwickeln, andrücken und in heißem Öl schwimmend ausbacken. Auf Küchenkrepp abtropfen lassen.

3 Für die Sauce Zitronengras klein schneiden, mit Wermut und Portwein sirupartig einkochen, durch ein Sieb gießen und mit dem Schneebesen die gesalzene Butter in Flöckchen einrühren. Die geschlagene Sahne unterziehen, nicht mehr kochen. Abschmecken.

4 Spargel schälen und in 1 l Salzwasser 5 Minuten sprudelnd kochen. In Eiswasser abschrecken, trockentupfen und in heißer Butter schwenken, mit Salz und Zucker würzen.

5 Spargel mit der Zitronengrassauce umgießen, Kaisergranat daraufsetzen.

Kohlroulade
mit Steinpilzen

1 Kohlblätter in kochendem Salzwasser blanchieren und in kaltem Wasser abschrecken. Steinpilze putzen und grob würfeln. Schalotten fein würfeln.

2 Die Hälfte der Schalottenwürfel in der Hälfte der Butter glasig dünsten. 250 g Steinpilze hinzugeben, kräftig andünsten, mit der Hälfte der Sahne ablöschen, mit Salz und Pfeffer würzen und einkochen.

3 Petersilie, Semmelmehl und verquirlte Eigelb hinzufügen und zu einem homogenen Teig verarbeiten.

4 Kohlblätter ausbreiten und die Masse auf jedes Blatt verteilen. Blätter seitlich einschlagen, von der Längsseite her aufrollen, mit Küchengarn verschnüren. Den Backofen auf 200 Grad vorheizen.

5 Öl im Bräter erhitzen, die Steinpilzrouladen hineinlegen und auf der Herdplatte rundum anbraten, dann mit Gemüsefond ablöschen. Rouladen im Bräter auf der unteren Schiene 35 bis 40 Minuten schmoren.

6 Restliche Schalottenwürfel in restlicher Butter glasig dünsten, verbliebene Steinpilze dazurühren. Mit dem Fond der Steinpilzrouladen ablöschen, restliche Sahne zugießen und um die Hälfte einkochen. Abschmecken und im Mixer pürieren. Basilikum fein schneiden und hinzugeben.

7 Küchengarn abziehen, je 3 Rouladen sternförmig auf die Teller legen. Steinpilzsauce darüber gießen und mit 2 Drehungen aus der Pfeffermühle würzen.

ZUTATEN FÜR VIER PERSONEN

*12 mittelgroße Weißkohlblätter;
Salz; 350 g Steinpilze;
2 Schalotten; 100 g Butter;
¼ l Schlagsahne; weißer Pfeffer
aus der Mühle; 1 EL gehackte
Petersilie; 2 EL Semmelmehl von
frischem Weißbrot ohne Rinde;
2 Eigelb; Öl zum Anbraten;
¼ l Gemüsefond;
5–6 Basilikumblätter*

GETRÄNKEVORSCHLAG
*Trockener Spätburgunder
von der Nahe, zum Beispiel
vom Weingut Crusius*

TIPP
*Der frisch gemahlene Pfeffer
auf den angerichteten Rouladen
verstärkt den Pilzduft*

Lammbulette
mit Havelländer
Steinpilzen

ZUTATEN FÜR VIER PERSONEN

*2 Schrippen (Brötchen);
300 g frische Steinpilze;
1 Knoblauchzehe; Salz;
1 Schalotte; Olivenöl zum
Dünsten und Braten;
1 Bund Basilikum;
1 kg Lammhack aus der Schulter;
4 Eier; Meersalz;
weißer Pfeffer aus der Mühle*

BEILAGE
*Geröstetes Graubrot, in Butter
gebraten, und grober Senf*

GETRÄNKEVORSCHLAG
Pils

1 Schrippen 20 Minuten in kaltem Wasser einweichen, dann gut ausdrücken. Steinpilze putzen, mit feuchtem Küchenpapier abtupfen, erst in Scheiben schneiden (einige Scheiben zur Dekoration aufbewahren), dann klein hacken.

2 Knoblauch kurz in Wasser kochen, dann mit wenig Salz mit einem Messer auf der Arbeitsfläche zerdrücken, Schalotte fein würfeln. Beides in Olivenöl andünsten. Steinpilze hinzugeben, die Flüssigkeit unter Rühren verdampfen lassen und kühl stellen. Basilikumblätter in Streifen schneiden.

3 Alle vorbereiteten und restlichen Zutaten mit dem Lammhack zu einer Bulettenmasse mischen, mit Salz und Pfeffer abschmecken. Daraus 8 Buletten formen und auf jeder Seite etwa 3 Minuten in heißem Öl knusprig braten. Mit gedünsteten Pilzscheiben anrichten.

Geräuchertes Zanderfilet auf Kartoffelsalat

ZUTATEN FÜR VIER PERSONEN

ZANDER
1 Schalotte; 1 Bund Dill;
35 g Wacholderbeeren;
400 g Zanderfilet mit Haut;
Salz; weißer Pfeffer aus der Mühle

KARTOFFELSALAT
800 g fest kochende Kartoffeln
(zum Beispiel La Ratte);
60 g magerer Räucherspeck;
2 EL Pflanzenöl; 1 Zwiebel;
½ l Rinderbrühe; 2 EL Cham-
pagneressig; 2 EL Olivenöl;
Salz; weißer Pfeffer aus
der Mühle; 1 Bund Radieschen;
30 g Schnittlauch

NUSSBUTTER
80 g gesalzene Butter;
20 g glatte Petersilie

GETRÄNKEVORSCHLAG
Silvaner aus Rheinhessen,
Selection Dubs

TIPP
Feine Mittelgräten
mit einer Zange oder
Pinzette entfernen

1 Für den Zander die Schalotte fein würfeln, Dill fein schneiden, Wacholderbeeren zerstoßen. Zander mit der Hautseite nach unten auf ein Blech legen, die Oberseite mit Dill, Schalotten-würfeln, Wacholderbeeren, Salz und Pfeffer reichlich bestreuen. Abdecken und 3 Stunden an einem kühlen Ort durchziehen lassen. Dann unter fließendem Wasser abspülen und mit Küchen-papier abtrocknen. Filets mit der Hautseite nach unten auf ein mit Küchenpapier ausgelegtes Blech legen und möglichst kühl an der Luft in 1 bis 2 Stunden trocknen lassen.

2 Für den Salat die Kartoffeln in Wasser gar kochen, pellen und in dünne Scheiben schneiden. Auskühlen lassen.

3 Speck würfeln, in ½ EL Pflanzenöl in der Pfanne kross braten, Zwiebel fein würfeln, hinzugeben und bei kleiner Hitze glasig dünsten.

4 Brühe erhitzen, mit Essig, restlichem Öl und Olivenöl, Salz und Pfeffer, der Zwiebel und mit dem ausgelassenen Speck über die Kartoffeln geben. Radieschen in Scheiben, Schnittlauch in Röllchen schneiden und zufügen. Den Salat vorsichtig mischen und 15 Minuten durchziehen lassen, abschmecken.

5 Für die Nussbutter die Butter in einer Pfanne erhitzen, bis sie eine leicht braune Farbe hat und etwas nussig schmeckt. Vom Herd nehmen. Petersilie sehr fein schneiden und in die Butter rühren.

6 Einen Räucherofen auf maximal 160 Grad vorheizen. Zander-filets mit der Haut nach unten auf ein Gitter legen und in die Ofenmitte schieben, nach spätestens 6 Minuten herausnehmen und etwa 10 Minuten ruhen lassen.

7 Zander lauwarm auf den Kartoffelsalat legen und je 1 Löffel Nussbutter darüber geben.

Blutwurst-Kartoffel-Ravioli auf Champagnerkraut in Trüffelsauce

1 Für die Ravioli Kartoffeln schälen, in Salzwasser garen, abgießen und abdämpfen.

2 Für die Blutwurstfüllung Schalotte und Gemüse sehr fein würfeln. Erst Schalottenwürfel in der Butter glasig dünsten, dann die Gemüsewürfel zugeben und dünsten. Mit Salz, Pfeffer und Majoran würzen. Sahne zugießen und sämig einkochen.

3 Gemüsesud vom Herd nehmen und etwas abkühlen lassen. Blutwurst häuten und in ½ cm dicke Scheiben schneiden, hinzugeben, aufkochen und verrühren.

4 Für das Champagnerkraut die Schalotte würfeln und in der Butter leicht anbraten. Sauerkraut abspülen, gut trockentupfen und hinzugeben.

5 Rinderbrühe zugießen und 20 Minuten kochen, mit Salz, Pfeffer, Zucker und Kümmel abschmecken. Kartoffel schälen, zum Binden ins Kraut reiben. Champagner zugießen, nochmals kurz aufkochen. Vom Herd nehmen, geschlagene Sahne unterrühren.

6 Warme Kartoffeln durch die Kartoffelpresse drücken, mit Stärke, 3 Eigelb, Salz, Pfeffer und Muskat zu einem Teig verkneten. Auf bemehlter Arbeitsfläche etwa 3 mm dick ausrollen und Kreise (7 bis 8 cm Ø) ausstechen, Blutwurstmasse auf die Mitte geben. Restliche Eigelb mit 1 EL Wasser verquirlen, auf die Teigränder pinseln, Kreise zu Halbmonden zusammenklappen. Ränder andrücken.

7 Ravioli in kochendes Salzwasser geben und etwa 3 Minuten gar ziehen, nicht kochen. Ravioli in Eiswasser abschrecken und auf einem Küchentuch trocknen. Butterschmalz erhitzen und Ravioli auf beiden Seiten goldgelb braten.

8 Für die Trüffelsauce den Portwein sirupartig einkochen, Kalbsfond hinzugeben und nochmals etwa 10 Minuten kochen, mit Salz und Pfeffer abschmecken. Die Hälfte der Trüffel fein würfeln und hinzugeben.

9 Ravioli auf Champagnerkraut legen, Trüffelsauce ringsum gießen, restliche Trüffel darüber hobeln.

ZUTATEN FÜR VIER PERSONEN

RAVIOLI
600 g mehlig kochende Kartoffeln; Salz; 1 Schalotte; 40 g Porree; 40 g Sellerie; 40 g Möhren; 50 g Butter; weißer Pfeffer aus der Mühle; 1 TL gehackter Majoran; 100 ml Schlagsahne; 160 g Blutwurst; 2 EL Kartoffelstärke; 5 Eigelb; 1 Prise frisch geriebener Muskat; Mehl für die Arbeitsfläche; 100 g Butterschmalz

CHAMPAGNERKRAUT
1 Schalotte; 60 g Butter; 250 g Sauerkraut; 200 ml Rinderbrühe; Salz; weißer Pfeffer aus der Mühle; Zucker nach Geschmack; 1 Msp. gemahlener Kümmel; 1 mehlig kochende Kartoffel; 100 ml Champagner; 100 g geschlagene Sahne

TRÜFFELSAUCE
½ l Portwein; 300 ml Kalbsfond; Salz; Pfeffer aus der Mühle; 60 g Périgord-Trüffel

GETRÄNKEVORSCHLAG
Alter Portwein

Linsengemüse mit Balsamessig

ZUTATEN FÜR VIER PERSONEN

400 g kleine grüne Linsen;
2 Schalotten; 4 EL Olivenöl;
¼ l Gemüsebrühe; Salz;
weißer Pfeffer aus der Mühle;
100 g Möhren; 100 g Sellerie;
100 g Porree;
6 EL 10 Jahre alter Balsamessig;
1 Msp. Backpulver;
100 g geschlagene Sahne;
gemischte Gartenkräuter zum
Dekorieren

GETRÄNKEVORSCHLAG
Leichter Montepulciano,
Toskana,
oder junger Beaujolais

1 Linsen über Nacht einweichen, abgießen, Einweichwasser auffangen.

2 Schalotten fein würfeln und in Olivenöl andünsten.

3 Linsen dazurühren, Gemüsebrühe zugießen und mit Salz und Pfeffer würzen. Bei milder Hitze 10 Minuten kochen. Flüssigkeitsverlust mit Einweichwasser ausgleichen.

4 Gemüse sehr fein würfeln und mit dem Essig zufügen. Etwa 5 bis 10 Minuten kochen, zwischendurch probieren, ob die Linsen weich sind, dann Backpulver dazurühren.

5 Kurz vor dem Anrichten geschlagene Sahne unterheben.

6 Linsengemüse mit frisch gehackten Gartenkräutern dekorieren.

Roulade vom Havelzander mit Sauerkraut in Cidre-Calvados-Sauce

ZUTATEN FÜR VIER PERSONEN

ROULADE
*1 Zanderfilet, ca. 500 g;
flüssige Butter für die Folie;
300 g Sauerkraut*

FARCE
*ca. 100 g Zanderabschnitt vom
Filet für die Roulade;
Meersalz; weißer Pfeffer aus
der Mühle; 1 Eiweiß;
¼ l Schlagsahne*

FOND
*ca. 500 g Fischreste (Kopf,
Gräten); 1 Schalotte;
je 100 g Möhren und Sellerie;
50 g Butter; ½ l Weißwein;
Meersalz; weißer Pfeffer
aus der Mühle*

SAUCE
*1 gehackte Schalotte;
6 EL Cidre; 4 EL Calvados;
Salz und Pfeffer aus der Mühle;
50 g Butter;
⅛ l geschlagene Sahne*

BEILAGEN
*Gebratene La-Ratte-Kartoffeln
(französische Art der
Bamberger Hörnchen)*

GETRÄNKEVORSCHLAG
Müller-Thurgau aus Franken

1 Für die Roulade vom Filet den oberen Teil und den spitzen unteren Teil (zusammen etwa 100 g) abschneiden. Mittelstück kalt stellen.

2 Für die Farce die Abschnitte in kleine Würfel schneiden, mit Salz und Pfeffer würzen, im Mixer pürieren, dabei Eiweiß und Sahne nach und nach zufügen. Zu einer glatten Farce verarbeiten.

3 Für den Fond die Fischreste in kaltem Wasser wässern und abgießen. Schalotte und Gemüse fein würfeln. Alles in Butter andünsten. Weißwein und ½ l Wasser zugießen und kurz aufkochen. Durch ein feines Sieb gießen, dann bei milder Hitze aufkochen. Mit Salz und Pfeffer würzen.

4 Inzwischen für die Roulade Alufolie etwa 50 x 50 cm doppelt auslegen und mit flüssiger Butter bestreichen. Sauerkraut etwa 2 cm dick darauf verteilen.

5 Auf das Fischfilet die Farce streichen und auf das ausgebreitete Sauerkraut legen.

6 Zur Roulade zusammenrollen, an den Seiten zudrehen und danach im Fischfond 20 Minuten bei milder Hitze pochieren. Herausnehmen und 15 Minuten ruhen lassen.

7 Für die Sauce die Schalotte fein hacken und mit Cidre, Calvados, Salz und Pfeffer auf 5 EL Flüssigkeit einkochen. Mit der Butter aufschlagen und mit der steifen Sahne abschmecken.

8 Die Roulade vorsichtig aus der Alufolie wickeln und mit einem scharfen Messer oder Elektromesser in 2 bis 3 cm dicke Scheiben schneiden. Diese auf vorgewärmte Teller verteilen und die heiße Sauce angießen.

Südländisches Gemüse mit Basilikum-Crème-fraîche und Grünkern

1 Grünkern am Vortag in kaltem Wasser einweichen. Schalotte fein würfeln und in der Hälfte des Olivenöls glasig dünsten, Grünkern abgetropft dazugeben und mit andünsten. Knoblauch würfeln, dazugeben, mit der Gemüsebrühe ablöschen, mit Salz und Pfeffer würzen, den Herd herunterschalten und den Grünkern etwa 20 Minuten weich köcheln, dann das Grünkernöl untermischen.

2 Inzwischen Gemüse, bis auf die Tomaten, putzen und in Rhomben, Salbei in feine Streifen schneiden. Alles mischen und mit Salz und Pfeffer würzen.

3 Gemüserhomben in einer Pfanne im restlichen Olivenöl goldbraun braten, auf Küchenpapier abtropfen lassen.

4 Die Tomaten häuten, vierteln und entkernen, mit Essig, Zucker, Salz, Pfeffer und Walnussöl marinieren.

5 Crème fraîche mit Salz und Pfeffer würzen. Basilikumblätter zupfen, in feine Streifen schneiden und unterheben, kalt stellen.

6 Grünkernrisotto auf jeder Tellermitte anrichten, Gemüse darüber geben und mit den Tomatenfilets dekorieren. Mit einem Esslöffel von der Crème fraîche Nocken abstechen und auf jedes Gericht setzen.

ZUTATEN FÜR VIER PERSONEN

100 g Grünkern; 1 Schalotte;
5 EL Olivenöl; 1 Knoblauchzehe;
100 ml Gemüsebrühe; Salz;
weißer Pfeffer aus der Mühle;
1 TL Grünkernöl (Reformhaus);
1 frischer Artischockenboden;
1 rote Paprikaschote; 1 Fenchel-
knolle; 1 Zucchini; ¼ Aubergine;
2 Salbeiblätter; 2 Tomaten;
1 TL Himbeeressig;
1 Prise Zucker; 2 EL Walnussöl;
200 g Crème fraîche;
1 kleines Bund Basilikum

BEILAGE
Frisch gebackenes Olivenbrot

GETRÄNKEVORSCHLAG
Ginger Ale

Müritz-Maränen auf Rotkohlstreifen mit Knusperlauch

ZUTATEN FÜR VIER PERSONEN

KNUSPERLAUCH
*1 kleine Porreestange;
2 EL Olivenöl; Salz*

FISCH
*2 Maränen à 300 g (filetiert,
mit geschuppter Haut); Salz;
Pfeffer aus der Mühle; 30 g Mehl;
2 EL Olivenöl; 1 Bund Kerbel
(gezupft) und 10 g grobes Meersalz zur Dekoration*

ROTKOHLSTREIFEN
*1 Schalotte; 4 EL Himbeeressig;
Salz; Zucker nach Geschmack;
weißer Pfeffer aus der Mühle;
2 EL Walnussöl; 300 g Rotkohl;
50 g magerer Räucherspeck;
½ EL Öl*

GETRÄNKEVORSCHLAG
*Oberbergener Baßgeige,
Weißherbst, Baden*

TIPP
*Maränen lassen sich durch
Forellen- oder Rotbarbenfilets
ersetzen*

1 Für den Knusperlauch am Vortag den Porree putzen, längs durchschneiden, waschen, die Blätter auseinander nehmen und in 1 cm breite und 20 cm lange Streifen schneiden. Porreeblätter durch das Olivenöl ziehen und nebeneinander auf ein mit Backtrennpapier ausgelegtes Blech legen. Über Nacht an einer warmen Stelle trocknen. Zum Anrichten salzen.

2 Fisch vom Händler schuppen und filetieren lassen. Feine Mittelgräten mit Zange oder Pinzette entfernen.

3 Für eine Vinaigrette die Schalotte fein würfeln, im Sieb kurz in kochendes Wasser tauchen, dann kalt abspülen. Himbeeressig mit Salz, Zucker, Pfeffer, den Schalottenwürfeln und Walnussöl gut verrühren.

4 Rotkohl in feine Streifen schneiden und in 2 l kochendem Salzwasser blanchieren. Abgießen und in Eiswasser abschrecken, auf ein Sieb geben und gut ausdrücken. In einer Schüssel mit der Vinaigrette mischen und durchziehen lassen.

5 Speck fein würfeln und in Öl knusprig, aber nicht zu dunkel ausbraten. Aus dem Fett heben, auf Küchenpapier abtropfen lassen und zu den Rotkohlstreifen geben, mischen und abschmecken.

6 Fischfilets salzen und pfeffern, in Mehl wenden und in Olivenöl auf der Haut knusprig braten, wenden und aus der Pfanne heben.

7 Fischfilets mit der Haut nach oben auf den Rotkohlstreifen anrichten, mit dem Knusperlauch gitterförmig dekorieren, mit Kerbel, Pfeffer und grobem Meersalz bestreuen.

Wachtelspiegelei auf Senfgurken-Bauernomelett

Pomp der Kaiserzeit

Größenwahn am Potsdamer Platz: Für 15 Millionen Goldmark baute der Aschinger-Konzern 1907 das Weinhaus „Rheingold", das mit seinen elf Sälen Platz bot für 4800 Gäste und mit Goldmosaiken und Marmorsäulen prunkte. Über das Gelände des im Krieg zerstörten Gebäudes führt heute die Potsdamer Straße zwischen Sony und DaimlerChrysler

ZUTATEN FÜR VIER PERSONEN

*500 g möglichst neue Kartoffeln;
1 EL Kümmel;
150 g eingelegte Senfgurken;
2 EL Öl; 1 Zwiebel; 6 Eier;
2 EL Schlagsahne;
Salz; weißer Pfeffer aus der
Mühle; 1 Prise frisch geriebener
Muskat; 80 g Butter und
Butter für die Wachteleier;
2 EL feine Bärlauchstreifen;
4 Wachteleier; grobes Meersalz
zum Bestreuen; Borretsch mit
Blüten (Gurkenkraut)*

BEILAGE
Kopfsalat mit Borretsch

GETRÄNKEVORSCHLAG
Apfelsaftschorle

1 Kartoffeln mit Kümmel gar kochen, abgießen, abkühlen und pellen, dann in dünne Scheiben schneiden.

2 Senfgurken abtrocknen und in 1 cm große Würfel schneiden.

3 Pfanne erhitzen, Öl hineingeben und Kartoffeln darin goldgelb und kross braten. Zwiebel würfeln und mit den Senfgurkenwürfeln hinzugeben, 5 Minuten braten.

4 Eier mit der Sahne verrühren, mit Salz, Pfeffer und Muskat würzen.

5 Je 20 g Butter in 4 kleinen Pfannen erhitzen. Kartoffel-Gurkenmasse darin verteilen, Bärlauchstreifen und Eiersahne gleichmäßig übergießen und bei mittlerer Hitze etwa 5 Minuten braten.

6 Butter in einer Pfanne erhitzen. Wachteleier vorsichtig aufschlagen, in die Pfanne gleiten und stocken lassen. Aus der Pfanne nehmen, mit einem Kuchenstecher rund ausstechen und mit grobem Meersalz bestreuen.

7 Omeletts auf vorgewärmten Tellern anrichten, je 1 Wachtelspiegelei obenauf setzen und mit gezupften Borretschblättern und -blüten garnieren.

Warme Lauchtorte mit Kaisergranat und Estragonsauce

1 Aus Mehl, Butter, Crème double, Eiern und Salz einen geschmeidigen Teig kneten. Die Menge reicht für drei Teigformen. Eine Portion im Kühlschrank 30 Minuten abgedeckt ruhen lassen, den Rest für eine spätere Mahlzeit oder für eine andere Torte einfrieren, zum Beispiel eine Quiche.

2 Für die Sauce Eigelb mit Senf, Cayennepfeffer und Salz vermengen und unter ständigem Rühren mit dem Pürierstab das Öl tröpfchenweise zufügen. Mayonnaise mit Essig abschmecken, eventuell mit ein paar Tropfen Weißwein verdünnen. Estragon fein schneiden und unterrühren.

3 Für den Belag Porree in feine Streifen schneiden. Zwiebeln fein würfeln. Wein in 1½ l kochendes Salzwasser gießen und die Lauchstreifen darin 2 Minuten blanchieren. Mit einer Schaumkelle herausnehmen und in Eiswasser abschrecken. Bei den Zwiebeln ebenso verfahren, aber nicht abschrecken.

4 Beide Gemüse durch ein Sieb abgießen und auf einem Tuch ausbreiten, damit die überschüssige Flüssigkeit abgesaugt wird.

5 Kaisergranat auslösen, Därme entfernen, salzen, pfeffern und in Olivenöl bei milder Hitze 3 Minuten braten, warm stellen.

6 Für den Guss alle Zutaten etwa 2 Minuten im Mixer verquirlen.

7 Den Backofen auf 220 Grad vorheizen, wenn möglich, mit stärkerer Unterhitze. Teig für eine Spring- oder Quicheform (28 cm Ø) auf bemehlter Arbeitsfläche dünn ausrollen. Form mit Butter fetten und mit dem Teig auskleiden. Lauch und Zwiebeln darauf verteilen und mit dem Guss übergießen.

8 Torte im heißen Ofen 30 Minuten auf der unteren Leiste backen, weitere 10 Minuten bei offener Ofentür ruhen lassen.

9 Die Lauchtorte aufteilen, Scampi halb einschneiden und wie Schmetterlinge auf die Torte setzen. Mit Estragonsauce übergießen.

ZUTATEN FÜR VIER PERSONEN

TORTENBODEN
(FÜR 3 BÖDEN)
300 g Mehl und Mehl für die Arbeitsfläche; 200 g weiche Butter und Butter für die Formen; 1 EL Crème double; 2 Eier; 1 Prise Salz

ESTRAGONSAUCE
2 Eigelb; 1 TL Dijonsenf; Cayennepfeffer; Salz; ¼ l Öl; 1 EL Estragonessig; 1–2 TL Weißwein; 1 Bund Estragon

BELAG
(FÜR 1 TORTE, 28 CM Ø)
250 g Porree, nur weißen und hellgrünen Teil; 4 mittelgroße Zwiebeln; 2 EL trockener Weißwein; Salz

GUSS
(FÜR 1 TORTE, 28 CM Ø)
¼ l Schlagsahne; ⅛ l Milch; 125 g Crème double; 4 Eier; Salz; frisch geriebener Muskat

KAISERGRANAT
8 große Kaisergranat (Scampi); 4 EL Olivenöl; Salz; weißer Pfeffer aus der Mühle

GETRÄNKEVORSCHLAG
Mosel-Riesling halbtrocken

TIPP
Statt Kaisergranat kann man auch Riesengarnelen nehmen

Wirsingroulade mit Havelzander auf Krebssauce mit Flusskrebsschwänzen

KREBSE
24 Havelkrebse; Milch für das Blech; Salz; 1 kleines Bund Dill; 20 g Butter; Pfeffer aus der Mühle

ROULADE
2 frische Havelzander à 1 kg; 1 EL Meersalz; 1 junger Wirsing; ½ TL Kümmel; Salz; Pfeffer aus der Mühle; 20 g Butter; ⅛ l Weißwein

SAUCE
Krebsschalen (Karkassen); 1 EL Öl; 100 g gewürfeltes Röstgemüse (Zwiebel, Möhre, Sellerie); 2 EL Cognac; ⅛ l Weißwein; 1 EL Tomatenmark; 1 EL Mehl; ⅛ l Krebswasser; 1 Tomate; ¼ l Schlagsahne; 2 EL geschlagene Sahne; Salz; weißer Pfeffer aus der Mühle; 1 Prise Cayennepfeffer

BEILAGE
Neue Kartoffeln

GETRÄNKEVORSCHLAG
Trockener Grauburgunder aus Baden, zum Beispiel ein Malterdinger Bienenberg vom Weingut Bernhard Huber

1 Krebse am Vorabend auf ein tiefes Blech setzen und mit etwas Milch anfüllen, damit sich die Krebse vollsaugen und die Därme entleert werden.

2 Krebse in reichlich Salzwasser mit Dill etwa 3 Minuten kochen, etwas abkühlen lassen und das Krebsfleisch auslösen. Krebsschalen und ⅛ l Krebswasser beiseite stellen.

3 Für die Roulade den Zander filetieren, in 4 gleiche Portionen teilen und mit Salz bestreuen. Wirsing entblättern und ohne die äußeren harten Blätter in Kümmelwasser fast weich kochen.

4 Die Mittelrippen herausschneiden und die Blätter auf der Arbeitsfläche ausbreiten. Mit Salz und Pfeffer würzen, mit dem Zanderfilet so belegen, dass 4 Rouladen geformt werden können. Mit Küchengarn oder Holzspießen befestigen. Den Backofen auf 220 Grad vorheizen.

5 Einen kleinen Bräter mit Butter einstreichen und die Rouladen hineinlegen, den Weißwein angießen und auf der unteren Schiene im Ofen etwa 12 Minuten hellbraun backen.

6 Für die Sauce die Krebsschalen in Öl anbraten. Röstgemüse zugeben, mit Cognac und Weißwein ablöschen, Tomatenmark und Mehl dazurühren, das Krebswasser zugießen und aufkochen.

7 Mit einem Holzlöffel umrühren. Tomate klein schneiden und mit der Sahne zugeben. Alles etwa 15 Minuten bei milder Hitze kochen, dann durch ein Sieb gießen. Noch etwas einkochen und mit Salz, Pfeffer und Cayennepfeffer würzen. Vor dem Servieren geschlagene Sahne unterrühren.

8 Die Sauce auf 4 Teller verteilen, Krebsschwänze in heißer Butter schwenken, leicht mit Pfeffer und Salz würzen. Die Rouladen in die Mitte setzen und mit den Krebsschwänzen umlegen.

Beelitzer Spargeleintopf

ZUTATEN FÜR VIER PERSONEN

*Salz; ½ Stange Porree;
1 Schalotte; weißer Pfeffer
aus der Mühle;
4 Poulardenbrusthälften;
100 g Brokkoliröschen;
100 g frische Mandeln;
50 g Butter; 1 kg Beelitzer
Stangenspargel; 2 Tomaten;
40 g Mehl; frisch geriebener
Muskat; ½ TL Zucker;
¼ l Schlagsahne;
1 Bund Kerbel*

BEILAGE
Warmes Baguette

GETRÄNKEVORSCHLAG
*Pouilly Fumé,
Loire*

1 Salzwasser (2 l) mit Porree, Schalotte und Pfeffer aufkochen. Poulardenbrüste einlegen und 15 Minuten köcheln.

2 Brokkoliröschen 5 Minuten in Salzwasser kochen und in Eiswasser abschrecken.

3 Mandeln schälen und halbieren, dann in 20 g Butter 2 Minuten dünsten und warm stellen.

4 Poulardenbrüste herausnehmen, Haut abziehen, das Fleisch in Würfel schneiden.

5 Spargel schälen, unten 1 cm abschneiden, Spargel im Poulardenfond etwa 12 Minuten kochen. Herausheben und unteres Drittel abschneiden. Tomaten häuten, entkernen und in Würfel schneiden. 1 l vom Fond abmessen.

6 Restliche Butter erhitzen, Mehl dazurühren und andünsten, mit dem abgemessenen Fond ablöschen und aufkochen. Spargelenden hinzugeben und 15 Minuten köcheln. Mit Salz, Pfeffer, Muskat und Zucker würzen.

7 Poularden-Spargel-Fond im Mixer fein pürieren und durch ein Sieb in einen sauberen Topf streichen. Die Suppe aufkochen. Restlichen Spargel in Stücke schneiden. Suppe vom Herd nehmen und nacheinander Poulardenbrustwürfel, Spargelstücke, Brokkoliröschen, Mandeln, Tomatenwürfel und Sahne hinzugeben und erwärmen. Kerbelblättchen zupfen und darüberstreuen. In vorgewärmten Tellern servieren.

Mit Zille in die Destille

Das proletarische Milieu in der größten Mietskasernenstadt der Welt mit bis zu sechs Hinterhöfen war die Welt des Zeichners Heinrich Zille. Auf jedem zweiten Grundstück gab's um die Jahrhundertwende eine Kneipe, und 70 von 100 Arbeiterkindern hatten keine Vorstellung von einem Sonnenaufgang

Essenz vom Apfel mit Meerrettich und Zander

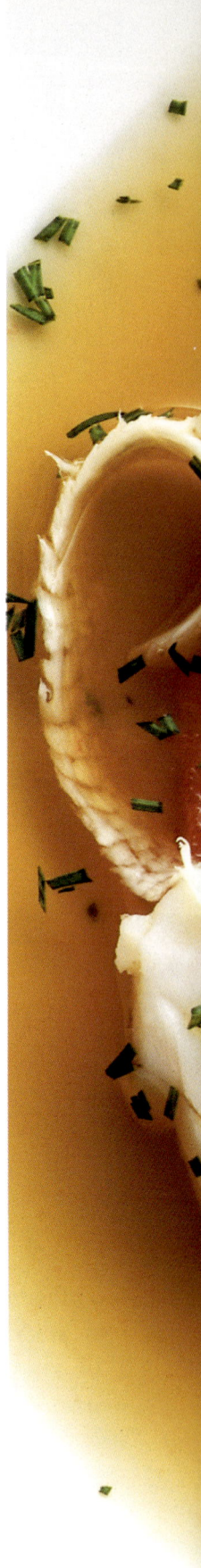

ZUTATEN FÜR VIER PERSONEN

4 Äpfel (Boskop);
1 Zwiebel; ¾ l Fischfond;
¼ l Apfelsaft;
1 Msp. Cayennepfeffer;
200 g frisch geriebener
Meerrettich; 3 Eiweiß;
1 TL Meersalz;
160 g Zanderfilet;
1 Tomate; 1 Bund Dill;
30 g frischer geschabter
Meerrettich

GETRÄNKEVORSCHLAG
Cidre,
nicht zu süß

TIPP
Hat man keinen frischen
Meerrettich zur Hand, tut's auch
Meerrettich aus dem Glas

1 Äpfel schälen, entkernen und fein würfeln. Zwiebel in dünne Scheiben schneiden. Fischfond mit Apfelsaft, Apfelwürfeln, Zwiebelscheiben und Cayennepfeffer aufkochen und 10 Minuten ziehen lassen, dann durch ein Sieb gießen und kalt stellen.

2 Geriebenen Meerrettich mit Eiweiß gut verrühren, zum kalten Fond geben und unter vorsichtigem Rühren mit dem Holzlöffel langsam aufkochen, 15 Minuten ziehen lassen, dann durch ein Tuch gießen und mit Meersalz abschmecken.

3 Das Zanderfilet würfeln und 3 Minuten über Dampf oder 5 Minuten in Salzwasser garen. Das Fleisch muss noch glasig sein.

4 Tomate häuten, entkernen und würfeln, Dill fein schneiden. Beides mit dem geschabten Meerrettich und dem Fisch in vorgewärmte tiefe Teller verteilen und mit der heißen Apfel-Meerrettich-Suppe auffüllen.

Graupensuppe mit Backpflaumen

Neue Messe: Grüne Woche

Ein halbes Jahr bevor der Funkturm das Wahrzeichen der Stadt wird, gibt es im Februar 1926 zum ersten Mal eine Grüne Woche in Berlin. Auch das Großkaufhaus Hermann Tietz, später als Hertie „arisiert", stellt in den Messehallen aus

ZUTATEN FÜR VIER PERSONEN

*20 Backpflaumen
ohne Kern;
100 g Perlgraupen;
1 Möhre;
75 g Sellerieknolle;
½ Stange Porree; Salz;
100 g magerer Räucherspeck;
½ EL Öl; 50 g Butter;
¾ l Fleischbrühe; Salz;
weißer Pfeffer aus der Mühle;
1 kleines Bund Koriander*

1 Backpflaumen in Wasser einweichen. Die Graupen waschen, 1 l Wasser zum Kochen bringen, Graupen einstreuen und 4 Minuten kochen. Den Topf vom Herd nehmen, mit dem Deckel schließen und 50 Minuten ausquellen lassen.

2 Gemüse putzen, fein würfeln und in ½ l Salzwasser 3 Minuten kochen. Abgießen und in Eiswasser abschrecken.

3 Speck fein würfeln und in Öl bei mittlerer Hitze ausbraten, aus dem Fett heben und auf Küchenpapier abtropfen lassen.

4 Graupen durch ein Sieb abgießen und mit kaltem Wasser kräftig auswaschen.

5 Butter zerlassen, Speck und Gemüse darin andünsten, abgetropfte Graupen zufügen, mit der Brühe auffüllen und aufkochen. Die Backpflaumen abtropfen, hinzugeben und 10 Minuten mit ziehen lassen. Mit Salz und Pfeffer abschmecken.

6 Korianderblättchen zupfen, unterheben und die Suppe in 4 tiefen Tellern anrichten.

Möhrensuppe mit Selleriestroh

ZUTATEN FÜR VIER PERSONEN

2 Schalotten; 50 g Butter;
500 g Bundmöhren;
150 g mehlig kochende Kartoffeln;
½ l Gemüsebrühe;
¼ l Schlagsahne; Salz;
weißer Pfeffer aus der Mühle;
frisch geriebener Muskat;
1 EL Honig;
1 kleine Sellerieknolle;
Öl zum Frittieren

1 Schalotten fein würfeln und in Butter andünsten. Möhren und Kartoffeln würfeln, hinzugeben und mit andünsten. Mit der Gemüsebrühe auffüllen und 20 Minuten bei milder Hitze kochen.

2 Suppe mit dem Mixstab fein pürieren, Sahne zugießen, aufkochen und durch ein Sieb streichen. Mit Salz, Pfeffer und Muskat abschmecken und kurz vor dem Anrichten den Honig dazurühren.

3 Sellerie schälen, erst in hauchdünne Scheiben, dann in feine Streifen schneiden. Frittieröl in einem tiefen Topf erhitzen, die Selleriestreifen in mehreren Portionen langsam ins heiße Fett geben. Mit der Fleischgabel unter Rühren auflockern und goldgelb backen. Auf Küchenkrepp abtropfen lassen und leicht salzen.

4 Suppe in die vorgewärmten Teller geben und je 1 EL Selleriestroh in die Tellermitte häufen.

Basta Pasta für Caruso

Der italienische Operntenor Enrico Caruso, ein begabter Zeichner, quartierte sich 1913 im Hotel Adlon ein und hinterließ im Gästebuch eine Zeichnung mit dezentem Hinweis auf seine Gewichtsprobleme. Er hatte seinen eigenen Pastakoch mitgebracht, stand aber unter der strengen Aufsicht seines Arztes, der ihn nur Spinat, Makkaroni und Spiegeleier essen ließ

Erbsensuppe
mit Berliner Eisbein

ZUTATEN FÜR VIER PERSONEN

*300 g getrocknete gelbe Schäl-
erbsen; 500 g Rinderknochen;
1 gepökeltes Eisbein (ca. 500 g);
Salz, ½ TL Zucker;
1 Lorbeerblatt; ½ kleine
Zwiebel; 2 Gewürznelken;
4 kleine Möhren; 1 Stange Porree;
100 g magerer Räucherspeck;
1 Msp. Backpulver; Salz;
weißer Pfeffer aus der Mühle;
frisch geriebener Muskat;
100 g Schweineschmalz;
100 ml Schlagsahne; 5 Eigelb;
1 kleines Bund Majoran
oder Liebstöckel*

BEILAGE
Graubrotscheiben

GETRÄNKEVORSCHLAG
Pils

1 Erbsen 2 Stunden in warmem Wasser einweichen.

2 Rinderknochen in 2 l kochendem Wasser 5 Minuten blanchieren, Wasser abgießen, Knochen kalt abspülen.

3 Eisbein und Rinderknochen im großen Topf mit 2½ l kaltem Wasser bedecken, zum Kochen bringen, dabei den Schaum abschöpfen, 1 TL Salz und den Zucker zufügen. Bei milder Hitze 90 Minuten köcheln.

4 Lorbeerblatt auf der ½ Zwiebel mit den Nelken feststecken. Möhren und Porree putzen, mit Küchengarn zusammenbinden. Eisbein und Knochen aus der Brühe nehmen. ½ l von der Brühe durch ein Sieb gießen und beiseite stellen.

5 Erbsen in ihrem Einweichwasser aufkochen, das Kochwasser abgießen und die Erbsen in den Topf zurückgeben. Die abgemessene Brühe zugießen, sodass die Erbsen etwa 3 fingerhoch bedeckt sind. Gespickte Zwiebel, Speck und Gemüsebund hinzugeben, aufkochen. Dann 30 Minuten köcheln, bis sie weich sind, aber noch Biss haben. Backpulver einrühren.

6 Gemüsebund, Gewürzzwiebel und den Speck herausnehmen und mit etwas Erbsenbrühe warm stellen. ¼ l Eisbeinbrühe nachgießen, mit Salz, Pfeffer, Muskat würzen und aufkochen.

7 Eisbein vom Knochen lösen, das Fleisch in Scheiben schneiden. Fett von der Schwarte entfernen, die Schwarte in sehr feine Streifen schneiden und in Schweineschmalz knusprig braten und beiseite stellen.

8 Sahne und Eigelb mit einer Kelle Schälerbsen im Mixer pürieren und damit die heiße, nicht mehr kochende Suppe sämig binden.

9 Gemüse und Speck klein schneiden und mit dem Fleisch in der Suppe anrichten. Kräuter fein schneiden und mit der knusprigen Schwarte über die Suppe streuen.

Horcher

Nummer 1 im Dritten Reich

Im Luxuslokal Horcher, 1904 gegründet, hatte Hermann Göring schon als junger Jagdflieger gegessen. Auch „Des Teufels General" Ernst Udet war dort Stammgast. Mitten im Krieg ermöglichte Schirmherr Göring den Umzug der Horchers ins neutrale Madrid, wo das Restaurant noch heute in Familienbesitz existiert und das bekannte „H" auf der Speisekarte führt

Kürbissuppe mit Beerenauslese und Zimtcroûtons

ZUTATEN FÜR VIER PERSONEN

500 g Kürbisfleisch;
1 kleine weiße Zwiebel;
100 g Butter; ½ l helle Brühe;
¼ l Schlagsahne;
¼ l Beerenauslese vom Riesling;
frisch geriebener Muskat;
Salz; weißer Pfeffer aus
der Mühle;
1 Msp. Ingwerpulver;
2 Scheiben Weißbrot; 30 g Butter;
½ TL gemahlener Zimt;
4 EL geschlagene Sahne

GETRÄNKEVORSCHLAG
Beerenauslese vom
Riesling

1 Das Kürbisfleisch und die Zwiebel würfeln. Butter in einem Topf zerlassen. Erst die Zwiebelwürfel andünsten, dann die Kürbiswürfel zufügen und mitdünsten. Mit Brühe ablöschen, Sahne und Beerenauslese zugießen, Muskat, Salz, Pfeffer, Ingwer zugeben. Mit dem Deckel schließen und 20 Minuten köcheln.

2 Alles im Mixer oder mit dem Mixstab pürieren. Das Weißbrot entrinden, in kleine Würfel schneiden, in Butter goldgelb rösten und mit Zimt bestreuen.

3 Die Suppe nochmals kurz erwärmen, abschmecken und die geschlagene Sahne unterheben. Mit den Zimtcroûtons bestreuen.

Kürbissuppe mit Kürbischips und gerösteten Kürbiskernen

ZUTATEN FÜR VIER PERSONEN

*750 g Kürbisfleisch;
2 Schalotten; 2 EL fein
geschnittener Porree;
50 g Butter; Salz;
weißer Pfeffer aus der Mühle;
frisch geriebener Muskat;
1 Msp. Zimt; 1 Msp. Kurkuma;
½ l Gemüsebrühe;
¼ l Schlagsahne;
Öl zum Frittieren;
2 EL Kürbiskerne*

TIPP
*Dünne Kürbisscheiben
schneidet man am besten mit der
Aufschnittmaschine*

1 Vom Kürbis 12 Scheiben (etwa 8 cm Ø und 2 mm dick) schneiden, den restlichen Kürbis grob würfeln.

2 Schalotten fein würfeln, mit dem Porree in Butter glasig dünsten. Kürbiswürfel dazugeben und 5 Minuten dünsten. Mit Salz, Pfeffer, Muskat, Zimt und Kurkuma würzen.

3 Mit Gemüsebrühe ablöschen und 15 Minuten kochen. Sahne zugießen.

4 Die Suppe mit dem Mixstab pürieren, durch ein Sieb streichen und abschmecken.

5 Öl zum Frittieren erhitzen und nach und nach die Kürbisscheiben goldgelb backen. Herausnehmen, auf Küchenpapier trocknen und warm stellen, damit sie knusprig werden. Leicht salzen.

6 Eine Pfanne erhitzen, darin die Kürbiskerne rösten und leicht salzen.

7 Die Suppe in tiefe Teller füllen, mit den Kürbiskernen bestreuen, die Kürbischips extra dazureichen.

Jeder mal ins „Vaterland"

Mit Rheinterrassen und künstlichem Gewitter, Wildwest-Bar, spanischer Bodega und Grinzing-Weinstuben war das Haus Vaterland Berlins berühmtester Amüsierbetrieb und der Kuppelbau ein Symbol am Potsdamer Platz. 1937 musste Besitzer Kempinski dem Arisierer Aschinger weichen. Nach schweren Schäden im Bombenkrieg stand die stabile Ruine noch bis 1976 an der Sektorengrenze und wurde dann abgetragen

Havelländer Krebssuppe mit Krebsschwanzravioli

ZUTATEN FÜR VIER PERSONEN

SUPPE
*1 l Hühnerbrühe; Salz,
weißer Pfeffer aus der Mühle;
1 TL Kümmel; 1 Dillzweig;
24 Flusskrebse; 1 Bund Suppengrün; 1 Scheibe altbackenes
Weißbrot; 4 EL Öl; 1 TL Tomatenmark; ½ l Schlagsahne;
4 EL Cognac; 2 EL trockener
Wermut; 1 EL Anisschnaps;
Cayennepfeffer; 100 g geschlagene
Sahne*

RAVIOLI
*200 g Mehl und Mehl für die
Arbeitsfläche; 2 Eier;
1 EL Olivenöl; 1 kleine Schalotte;
100 g Möhren; 100 g Porree;
50 g Butter; Salz;
weißer Pfeffer aus der Mühle;
1 TL Dillspitzen; 1 Eigelb*

GETRÄNKEVORSCHLAG
*Grauburgunder aus der Wachau,
zum Beispiel Langenloiser Spiegel
von Bründlmayer*

TIPP
*Um einen noch intensiveren
Geschmack zu bekommen, die
Krebskarkassen vor dem
Verwenden im Ofen gut
10 Minuten rösten*

1 Hühnerbrühe mit Salz, Pfeffer, Kümmel und Dill zum Kochen bringen, dann Krebse hineingeben und 3 bis 5 Minuten kochen, herausnehmen und in kaltem Wasser abschrecken. Krebsfond aufheben.

2 Krebsfleisch auslösen, Schalen auswaschen und abtropfen lassen, 4 gut erhaltene Krebsköpfe beiseite legen. Därme aus den Schwänzen entfernen. Suppengrün sehr fein würfeln, Weißbrot entrinden und würfeln.

3 Öl erhitzen und Krebsschalen, Tomatenmark und Suppengemüse darin anbraten. Mit 250 ml vom Krebsfond ablöschen, dann Sahne, Cognac, Wermut, Anisschnaps, Cayennepfeffer, Weißbrotwürfel, Salz und Pfeffer hinzugeben und 30 Minuten kochen.

4 Die Suppe durch ein feines Sieb streichen und abschmecken.

5 Für die Ravioli aus Mehl, Eiern und Olivenöl einen Teig herstellen, auf einer bemehlten Unterlage dünn ausrollen und 24 Kreise (6 cm Ø) ausstechen.

6 Alle Gemüse sehr fein würfeln, in der Butter andünsten, mit Salz und Pfeffer abschmecken, Dillspitzen hinzugeben. Eigelb mit etwas Wasser verquirlen.

7 Auf jedes zweite Teigplätzchen 1 EL Gemüsemasse und 2 Krebsschwänze geben, Ränder mit Eigelb einpinseln und ein zweites Teigplätzchen darauf legen, Ränder andrücken.

8 Salzwasser zum Kochen bringen, Ravioli eingeben und dann 3 bis 4 Minuten sieden, herausnehmen.

9 Die geschlagene Sahne unter die Suppe heben.

10 Pro Teller die Suppe mit 3 Ravioli und einem Krebskopf anrichten.

Kartoffelsuppe mit Majoran

ZUTATEN FÜR VIER PERSONEN

*175 g magerer Speck
ohne Knorpel, aber mit Schwarte;
½ Bund Majoran; ½ EL Öl;
300 g fest kochende Kartoffeln;
50 g Zwiebeln; ¾ l helle Fleischbrühe; 100 g Möhren;
100 g Sellerie; 50 g Porree;
¼ l Schlagsahne; weißer Pfeffer
aus der Mühle; Salz*

BEILAGE
Geröstetes Weißbrot

1 Schwarte vom Speck abschneiden, Speck würfeln. Majoranblättchen zupfen und beiseite legen, die Stiele mit Küchengarn zusammenbinden.

2 Die Speckschwarte in einem Topf in Öl ausbraten, Speckwürfel zugeben und mit anbraten.

3 Die Kartoffeln und die Zwiebeln schälen und würfeln, beides hinzugeben und verrühren.

4 Fleischbrühe zugießen und die Majoranstiele zugeben. Aufkochen und bei milder Hitze zugedeckt 25 Minuten köcheln.

5 Schwarte und Majoranstiele aus der Brühe nehmen. Das restliche Gemüse putzen, fein würfeln und hinzugeben. Auf ausgeschalteter Kochplatte 10 Minuten ziehen lassen.

6 Kartoffeln und das fast rohe Gemüse in ein Sieb gießen, die Brühe auffangen und wieder in den Topf geben.

7 Speck, Kartoffeln und Gemüse durch die mittlere Scheibe des Fleischwolfs drehen, mit der Brühe mischen, Sahne zugießen und unter Rühren aufkochen.

8 Mit Pfeffer und nur sehr wenig Salz würzen, da das Gericht bereits durch den Räucherspeck gewürzt ist.

9 Die Suppe in tiefe Teller oder in rustikale Suppentassen geben und vor dem Servieren mit den Majoranblättchen bestreuen.

Weißbier-Kaltschale

ZUTATEN FÜR VIER PERSONEN

*100 g Sultaninen
(oder Korinthen);
100 g Zucker; 75 g geriebener
Zwieback; 75 g geriebenes
Schwarzbrot; 1 Msp. gemahlener
Zimt; 1 l Berliner Weiße mit Hefe;
1 unbehandelte Zitrone*

1 Die Sultaninen waschen, einige Stunden in Wasser quellen lassen und abgießen.

2 Sultaninen und die restlichen Zutaten, ohne die Zitrone, mit dem vorgekühlten Weißbier übergießen. Im Kühlschrank 4 bis 5 Stunden durchkühlen, zwischendurch mehrere Male umrühren.

3 Die Kaltschale in gekühlten Gläsern oder kalten Tassen anrichten. Die Zitrone in Scheiben schneiden und entkernen. Dann in kochendem Wasser kurz blanchieren und zum Dekorieren auflegen.

Steckrübensuppe mit Gänsekleinstrudel

Legende an der Spree

Durch Lessings „Minna von Barnhelm" ist der „König von Portugal" berühmt geworden. Im Krieg verbrannte das 1700 erbaute Hotel an der Spree. Das verwinkelte Alt-Berliner Viertel zwischen Schloss und Fernsehturm deckt heute grüner Rasen

ZUTATEN FÜR VIER PERSONEN

STRUDEL
*2 Strudelteigblätter;
30 g Butter zum Bestreichen
und Butter für das Blech;
100 g gekochte Gänsekleinwürfel
(Magen, Herz, Hals, Leber);
100 g grobes Bratwurstbrät;
1 TL Thymian;
Pfeffer aus der Mühle; Salz*

SUPPE
*2 Schalotten; 80 g Butter;
500 g Steckrüben (Kohlrüben);
1 EL heller Rübensirup;
¾ l helle Brühe;
¼ l Schlagsahne; Salz;
Pfeffer aus der Mühle;
frisch gemahlener Muskat;
Cayennepfeffer;
2 EL fein geschnittene
glatte Petersilie*

1 Den Strudelteig ausbreiten, Butter schmelzen und auf den Teig pinseln. Gänsekleinwürfel mit dem Bratwurstbrät vermengen, Thymian hinzugeben, mit Pfeffer und etwas Salz nicht zu scharf würzen. Den Backofen auf 200 Grad vorheizen.

2 Strudelteig mit der Farce bestreichen, gleichmäßig zusammenrollen, auf ein gebuttertes Backblech legen. Auf der mittleren Schiene im Ofen etwa 25 Minuten backen. Mit Butter bepinseln.

3 Für die Suppe Schalotten fein würfeln und in Butter glasig dünsten. Die Steckrüben ebenfalls fein würfeln, zufügen und mitdünsten.

4 Rübensirup hinzugeben, mit der Brühe ablöschen, Sahne zugießen, mit Salz, Pfeffer, Muskat, Cayennepfeffer würzen.

5 Fertig garen und im Mixer oder mit dem Mixstab pürieren, Petersilie hinzugeben.

6 Den Strudel in 1 cm dicke Scheiben schneiden. Rübensuppe in tiefe Teller füllen und mit je 3 Scheiben Strudel sternförmig anrichten.

Beelitzer Spargel mit Morchel-Hollandaise

1 Kartoffeln in Salzwasser mit Kümmel gar kochen. Für den Spargel 3 l Salzwasser mit Zucker, Zitronensaft und Orangenscheibe zum Kochen bringen.

2 Für die Sauce die Butter zum Klären bei niedriger Hitze kochen, bis sich die Molke abtrennt.

3 Morcheln putzen, zweimal waschen und auf Küchenkrepp trocknen, dann in 1 EL der geklärten Butter anbraten und mit Cognac flambieren, mit Portwein ablöschen. Salzen, pfeffern, aufkochen. Alles auf ein Sieb geben, Fond auffangen, es werden 100 ml benötigt. Die Morcheln warm halten.

4 Spargel schälen, holzige Enden abbrechen, dann ins kochende Wasser legen, Weißbrotscheibe zufügen, sie entzieht eventuell vorhandene Bitterstoffe, und 12 Minuten kochend garen.

5 Eigelb mit dem aufgefangenen Morchelfond verrühren und die Masse auf einem Wasserbad mit dem Schneebesen zu einer cremigen Konsistenz aufschlagen, vom Wasserbad heben und die restliche geklärte Butter unter ständigem Rühren in dünnem Strahl hinzugeben. Mit Pfeffer, Salz und Cayennepfeffer abschmecken, lauwarme Morcheln auf einem Küchenkrepp leicht ausdrücken und unter die Hollandaise ziehen, warm stellen.

6 Kartoffeln pellen und mit etwas Spargelfond und Butter wieder heiß werden lassen.

7 Spargel aus dem Fond heben, auf einem Küchentuch gut abtropfen lassen und auf 4 vorgewärmte Teller legen. Über die Spargelenden die Morchel-Hollandaise gießen, mit Schnittlauch oder Bärlauch bestreuen und Kartoffeln hinzugeben.

ZUTATEN FÜR VIER PERSONEN

SPARGEL UND KARTOFFELN
600 g kleine, möglichst neue Kartoffeln; Salz; ½ TL Kümmel; 1 TL Zucker; Saft von 1 Zitrone; 1 unbehandelte Orangenscheibe; 2 kg Beelitzer Spargel; 1 Scheibe Weißbrot; 10 g Butter

SAUCE
250 g Butter; 200 g frische Frühlingsmorcheln; 2 EL Cognac; 100 ml weißer Portwein; Salz; weißer Pfeffer aus der Mühle; 4 Eigelb; 1 Prise Cayennepfeffer; 1 kleines Bund gehackter Schnittlauch oder Bärlauch

GETRÄNKEVORSCHLAG
Ein trockener Rheingauer Riesling, zum Beispiel Schloß Johannisberger Gelblack, Weingut Fürst von Metternich

TIPP
Falls keine frischen Morcheln zu bekommen sind, trockene verwenden

Berliner Bollenfleisch

ZUTATEN FÜR VIER PERSONEN

*8 kleine Lammhaxen; Salz;
weißer Pfeffer aus der Mühle;
2 EL Öl; 500 g Zwiebeln;
40 g Schweineschmalz;
½ l Schlagsahne; 2 Knoblauchzehen; 2 TL Kümmel; 30 g Butter;
1 Bund Basilikum und
Basilikum zum Bestreuen*

BEILAGEN
*Quetschkartoffeln und
Spreewälder Gurken*

GETRÄNKEVORSCHLAG
*Potsdamer Stangenbier,
etwas säuerliches, moussierendes
Bier, das in hohen Gläsern
ausgeschenkt wird*

1 Lammhaxen salzen und pfeffern, in Öl in einem Schmortopf von allen Seiten anbraten, herausnehmen und warm stellen.

2 Zwiebeln halbieren, in Scheiben schneiden.

3 Öl aus dem Schmortopf abgießen, Schmalz hineingeben, heiß werden lassen und Zwiebeln darin hell andünsten.

4 Haxen dazugeben, ¼ l Wasser und ¼ l von der Sahne zugießen und aufkochen. Den Backofen auf 180 Grad vorheizen.

5 Knoblauchzehen mit dem Kümmel und der Butter erst verkneten, dann hacken und zu den Haxen geben. Den Topf mit dem Deckel schließen und auf der unteren Schiene in den Backofen schieben.

6 Nach 75 bis 80 Minuten die Haxen herausnehmen und warm stellen. Vorher mit der Fleischgabel prüfen, ob sich das Fleisch leicht einstechen lässt. Restliche Sahne zum Fond in den Topf gießen und mit Salz, Pfeffer und den fein geschnittenen Basilikumblättern würzen. Etwas einkochen, dann die Zwiebelsauce im Mixer nicht zu fein pürieren, wieder in den Topf geben und die Haxen darin heiß werden lassen.

7 Die Haxen auf den Tellern anrichten, mit der heißen Zwiebelsauce übergießen und mit Basilikum bestreuen.

BERLINER
GEBURTSTAGSESSEN.
REZEPT AUF DER
NÄCHSTEN SEITE

Berliner Geburtstagsessen

Schwulst mit Krustentieren

Mit Radierungen wie den „Krebsen in Dill" schmückte der Leipziger Maler und Grafiker Bruno Héroux um die Jahrhundertwende zahlreiche Speise- und Einladungskarten. Seine „gastrosophischen Kunstblätter" widmeten sich Karpfen blau, Südfrüchten und Käseschüsseln

1 Morcheln und Champignons putzen und waschen, Die Schalotten hacken. Spargelspitzen in Salzwasser bissfest kochen.

2 Die Krebse in kochendes Salzwasser geben, 5 Minuten ziehen lassen, dann kalt abschrecken.

3 Das Kuheuter gut waschen.

4 Kalbsbries und Kalbszunge in kochendem Salzwasser garen. Das Bries nach etwa 15 Minuten und die Zunge nach 60 Minuten herausnehmen (Fond aufbewahren) und kalt abspülen. Die Zungenhaut abziehen und warm stellen.

5 Kuheuter 60 Minuten in Salzwasser sieden und warm stellen.

6 Den Backofen auf 170 Grad vorheizen. Die Hähnchenbrüste mit Salz und Pfeffer würzen, in Butter und Öl kurz anbraten und etwa 25 Minuten auf der unteren Schiene im Ofen garen. Mit Butterflocken belegen und warm stellen.

7 Aus den gekochten Krebsen das Schwanzfleisch auslösen. Vier Krebsnasen (Körper ohne Schwanz) säubern.

8 Für die Krebsbutter die Karkassen in der Küchenmaschine zerkleinern und in heißem Öl scharf anbraten. Suppengrün würfeln, zu den Karkassen geben und mitrösten. Tomatenmark einrühren, etwas salzen. Mit Weinbrand flambieren und mit Wermut ablöschen.

9 Die Karkassenmasse mit Fischfond oder Weißwein auffüllen und 20 Minuten kochen lassen. Durch ein feines Sieb gießen,

GEMÜSE
150 g Morcheln;
200 g Champignons;
2 Schalotten; Butter zum
Dünsten und Schwenken;
12 Spargelspitzen; Salz

FLEISCH UND KREBSE
16 Havelkrebse;
Salz; 250 g Kuheuter;
250 g Kalbsbries, gewässert;
1 kleine Kalbszunge;
2 Freiland-Hähnchenbrüste
mit Haut (ca. 800 g);
Butter und Öl zum Braten
und für Flöckchen;
100 g Sellerie;
100 g Petersilienwurzeln;
3 zerdrückte Knoblauchzehen;
2 Lorbeerblätter;
1 Rosmarinzweig;
2 Majoranzweige;
2 Thymianzweige;
5 Pfefferkörner

entfetten und einkochen. Mit Cayennepfeffer und Zucker abschmecken.

10 Für die Grießklößchen Milch mit Butter, Salz und Muskat zum Kochen bringen, Grieß einrieseln lassen, zu einem glatten Kloß rühren und nach etwa 1 Minute abkühlen lassen, in eine kalte Schüssel geben und das Ei unterrühren.

11 Die Krebsnasen damit füllen und vom Rest kleine Grießklößchen formen. Klößchen in Salzwasser etwa 5 Minuten gar ziehen lassen.

12 Champignons je nach Größe ganz, halbiert oder geviertelt und die Morcheln getrennt jeweils mit der Hälfte der Schalottenwürfel in Butter dünsten.

13 Für die Sauce Geflügelbrühe mit Weißwein um die Hälfte einkochen, etwas vom Kalbszungenfond zugießen. Die Hälfte der Sahne und Crème fraîche zugeben, weiter einkochen. Mehl mit Butter verkneten und mit dem Schneebesen einrühren, mit etwas abgeriebener Zitronenschale würzen.

14 Die Sauce noch 10 bis 15 Minuten köcheln, dann durch ein Sieb gießen und mit Zucker, Pfeffer, Worcestersauce, Salz und Zitronensaft abschmecken. Eigelb mit restlicher Sahne verrühren und dann unter die Sauce rühren. Nicht mehr kochen!

15 Zum Servieren Hähnchenbrüste, Kalbszunge, Kuheuter und Bries in Scheiben schneiden und mit dem Krebsfleisch auf einer tiefen Platte anrichten.

16 Morcheln, Champignons und Spargelspitzen in heißer Butter schwenken und auf der Platte dekorieren. Mit heißer Sauce übergießen, den Rest der Sauce getrennt reichen.

17 An den Rand Grießklößchen und Krebsnasen legen, mit warmer Krebsbutter beträufeln. In die Mitte noch einige Kapern geben und mit frisch gehackter Petersilie bestreuen.

KREBSBUTTER
*Krebskarkassen; Öl zum
Anbraten; 1 Bund Suppengrün;
1 EL Tomatenmark; Salz;
5 EL Weinbrand;
5 EL trockener Wermut;
½ l Fischfond oder Weißwein;
Cayennepfeffer;
1 gestrichener TL Zucker*

GRIESSKLÖSSCHEN
*125 ml Milch; 10 g Butter; Salz;
frisch geriebene Muskatnuss;
50 g Grieß; 1 Ei*

SAUCE
*½ l Geflügelbrühe;
350 ml Rheingauer Riesling;
¼ l Schlagsahne;
100 g Crème fraîche; 15 g Mehl;
15 g Butter, unbehandelte Zitrone;
Zucker; Pfeffer aus der Mühle;
Worcestersauce; Salz;
Zitronensaft; 2 Eigelb*

DEKORATION
*1 kleines Bund glatte Petersilie;
4 TL Kapern*

GETRÄNKEVORSCHLAG
*Pfälzer Riesling, zum Beispiel
Forster Ungeheuer*

TIPP
*Da das Essen sehr aufwendig
zuzubereiten ist, Freunde zur
Mithilfe einladen*

Kalbs- und Gänseleber in Rieslingkaramell auf Himmel und Erde mit Blutwurst

ZUTATEN FÜR VIER PERSONEN

*400 g mehlig kochende
Kartoffeln; Salz;
4 Äpfel (große Cox Orange);
4 EL Apfelsaft; weißer Pfeffer aus
der Mühle; 4 EL Schlagsahne;
1 frische Blutwurst (ca. 150 g);
1 EL Zucker; ¼ l Riesling-
Beerenauslese; 90 g Butter;
3 Schalotten; 1 Bund Majoran;
6 EL Öl; 4 Scheiben geputzte
Kalbsleber à 100 g;
4 Scheiben Gänseleber à 40 g
(Gänsemastleber); Mehl
zum Wenden*

GETRÄNKEVORSCHLAG
*Beaujolais,
zum Beispiel Morgon A.C.,
Domaine du Point du Jour*

1 Kartoffeln schälen und in Salzwasser gar kochen, abgießen und abdämpfen.

2 Von den Äpfeln 2 schälen, entkernen und im Apfelsaft kochen, bis sie zerfallen. Die anderen 2 Äpfel entkernen, in 8 Scheiben schneiden, kurz mitblanchieren, herausheben. Abgedämpfte Kartoffeln dazupressen, mit Salz und Pfeffer würzen, Sahne zugießen und mit dem Schneebesen kräftig durchschlagen.

3 Blutwurst in heißem Wasser erwärmen, an einer Seite aufschneiden, Pelle entfernen und die Blutwurstmasse unter das Kartoffel-Apfel-Püree rühren, warm stellen.

4 Zucker leicht karamellisieren, mit der Beerenauslese ablöschen und sirupartig einkochen. Mit 50 g kalter Butter in Flöckchen aufschlagen, pfeffern, warm stellen und nicht mehr kochen.

5 Schalotten in feine Scheiben schneiden und mit gezupften Majoranblättchen in 2 EL Öl und restlicher Butter goldbraun braten. Etwas Majoran für die Dekoration beiseite legen.

6 Kalbsleber (die feine Haut muss gut abgezogen sein) und Gänseleber auf beiden Seiten salzen, pfeffern und in Mehl wenden. Das restliche Öl erhitzen und beide Lebersorten von jeder Seite 1 Minute braten. Herausnehmen und auf Küchenkrepp abtropfen lassen.

7 Auf jedem Teller Apfelscheiben, Püree und gebratene Leberscheiben aufeinander schichten. Oder alles auf den Tellern nebeneinander anrichten. Mit Majoran und den gebratenen Schalotten bestreuen. Dann mit dem warmen Wein-Karamell umgießen.

Falscher Hase in Rahmsauce mit Schwarzwurzeln

ZUTATEN FÜR VIER PERSONEN

HACKBRATEN
1 altbackene Schrippe (Brötchen);
50 ml Milch zum Einweichen;
350 g Rinderhack und
350 g Schweinemett; 100 g durch-
wachsener Räucherspeck;
½ EL Öl; 2 Zwiebeln; 2 Eier;
weißer Pfeffer aus der Mühle;
Salz; Majoran; gemahlener
Koriander; 1 EL Schweine-
schmalz; ¼ l Fleischbrühe;
1 EL Mehl; ¼ l saure Sahne

SCHWARZWURZELN
Salz; Saft von 1 Zitrone;
Zucker; 800 g Schwarzwurzeln;
50 g Butter; frisch geriebener
Muskat; 1 kleines Bund
glatte Petersilie

BEILAGE
Mehlige Salzkartoffeln

GETRÄNKEVORSCHLAG
Moselriesling, zum Beispiel
Wehlener Sonnenuhr Spätlese,
Weingut S. A. Prüm

1 Die Schrippe in der Milch einweichen, ausdrücken und zur Hackmasse geben.

2 Speck würfeln und in Öl ausbraten, Zwiebeln fein würfeln, hinzugeben und glasig dünsten. Alles mit Eiern, Pfeffer, Salz, Majoran und einer Prise Koriander zum Hackfleisch geben und zu einer glatten Masse verarbeiten. Den Backofen auf 220 Grad vorheizen.

3 Aus dem Fleischteig einen länglichen Laib formen. Schmalz in einem passenden, nicht zu großen Bräter erhitzen. Hacklaib anbraten, dabei vorsichtig wenden und auf der unteren Schiene 60 Minuten braten. Zwischendurch häufig mit etwas Fleischbrühe und Bratenfond begießen.

4 Hackbraten herausnehmen und zugedeckt warm stellen. Bratensatz mit ¼ l Wasser aufkochen, lösen, einkochen und mit Mehl bestäuben. Rest der Brühe und saure Sahne hinzugeben, mit Salz, Pfeffer und Koriander würzen. Bei milder Hitze kochen, durch ein Sieb gießen und warm stellen.

5 Salzwasser (1 l) zum Kochen bringen, mit Zitronensaft und Zucker würzen. Schwarzwurzeln schälen, in grobe Stücke schneiden und 25 Minuten kochen. Abgießen, dabei etwas Kochfond im Topf lassen. Wieder auf den Herd stellen, die Butter hinzugeben und mit Salz, Muskat und gehackter Petersilie würzen.

6 Den Hackbraten in dicke Scheiben schneiden, auf vorgewärmte Teller legen und mit Sauerrahmsauce umgießen. Die Schwarzwurzeln dazu anrichten.

Gefüllter Spanferkelrücken auf Majorankartoffeln mit geschmorten Zwiebeln

1 Für die Füllung Zwiebeln würfeln und in Butter andünsten. Leber in Würfel schneiden, alles mit den restlichen Zutaten gut vermengen.

2 Vom Spanferkelrücken Kotelett und Sattel trennen. Gratknochen des Kotelettstücks trennen und die Rippen sauber putzen. Sattel von innen vorsichtig auslösen und die Füllung hineingeben, die Bauchlappen mit einem Küchenfaden zusammenbinden. Beide Fleischteile, gefüllten Sattel und Kotelett, mit Salz und Pfeffer würzen. Den Backofen auf 220 Grad vorheizen. Beide Fleischteile auf der unteren Schiene 40 bis 50 Minuten unter ständigem Begießen mit wenig Berliner Weiße knusprig braten.

3 Zwiebeln und Knoblauch würfeln und 30 Minuten vor Ende der Bratzeit mit dem Kümmel dazugeben. Restliche Berliner Weiße zugießen und fertig braten. Fleisch herausnehmen und warm stellen. Falls nötig, die Sauce mit etwas Wasser auffüllen, Bratsatz lösen, alles aufkochen, Stärke mit kaltem Wasser glatt rühren und zum Binden dazurühren, aufkochen. Sauce durch ein Sieb gießen und warm stellen.

4 Für die Majorankartoffeln Zwiebeln fein würfeln und in Schmalz anbraten. Gehacktes dazugeben, mit Salz, Pfeffer, Muskat und Majoran würzen, ebenfalls leicht anbraten, dann 5 Minuten schmoren. Den Backofen auf 180 Grad vorheizen. Kartoffeln pellen, in ½ cm große Würfel schneiden und dazumischen. Majorankartoffeln abdecken, 20 Minuten im Ofen ziehen lassen.

5 Für die Schmorzwiebeln die Zwiebeln vierteln. Butter schmelzen, den Zucker darin karamellisieren. Zwiebeln zugeben, anbraten, Brühe zugießen und mit Salz und Pfeffer würzen, dann bei milder Hitze weich schmoren.

6 Majorankartoffeln auf 4 vorgewärmte Teller verteilen. Spanferkelbraten mit Füllung und Kotelett in Scheiben schneiden. Beides auf die Kartoffeln setzen, Schmorzwiebeln daneben legen und die Sauce extra reichen.

ZUTATEN FÜR VIER PERSONEN

FÜLLUNG
100 g Zwiebeln; 1 EL Butter; 300 g Spanferkelleber; 200 g geriebenes Weißbrot ohne Rinde; 100 ml Schlagsahne; 2 Eier; 50 g gehackte Petersilie; Salz; weißer Pfeffer aus der Mühle; frisch geriebener Muskat

SPANFERKELRÜCKEN
1 Spanferkelrücken mit Schwarte und Bauchlappen; Salz; Pfeffer aus der Mühle; ½ l Berliner Weiße; 2 Zwiebeln; 2 Knoblauchzehen; 1 TL Kümmel; 1 TL Speisestärke

MAJORANKARTOFFELN
300 g Zwiebeln; 150 g Schweineschmalz; 350 g Gehacktes aus Innereien und Schweinefleisch; Salz; weißer Pfeffer aus der Mühle; frisch geriebener Muskat; 5 EL fein geschnittene Majoranblättchen; 700 g gekochte Kartoffeln aus fest kochender Sorte

ZWIEBELN
400 g Zwiebeln; 50 g Butter; 50 g Zucker; 100 ml Brühe; Salz; weißer Pfeffer aus der Mühle

GETRÄNKEVORSCHLAG
Berliner Weiße mit einem Schuss Champagner

TIPP
Nur Fleisch aus artgerechter Tierhaltung verwenden. Fleisch vom Schlachter vorbereiten, zerteilen und auslösen lassen

Gefülltes Eisbein mit Senfsauce und Erbsenpüree

ZUTATEN FÜR VIER PERSONEN

EISBEIN
*1 gepökeltes Eisbein (etwa
1000–1200 g); 1 Bund Suppengrün; 200 g Sauerkraut;
150 g Schweinehack; 2 Eier; Salz;
weißer Pfeffer aus der Mühle*

SAUCE
*¼ l Eisbeinsud;
¼ l Schlagsahne; 100 g Crème
fraîche; 15 g Mehl; 80 g Butter;
Salz; weißer Pfeffer aus der
Mühle; 2 EL scharfer Senf*

ERBSENPÜREE
*100 g Butter; 450 g grüne Erbsen;
Salz; weißer Pfeffer aus der
Mühle; frisch geriebener Muskat*

GETRÄNKEVORSCHLAG
*Dazu trinkt der Berliner 'ne Molle
und danach einen Korn*

TIPP
*Eisbeinknochen vom Schlachter
auslösen lassen*

1 Das Eisbein auf einer Seite der Länge nach einschneiden und den Knochen herauslösen, restliche Härchen entfernen. Das Suppengrün würfeln und für einen Sud in 1 l Wasser mit dem Knochen zum Kochen bringen. Das Sauerkraut zerzupfen und fein schneiden, mit Hack und Eiern vermengen, mit Salz und Pfeffer würzen.

2 Ein Küchentuch ausbreiten, das Eisbein auseinander geklappt darauf legen, mit der Sauerkrautmasse dick bestreichen, wieder zusammenklappen und das Tuch fest um das Eisbein wickeln. Mit Küchengarn binden, dann in den kochenden Sud legen und etwa 90 Minuten auf dem Siedepunkt gar ziehen. Der Sud darf auf keinen Fall kochen.

3 Für die Sauce 20 Minuten vor dem Ende der Garzeit ¼ l vom Eisbeinsud durch ein Sieb gießen und mit Sahne und Crème fraîche verrühren, dann auf 400 ml einkochen.

4 Mehl mit Butter verkneten und damit die Sauce binden. Mit Salz und Pfeffer abschmecken. Die Sauce 10 Minuten köcheln, vom Herd nehmen und den Senf unterrühren.

5 Für das Erbsenpüree die Butter schmelzen und die Erbsen etwa 10 Minuten dünsten, dann im Mixer pürieren, zurück in den Topf geben. Das Püree bei sehr milder Hitze dickcremig werden lassen, zwischendurch rühren und mit Salz, Pfeffer und Muskat würzen.

6 Das Eisbein aus dem Topf heben, einige Minuten ruhen lassen, auswickeln und in Scheiben schneiden. Fleischscheiben auf die Teller legen, mit Senfsauce umgießen und das Erbsenpüree daneben anrichten. Eventuell mit gerösteten Zwiebeln bestreuen.

Gekochte Rinderbrust in Meerrettichsauce mit Bouillonkartoffeln

ZUTATEN FÜR VIER PERSONEN

RINDERBRUST
1,5 kg Rinderbrust; 2 Schalotten;
1 Tomate; 100 g Porree;
100 g Möhren; 100 g Sellerie;
100 g Petersilienwurzel;
3 zerdrückte Knoblauchzehen;
2 Lorbeerblätter; 1 Rosmarin-
zweig; 2 Majoranzweige;
2 Thymianzweige; 5 Pfefferkörner;
Salz; 2 Markknochen;
1 Bund gemischte Kräuter

BOUILLONKARTOFFELN
750 g vorwiegend fest kochende
Kartoffeln; 50 g Petersilienwurzel;
50 g Sellerie; 100 g Möhren;
100 g Porree; ¾ l Brühe von
der gekochten Rinderbrust; Salz;
Pfeffer aus der Mühle;
1 EL gehackte Petersilie;
100 g kalte Butter

SAUCE
300 ml Brühe von der
Rinderbrust; ¼ l Apfelsaft;
1 altbackenes Brötchen; 1 Apfel;
4 EL frisch geriebener Meerrettich
und etwas zur Dekoration; Salz;
weißer Pfeffer aus der Mühle

GETRÄNKEVORSCHLAG
Grauer Burgunder
vom Kaiserstuhl

1 Die Rinderbrust in eine Schüssel legen, Schalotten vierteln. Restliches Gemüse putzen und grob würfeln. Alles mit dem Knoblauch zum Fleisch geben. Mit Kräutern und Pfefferkörnern bestreuen und mit 1,5 l Wasser auffüllen. Schüssel mit Klarsichtfolie verschließen, kalt stellen und 24 Stunden marinieren.

2 Fleisch aus der Marinade nehmen. Die ganze Marinade zum Kochen bringen, Fleisch hineingeben, mit Salz würzen, aufkochen, dann etwa 2½ bis 3 Stunden bei milder Hitze kochen lassen, in den letzten 20 Minuten die Markknochen mitziehen lassen. Den Sud zwischendurch öfters abschäumen.

3 Für die Bouillonkartoffeln die Kartoffeln schälen und in etwa 1 cm große Würfel schneiden, das Gemüse putzen und in halb so große Würfel schneiden.

4 Sobald das Fleisch gar ist – es sollte sich mit der Fleischgabel leicht einstechen lassen –, den Topf vom Herd nehmen und 30 Minuten ruhen lassen.

5 Das Fleisch aus der Brühe nehmen, mit einem feuchten Tuch umhüllen und warm halten. Brühe durch ein Sieb gießen und auffangen.

6 Für die Sauce etwa 300 ml Brühe mit Apfelsaft um die Hälfte einkochen.

7 Vom Brötchen erst die Kruste abreiben, dann grob würfeln und in die Sauce geben. Sauce durch ein Sieb streichen und bei niedrigster Hitze ziehen lassen.

8 Für die Bouillonkartoffeln die Kartoffelwürfel mit der Brühe zum Kochen bringen und salzen. Nach der Hälfte der Garzeit die Gemüsewürfel zufügen und mitgaren. Mit Pfeffer würzen. Erst die Petersilie, dann die Butter in Flöckchen hineinrühren.

9 Den Apfel frisch reiben und mit dem Meerrettich in die Sauce rühren, mit Salz und Pfeffer abschmecken, umrühren.

10 Zum Servieren das Mark aus den Knochen lösen, Mark und Fleisch in Scheiben schneiden, zusammen mit den Bouillonkartoffeln anrichten. Mit Sauce übergießen und mit Merrettichstreifen und Kräutern im leeren Markknochen garnieren.

Kalbsrücken „Berliner Art" mit Austern und Trüffeln

ZUTATEN FÜR VIER PERSONEN

12 Sylter Royal-Austern;
Saft von ½ Zitrone;
4 EL trockener Weißwein;
weißer Pfeffer aus der Mühle;
4 Kalbsrückenscheiben à 150 g;
Salz; 1 EL Mehl zum Wenden;
4 EL Öl; 20 g Butter;
200 ml saure Sahne (30 % Fett);
40 g möglichst schwarze
Wintertrüffeln (Dose);
60 g geschlagene Sahne;
4 Blätterteig-Halbmonde
(Fleurons vom Bäcker)

GETRÄNKEVORSCHLAG
Bourgogne blanc,
etwa Savigny-lès-Beaune

1 Austern aufbrechen, aus der Schale lösen, entbarten, auf ein Sieb geben, dabei das Austernwasser auffangen. Zitronensaft mit Weißwein in einem kleinen Topf aufkochen, mit Pfeffer würzen. Die Austern darin ganz kurz erhitzen und steif werden lassen, herausnehmen und warm stellen. Pochierfond aufheben.

2 Die Kalbsrückenscheiben salzen und pfeffern, in Mehl wenden. Öl und Butter in einer großen Pfanne aufschäumen lassen, dann die Kalbsrückenscheiben auf jeder Seite etwa 1½ bis 2 Minuten braten, herausnehmen und warm stellen.

3 Bratfett mit dem aufgefangenen Austernwasser und 4 EL vom Pochierfond der Austern ablöschen und einkochen. Saure Sahne hinzufügen und cremig einkochen, mit Saft der Trüffeln und Pfeffer abschmecken, zuletzt die geschlagene Sahne unterziehen.

4 Kalbsrückenscheiben auf 4 vorgewärmten Tellern anrichten, darauf die Austern setzen, mit der Sauce überziehen. Trüffeln in Scheiben schneiden und darauf legen. Die Blätterteig-Fleurons dazulegen. Wer möchte, kann das Gericht noch mit stark reduziertem Kalbsfond umkränzen.

Kalbsschnitzel nach Geheimrat Fritz von Holstein

ZUTATEN FÜR VIER PERSONEN

*4 Kalbsschnitzel zu 150 g;
Salz; weißer Pfeffer aus der
Mühle; 30 g Mehl zum Wenden;
150–200 g Butter zum
Braten und Schwenken;
3 Scheiben Kastenweißbrot;
4 Eier; 1 TL Kapern;
12 Sardellenfilets;
4 Scheiben Räucherlachs;
4 Ölsardinen; 1 kleiner gekochter
Hummerschwanz; 50 g Kaviar;
200 g grüne Bohnen;
200 g Champignons; Kresse- und
Kerbelblätter zur Dekoration*

GETRÄNKEVORSCHLAG
*Geheimrat Holstein bevorzugte
Meursault*

1 Kalbsschnitzel mit Küchenkrepp trockentupfen, mit Salz und Pfeffer würzen, dann in Mehl wenden.

2 Schnitzel in einer Pfanne von beiden Seiten bei Mittelhitze knapp 2 Minuten in Butter braten. Die Weißbrotscheiben in einer zweiten Pfanne in Butter goldbraun braten.

3 Schnitzel herausnehmen und warm stellen. In der Bratbutter Spiegeleier zubereiten und mit einem Ring ausstechen, anschließend auf die Kalbsschnitzel setzen, Kapern darauf geben. Mit Sardellenfilets umlegen.

4 Je 1 Brotscheibe mit Lachs, Ölsardinen und Medaillons vom Hummerschwanz belegen. Dann so durchschneiden, dass 4 Dreiecke je Scheibe entstehen, den Kaviar auf den Hummer setzen.

5 Bohnen 5 Minuten in Salzwasser blanchieren, in Eiswasser abschrecken. Bohnen und Champignons getrennt in heißer Butter schwenken und würzen.

6 Schnitzel auf 4 Tellern anrichten, mit den Brotecken umlegen, Gemüse dazu servieren. Mit Kresse- und Kerbelblättern dekorieren.

Königsberger Fleck
(Kutteln in Champagner)

ZUTATEN FÜR VIER PERSONEN

KUTTELN
1 kg vorgekochte Kalbskutteln;
800 g Rinderknochen;
1 Bund Suppengrün; Salz;
4 EL Champagneressig;
½ Flasche Champagner oder Sekt;
2 Zwiebeln;
je 2 Möhren und Petersilien-
wurzeln; ½ Sellerieknolle;
1 Stange Porree; 1 Gewürzsäck-
chen (6 Pimentkörner, 2 Lorbeer-
blätter, 6 Pfefferkörner)

ZUM ANRICHTEN
Grobes Salz; Pfeffermühle;
Champagneressig; 100 g scharfer
Senf; 2 Bund Majoran

BEILAGE
Knusprige Schrippen (Brötchen)

GETRÄNKEVORSCHLAG
Champagner
Brut Imperial Moët & Chandon

TIPP
Vorgekochte Kutteln
müssen beim Schlachter
bestellt werden

1 Kutteln etwa 3 Stunden wässern.

2 Rinderknochen in 2 l Wasser 5 Minuten kochen, abgießen und kalt abspülen. Knochen mit kaltem Wasser erneut aufsetzen, aufkochen und abschäumen, salzen. Das Suppengrün würfeln, dazugeben und 2 Stunden köcheln lassen. Durch ein Sieb gießen und die Brühe auffangen.

3 Kutteln in Würfel schneiden, mit Brühe, Essig und Champagner oder Sekt gut bedecken und aufkochen.

4 Zwiebeln würfeln und mit den unzerteilten Möhren, Petersilienwurzeln und dem Sellerie zu den Kutteln geben und 1 Stunde kochen, dann den Porree und das Gewürzsäckchen zufügen und weitere 15 Minuten kochen.

5 Alle Gemüse herausnehmen, die Kutteln weitere 2 Stunden köcheln.

6 Gekochtes Gemüse in gleich große Würfel wie die Kutteln schneiden, das Gewürzsäckchen entfernen, Kuttelfleck und Gemüse in eine Terrine geben. Brühe durch ein Sieb darüber geben und gut bedecken.

7 Terrine servieren und dazu grobes Salz, Pfeffer, Champagneressig, Senf und fein geschnittenen Majoran anbieten, sodass jeder seine Kutteln nach Belieben würzen kann.

Schlesisches Himmelreich

1 Backobst am Vortag mit Wasser bedecken und einweichen.

2 Für die Klöße am Tag vorher die Kartoffeln kochen und durch die Presse drücken.

3 Vor dem Essen die Kartoffelmasse mit Eiern, Salz, Muskat und Kartoffelmehl zu einem glatten Teig verarbeiten. Weißbrot sehr fein würfeln und in einer Pfanne in etwas Butter bräunen.

4 Speck knapp mit kaltem Wasser bedecken, aufkochen, Lorbeer, Nelken und Zwiebel hinzugeben und etwa 30 Minuten kochen.

5 Salzwasser (2 l) zum Kochen bringen. Aus dem Kartoffelteig 8 Klöße formen, Brotwürfel in jede Kloßmitte einarbeiten. Klöße in das kochende Wasser geben, dann bei milder Hitze etwa 20 Minuten ziehen lassen.

6 Eingeweichtes Backobst abgießen. Mit der Bauchspeckbrühe knapp bedecken, Zimt und Zitronenschale hinzugeben und 20 Minuten köcheln. Mit dem geriebenen Lebkuchen binden.

7 Butter zerlassen und die Semmelbrösel darin bräunen.

8 Kartoffelklöße neben dem Backobst auf vorgewärmten Tellern anrichten. Den Bauchspeck in Scheiben schneiden und darauf legen. Bröselbutter über die Klöße verteilen.

ZUTATEN FÜR VIER PERSONEN

BACKOBST
400 g gemischtes Backobst;
500 g magerer durchwachsener
Speck; 1 Lorbeerblatt;
3 Nelken; ½ Zwiebel;
1 Stück Zimtstange (2 cm);
1 Stück unbehandelte
Zitronenschale; 1 EL geriebener
Lebkuchen

KARTOFFELKLÖSSE
600 g mehlig kochende Kartoffeln;
2 Eier; Salz; frisch geriebener
Muskat; 60 g Kartoffelmehl;
1 Scheibe Weißbrot; 50 g Butter;
50 g Semmelbrösel

GETRÄNKEVORSCHLAG
Berliner Weiße mit Strippe
(Korn)

Königsberger Klopse

ZUTATEN FÜR VIER PERSONEN

KLOPSE
*100 g gewürfelte Zwiebeln;
1 EL Butter; 200 ml Milch;
2 Scheiben Kastenweißbrot ohne
Rinde (etwa 2 cm dick);
je 300 g Rinder- und Schweinehack; 15 g gehackte Sardellen;
2 Eier; Salz; weißer Pfeffer
aus der Mühle*

SAUCE
*50 g Butter; 60 g Mehl;
10 g zerkleinerte Sardellen;
75 g Kapern; 2 EL Weißweinessig;
Salz; Pfeffer aus der Mühle*

ROTE BETE
*200 g Rote Bete; 1 TL Salz;
1 TL Kümmel; 25 g Schalotten;
50 g Butter; Pfeffer aus der Mühle*

BEILAGEN
*Mehlig kochende Salzkartoffeln
mit Petersilie, eventuell
auch Senfgurken*

GETRÄNKEVORSCHLAG
Berliner Weiße

1 Für die Klopse Zwiebelwürfel in Butter glasig dünsten und auskühlen lassen. Milch in einem kleinen Topf auf niedrigster Stufe erwärmen, Weißbrot darin aufweichen. Abkühlen lassen.

2 Hackfleisch mit den abgekühlten Zutaten, Sardellen und Eiern zu einem Teig verarbeiten. Mit Salz und Pfeffer abschmecken.

3 Aus der Masse Klopse formen und in den Kühlschrank stellen.

4 Für die Sauce Butter in einen großen Topf geben, bei mittlerer Hitze schmelzen lassen. Mehl dazurühren. 1 l Wasser zugießen, mit dem Schneebesen glatt rühren und unter Rühren aufkochen.

5 Sardellen, Kapern und Essig hinzugeben. Mit wenig Salz und Pfeffer würzen. Klopse in die leicht köchelnde Sauce geben und bei milder Hitze etwa 15 Minuten gar ziehen lassen.

6 Rote Bete in Salzwasser mit Kümmel gar kochen, abgießen, abkühlen lassen und schälen, dann in lange Streifen von ½ cm Stärke schneiden.

7 Schalotten fein würfeln und in Butter glasig dünsten. Rote-Bete-Streifen hinzugeben, salzen und pfeffern, dann in einem Sieb etwas abtropfen lassen.

8 Zum Anrichten die Klopse auf jede Tellermitte legen und mit viel Sauce überziehen. Rote Bete dazu anrichten.

Zwischenrückenstück „Küchenmeister Art"

Aber bitte mit Sahne

Schon 1825 gab es Unter den Linden/Ecke Friedrichstraße ein Café Kranzler und ab 1932 auch eins am Kurfürstendamm. Nach der Zerstörung der beiden Häuser wurde der 1958 eröffnete Neubau ein Wahrzeichen der Frontstadt West-Berlin. Dort wird im Jahre 2000 mal wieder alles neu – und das Kranzler geschlossen

ZUTATEN FÜR VIER PERSONEN

4 Scheiben Rumpsteak à 200 g;
Salz; Pfeffer aus der Mühle;
je 1 EL Basilikum, Petersilie
und Estragon, gehackt;
6 fein gehackte Sardellenfilets;
2 EL scharfer Senf;
Mehl zum Wenden;
4 EL Öl; ¼ l Rotwein;
⅛ l Rinderbrühe;
50 g kalte Butter

BEILAGEN
Grüner Salat und Bratkartoffeln

GETRÄNKEVORSCHLAG
Spätburgunder
oder im Sommer
ein gut gekühltes
Weizenbier

1 Die Fleischscheiben auf jeder Seite mit Salz und Pfeffer würzen.

2 Gehackte Kräuter und Sardellen mit dem Senf vermischen. Die Fleischscheiben auf beiden Seiten damit bestreichen und 10 Minuten ziehen lassen.

3 Fleischscheiben in Mehl wenden. Eine große Pfanne erst erhitzen, dann das Öl hineingeben. Die Scheiben auf jeder Seite 2 Minuten goldgelb braten, herausnehmen, Fettrand abschneiden und warm stellen.

4 Bratsatz mit Rotwein und Brühe ablöschen, lösen und um die Hälfte einkochen. Die Pfanne vom Herd nehmen, dann die kalte Butter in Flöckchen mit einem Schneebesen unter die Sauce schlagen. Kräftig mit Pfeffer abschmecken.

5 Steaks auf Tellern anrichten und dazu die Sauce reichen.

Stolzer Heinrich (Berliner Bratwurst in Lebkuchen-Biersauce)

1 Bratwürste mit ½ l heißem Wasser (etwa 60 Grad) überbrühen. 1 Minute stehen lassen, dann abspülen.

2 Butterschmalz in einer Bratpfanne erhitzen. Bratwürste trockentupfen und in Mehl wenden, abklopfen und rundum goldbraun braten. Herausnehmen und warm stellen.

3 Bratsatz in der Pfanne mit Schwarzbier ablöschen und lösen.

4 Lebkuchen und Zwiebel fein zerreiben und in die Pfanne rühren. Etwa 10 Minuten langsam einkochen, damit die Sauce bindet. Mit Salz, Pfeffer, Zitronensaft und Zucker abschmecken.

5 Die Bratwürste in der Sauce heiß werden lassen.

6 Die Kartoffeln in Salzwasser kochen, abgießen und trockendämpfen.

7 Buttermilch mit der Butter erhitzen. Speck fein würfeln und in der Pfanne in Öl langsam auslassen und knusprig braten, dann auf Küchenkrepp abtropfen lassen.

8 Kartoffeln durch eine Presse drücken, warme Buttermilch zugießen und mit einem Schneebesen kräftig durchschlagen. Mit Salz und Muskat abschmecken.

9 Bratwürste auf einem Teller mit der Sauce übergießen, dazu die Quetschkartoffeln anrichten und mit Speckwürfeln bestreuen.

ZUTATEN FÜR VIER PERSONEN

BERLINER BRATWURST
*4 rohe Bratwürste à 150 g;
40 g Butterschmalz;
1 EL Mehl zum Wenden;
½ l Schwarzbier;
50 g Lebkuchen oder
Braune Kuchen;
1 kleine Zwiebel; Salz;
weißer Pfeffer aus der Mühle;
Saft von ½ Zitrone;
1 Prise Zucker*

QUETSCHKARTOFFELN
*750 g geschälte mehlige
Kartoffeln; Salz;
¼ l Buttermilch; 50 g Butter;
100 g magerer durchwachsener
Speck; 1 TL Öl; Salz;
frisch geriebener Muskat*

GETRÄNKEVORSCHLAG
Schwarzbier und Korn

TIPP
*Der Berliner bindet die Sauce
mit kleinen viereckigen
„Fischlebkuchen"*

Weißkohlroulade nach Heini Holl

ZUTATEN FÜR VIER PERSONEN

*Salz; 1 TL Kümmel;
12 große Weißkohlblätter;
3 kleine Zwiebeln; 2 altbackene
Schrippen (Brötchen);
400 g Schweinemett und
400 g Rinderhack; 2 Eier;
1 EL gehackte Petersilie;
1 EL gehackter Majoran;
Pfeffer aus der Mühle;
4 EL Öl; 150 g durchwachsener
Räucherspeck; 2 Möhren;
½ l Fleischbrühe;
1 EL Speisestärke*

BEILAGE
*In der Kneipe von Heini Holl
gab es dazu Salzkartoffeln*

GETRÄNKEVORSCHLAG
*Oberbergener Baßgeige,
Weißburgunder trocken,
Kaiserstuhl*

1 Salzwasser (3 l) mit Kümmel aufkochen. Kohlblätter darin blanchieren und in kaltem Wasser abschrecken, herausnehmen und abtropfen lassen.

2 Von den Zwiebeln 2 fein würfeln, Brötchen in kaltem Wasser einweichen, ausdrücken und mit den Zwiebelwürfeln zum Hackfleisch geben. Eier und Petersilie zufügen und zu einem geschmeidigen Teig verarbeiten. Mit Majoran, Salz und Pfeffer kräftig würzen. Backofen auf 200 Grad vorheizen.

3 Strunk aus den Kohlblättern herausschneiden. Die Blätter ausbreiten, leicht salzen, pfeffern und darauf die Fleischmasse gleichmäßig verteilen. Die Blätter seitlich einschlagen, von der Längsseite her aufrollen und mit Küchengarn binden.

4 Öl in einem Bräter erhitzen und die Rouladen darin braun anbraten, herausnehmen. Speck würfeln und im Bratensatz glasig dünsten. Ein Drittel davon herausnehmen, beiseite stellen.

5 Möhren und restliche Zwiebel in Scheiben schneiden, zum Speck geben. Kurz mit anbraten und mit der Brühe ablöschen. Die Rouladen nebeneinander hineinlegen und zugedeckt etwa 1 Stunde auf der unteren Schiene im Backofen schmoren.

6 Die fertigen Kohlrouladen herausnehmen und warm stellen. Bratenfond, falls nötig, auf ¾ l Flüssigkeit auffüllen, aufkochen, durch ein Sieb gießen. Stärke mit 4 EL Wasser glatt rühren und Sauce damit binden.

7 Rouladen auf den Tellern mit der Sauce übergießen und mit den Speckwürfeln bestreuen.

Jakobsmuscheln in Mürbeteig

Schlemmen bei Borchardt

Schlaraffenland in der Französischen Straße. Im Lieferverzeichnis des Königlichen und Kaiserlichen Hoflieferanten F. W. Borchardt stehen 1914 über 2000 Produkte – von Aale, frisch über Palmenspitzen bis Zwischengerichte. Das heutige Restaurant befindet sich in der früheren Delikatessenabteilung

ZUTATEN FÜR VIER PERSONEN

TEIGSCHALEN
150 g Mehl; 80 g Butter und Butter für die Schalen; 1 Msp. Salz; 1 Ei

MUSCHELN
16 küchenfertige Jakobsmuscheln (ohne Corail, aber mit 4 ganzen Schalen); Salz; weißer Pfeffer aus der Mühle; Mehl zum Wenden; 1 EL Öl; 1 Schalotte; 50 g Butter; 100 ml Champagner; 100 ml Schlagsahne; 1 TL gehackte Zitronenmelisse

GETRÄNKEVORSCHLAG
Champagner

1 Für die Teigschalen alle Zutaten in der Küchenmaschine verkneten und 30 Minuten kühl ruhen lassen.

2 Den Backofen auf 260 Grad vorheizen. 4 tiefe Jakobsmuschel-Schalen waschen und mit weicher Butter einstreichen. Den Teig dünn ausrollen und die 4 Muscheln damit auslegen, jeweils mit der zweiten Muschelhälfte bedecken und auf der unteren Schiene 10 Minuten backen. Nach 5 Minuten die Muscheln abdecken, damit sie goldgelb werden.

3 Die Jakobsmuscheln salzen und pfeffern, in Mehl wenden und in einer Pfanne in Öl auf jeder Seite knapp ½ Minute braten, herausnehmen und warm stellen.

4 Das Öl aus der Pfanne gießen, die Schalotte würfeln, in der Pfanne in Butter andünsten und mit Champagner ablöschen. Sahne zugießen und um die Hälfte reduzieren. Zuletzt die Zitronenmelisse dazugeben.

5 Die Teigmuscheln aus den Schalen lösen und auf vorgewärmten Tellern anrichten. Die Muscheln darauf setzen und mit etwas Sauce begießen und umkränzen.

Havelaal grün mit Gurkensalat und Schwenkkartoffeln

1 Den Aal in 150 g schwere Stücke schneiden. 1½ l Salzwasser mit Pfeffer, Salbeiblättern und Essig aufkochen, dann die Fischstücke hineingeben, bei heruntergeschalteter Temperatur etwa 15 Minuten sieden lassen. Den Topf vom Herd nehmen und die Aalstücke im Sud warm halten.

2 Für den Salat die Gurken schälen und in feinen Scheiben in eine Schüssel hobeln, leicht salzen, dann Pfeffer, Zucker und Zwiebelwürfel zufügen. Mit Essig und Zitronensaft beträufeln, Petersilie und Dillspitzen unterheben, etwas durchziehen lassen.

3 Vor dem Servieren kann das Dressing mit Sahne abgerundet werden. Der Geschmack sollte lieblich süßsauer sein.

4 Für die Sauce die Butter schmelzen, das Mehl hineinrühren und die Aalbrühe durch ein Sieb dazugießen. Alles gut verrühren und etwa 10 Minuten bei milder Hitze kochen, dann durch ein Sieb in einen anderen Topf gießen und aufkochen.

5 Sahne mit Eigelb verquirlen, zum Legieren in die heiße Sauce rühren und nicht mehr kochen. Mit Zitronensaft, Salz, Pfeffer und etwas Zucker pikant abschmecken. Warm halten, nicht mehr kochen. Vor dem Servieren die Kräuter fein schneiden und unterziehen.

6 Kartoffeln schälen, in Salzwasser gar kochen, abgießen und abdampfen lassen. Vor dem Servieren die Butter in einer hohen Pfanne erhitzen, Kartoffeln mit Petersilie darin schwenken.

7 Die Aalstücke häuten, in die Mitte der Teller setzen und mit Sauce übergießen. Die Kartoffeln anlegen, mit Dillspitzen und Zitronenscheiben garnieren. Gurkensalat extra dazureichen.

ZUTATEN FÜR VIER PERSONEN

AAL
1 kg frischer küchenfertiger Havelaal; Salz; weißer Pfeffer aus der Mühle; 6 Salbeiblätter; 2 EL heller Weinessig

GURKENSALAT
2 kleine Salatgurken; Salz; weißer Pfeffer aus der Mühle; 1 TL Zucker; 1 TL sehr fein gewürfelte Zwiebel; 1 EL heller Weinessig; 1 EL Zitronensaft; 1 EL gehackte Petersilie; 2 EL fein gehackte Dillspitzen; 2 EL Schlagsahne nach Geschmack

SAUCE
50 g Butter; 50 g Mehl; 1 l Fischfond oder Aalbrühe; ¼ l Schlagsahne; 2 Eigelb; Zitronensaft nach Geschmack; Salz; weißer Pfeffer aus der Mühle; 1 Prise Zucker; 1 kleines Bund Dill; 1 Bund gemischte Kräuter (Brennnessel, Borretsch, Schnittlauch, Kerbel, Pimpernelle, Petersilie)

SCHWENKKARTOFFELN
700 g mehlig kochende Kartoffeln; Salz; 100 g Butter; 1 EL gehackte Petersilie; Dillspitzen und Zitronenscheiben zum Dekorieren

GETRÄNKEVORSCHLAG
Badischer Grauburgunder, zum Beispiel ein Malterdinger Bienenberg vom Weingut Bernhard Huber

Havelaalroulade auf Burgundersauce und Schluppen

ZUTATEN FÜR VIER PERSONEN

AAL
1 Bund Bohnenkraut;
2 Havelaale, gehäutet und
filetiert à 400 g;
Salz; weißer Pfeffer aus der
Mühle; 4 EL Olivenöl;
⅛ l Spätburgunder

SAUCE
⅛ l Kalbsfond; 50 g Butter

ZWIEBELN
4–8 Schluppen (Lauchzwiebeln);
½ EL Zucker; 20 g kalte Butter;
Salz; Pfeffer aus der Mühle

GETRÄNKEVORSCHLAG
Leichter deutscher Spätburgunder

TIPP
Frischen Aal
beim Händler bestellen und gleich
filetieren lassen

1 Für den Aal die Bohnenkrautblätter zupfen. Die Aalfilets mit der Außenseite nach oben auf ein Brett legen. Salzen, pfeffern und mit ¾ des Bohnenkrauts belegen. Die Filets wie eine Schnecke einrollen, damit das Bohnenkraut nicht herausfällt. Die Rouladen mit Küchengarn fest umbinden, durch die Mitte einen Holzspieß stecken, außen würzen.

2 Den Backofen auf 180 Grad vorheizen.

3 Olivenöl in einem weiten Schmortopf erhitzen und die Aalrouladen darin von beiden Seiten anbraten. Mit Spätburgunder ablöschen, restliches Bohnenkraut hinzugeben, pfeffern, dann den Schmortopf schließen. Auf der unteren Schiene im Ofen 15 Minuten schmoren. Die Rouladen dann aus dem Topf nehmen, abdecken und ruhen lassen.

4 Für die Sauce den Kalbsfond in den Topf gießen, etwas einkochen, durch ein Sieb gießen und nochmals aufkochen. Butter in Flöckchen mit einem Schneebesen einschlagen.

5 Die Zwiebeln in 5 cm lange Stücke schneiden. Zucker mit Butter in einer Pfanne schmelzen, die Zwiebeln darin leicht karamellisieren, mit etwas Wasser ablöschen, salzen, pfeffern und weich schmoren.

6 Küchengarn und Holzspieße entfernen. Rouladen auf warmen Tellern anrichten. Sauce angießen und mit den Zwiebeln garnieren.

SPREEWÄLDER KREBSESSEN.
REZEPT AUF DER
NÄCHSTEN SEITE

Festakt vorm Mauerfall

1989 feiert die Berliner Küchenmeister-Innung ihr hundertjähriges Bestehen. Die Festschrift schmückt eine Zeichnung aus dem Jahr 1907. Der Verband deutscher Köche (West) trifft sich mit Kollegen im Ostteil der Stadt. Weitere Kontakte ergeben sich schneller als gedacht – vier Tage später fällt die Mauer

Spreewälder Krebsessen

ZUTATEN FÜR VIER PERSONEN

KREBSE
32–40 Havelkrebse;
½ l Milch für die Krebse

FOND
2 Möhren; ½ kleine Sellerieknolle;
2 kleine Porreestangen;
2 Schalotten; 3 Bund Dill;
100 g Butter; 700 ml trockener
Weißwein; Salz; weißer Pfeffer
aus der Mühle; 1 Kastenweißbrot;
100 g gesalzene Butter;
½ l Schlagsahne

GETRÄNKEVORSCHLAG
Trockener Rheingauer Riesling,
zum Beispiel vom
Weingut August Kesseler

TIPP
Für ein Krebsessen als
Hauptgang werden 20 Krebse
pro Person gerechnet.
Die Beilagen müssen
entsprechend erhöht werden

1 Krebse waschen und bürsten, am Vorabend auf ein tiefes Blech setzen und mit etwas Milch begießen, damit sich die Krebse vollsaugen und die Därme entleert werden. Möhren, Sellerie und Porree in feine Julienne schneiden. Schalotten fein würfeln. Den Dill zupfen, die Hälfte davon in 4 kleine Schälchen verteilen.

2 Für den Fond die Butter in einem breiten Topf zerlassen. Schalotten und Gemüsestreifen hell andünsten, mit Weißwein auffüllen, leicht salzen, pfeffern und aufkochen. Die Krebse hinzugeben, mit dem Deckel schließen, kurz kräftig aufkochen und je nach Krebsgröße 3 bis 5 Minuten köcheln.

3 Weißbrot in Scheiben schneiden und mit gesalzener Butter bestreichen.

4 Krebse aus dem Fond nehmen und in eine große Schale geben. Sahne und restlichen Dill zum Fond rühren, erwärmen, abschmecken und in einer Terrine anrichten. Mit Dillschälchen und Butterbroten servieren.

Leipziger Allerlei mit Morcheln und gefüllten Krebsnasen

ZUTATEN FÜR VIER PERSONEN

ALLERLEI
100 g frische Morcheln;
100 g Lauchzwiebeln; je 100 g
junge Möhren und Kohlrabi;
4 kleine Rübchen; je 100 g weißer
und grüner Spargel; 1 Stange
Bleichsellerie; 50 g Blumenkohl;
100 g Zuckerschoten; Salz;
50 g Butter zum Anbraten; Pfeffer
aus der Mühle; Zucker; frisch
geriebener Muskat; Kerbelblätter

KREBSE
1 Bund Suppengrün; Salz;
½ Bund Dill; 1 TL Kümmel;
16 Havelkrebse; 300 g mehlig
kochende Kartoffeln; 400 g Kohl-
rabi; 50 g Butter und Butter zum
Überbacken; Zucker; geriebener
Muskat; ⅛ l Schlagsahne

SAUCE
Krebsschalen (Krebskarkassen);
Olivenöl zum Anbraten;
150 g gewürfeltes Röstgemüse
(Möhre, Sellerie, Zwiebel);
1 Schalotte; 100 g Krebsbutter;
1 TL Tomatenmark;
4 EL Weißwein; 4 EL trockener
Wermut; 2 EL Cognac;
¼ l Kalbsfond; Salz; Pfeffer
aus der Mühle; Cayennepfeffer;
100 ml Schlagsahne

GETRÄNKEVORSCHLAG
Badischer Grauburgunder,
etwa ein Ihringer Winklerberg

1 Für das Allerlei Morcheln putzen, zweimal waschen, längs aufschneiden und auf Küchenpapier legen. Lauchzwiebeln fein schneiden, beides beiseite stellen. Möhren, Kohlrabi und Rübchen in 1 cm dicke und 5 cm lange Stifte schneiden, Spargel schälen und mit Sellerie im Schrägschnitt in 5 cm lange Stücke teilen, Blumenkohl in Röschen brechen, Zuckerschoten putzen. Jedes Gemüse einzeln in kochendem Salzwasser kurz blanchieren, nur die Rübchen etwas länger kochen. Alles in Eiswasser abkühlen.

2 Für die Krebse das Suppengrün zerkleinern und mit Salz, Dill und Kümmel in einem großen Topf mit 2 l Wasser aufkochen. Krebse je nach Größe 3 bis 5 Minuten im Sud kochen, herausnehmen und in Eiswasser abschrecken. Scheren und Schwänze auslösen, das Krebsfleisch warm stellen. Acht Krebsnasen (Körper) gut säubern.

3 Kartoffeln schälen, in Salzwasser gar kochen, abdampfen lassen. Kohlrabi fein würfeln, in Butter mit etwas Wasser weich dünsten, bis die Flüssigkeit verkocht ist. Mit Salz, Zucker und Muskat würzen.

4 Kohlrabiwürfel mit den Kartoffeln durch eine Kartoffelpresse drücken, Sahne dazurühren und abschmecken. Krebsnasen mit Püree füllen und zu den Krebsschwänzen und Scheren in eine Auflaufform geben. Kurz vor dem Anrichten mit Butterflöckchen im vorgeheizten Ofen bei 170 Grad etwa 10 Minuten erwärmen.

5 Für die Sauce die Krebsschalen trocknen, mit Olivenöl anbraten. Röstgemüse und gewürfelte Schalotte zufügen, mit anbraten. 50 g Krebsbutter zugeben. Vorsicht, sie darf nicht verbrennen. Tomatenmark mit anrösten, mit Weißwein und Wermut ablöschen, Cognac und Kalbsfond zugießen, mit Salz, Pfeffer, Cayennepfeffer würzen. Bei starker Hitze um die Hälfte einkochen, Sahne zugießen und durch ein feines Sieb rühren.

6 Butter in einer großen Pfanne heiß werden lassen, Krebsschwänze mit Morcheln anbraten. Nacheinander die verschiedenen Gemüse hinzugeben, mit Salz, Pfeffer, Zucker, Muskat würzen, ebenfalls mit anbraten. Hälfte der Krebssauce und ganze Lauchzwiebeln hinzugeben, einmal aufkochen.

7 Gemüse mit den Morcheln und Krebsschwänzen auf vorgewärmten Tellern anrichten, Krebsscheren auflegen. Gefüllte Krebsnasen dazulegen. Die Sauce dazwischen gießen. Kerbel über dem Gemüse dekorativ verteilen. Restliche Krebsbutter schmelzen und überträufeln.

Karpfen in Biersauce

ZUTATEN FÜR VIER PERSONEN

*1 Zwiebel; 1 Möhre;
50 g Sellerie; 80 g Butter;
400 ml Dunkelbier;
1 Gewürzbeutel (mit 1 Lorbeerblatt, 2 Nelken, ½ Knoblauchzehe,
3 Pimentkörnern);
Salz; weißer Pfeffer aus der
Mühle; 2 EL Weinessig;
1 EL dunkler Rübensirup;
2 küchenfertige, halbierte
Karpfen (je 800 g);
1 kleiner Riegel Saucen-
Pfefferkuchen (Lebkuchen)*

BEILAGE
*Petersilienkartoffeln oder
Buchweizengrütze nach
Alt-Berliner Art*

GETRÄNKEVORSCHLAG
Dunkles Weizenbier

TIPP
*Im November gibt es manchmal
Wildkarpfen – eine besondere
Delikatesse*

1 Backofen mit der Fettpfanne auf 180 Grad vorheizen. Zwiebel und Gemüse in Streifen schneiden. In einem Topf 50 g Butter erhitzen, erst die Zwiebelstreifen darin hellbraun anbraten, dann die Gemüsestreifen einrühren. Dunkelbier zugießen, Gewürzbeutel, Salz, Pfeffer, Essig, Sirup zugeben und aufkochen. Alles in die heiße Fettpfanne geben.

2 Die Karpfenhälften mit der Haut nach unten nebeneinander einlegen und pfeffern. Fischhälften sofort wieder wenden, mit Alufolie abdecken und etwa 25 bis 30 Minuten gar ziehen lassen. Karpfen herausheben und warm stellen.

3 Den Gewürzbeutel entfernen und die Sauce durch ein Sieb in einen Topf gießen. Gemüse-Zwiebel-Streifen auf die 4 Karpfenhälften verteilen.

4 Die Sauce aufkochen, Pfefferkuchen dazureiben und sämig einkochen. Die restliche Butter in Flöckchen mit dem Schneebesen einschlagen.

5 Die Sauce auf vorgewärmte Teller verteilen, die Karpfen mit den Gemüsestreifen darauf anrichten.

Seeteufel mit Safran-Muschel-Ragout

Kochen für den Führer

Stolz wie Bolle präsentieren sich Berlins Köche auf der Jahresschau 1936. Bei den Olympischen Spielen im Sommer haben sie die Besucher aus aller Welt mit internationaler Küche verwöhnt und zum Ansehen des NS-Regimes beigetragen. Auch zur 700-Jahr-Feier der Stadt 1937 dürfen sie noch einmal ihre Büfetts auffahren. Aber schon gibt es Engpässe bei Butter und Margarine

ZUTATEN FÜR VIER PERSONEN

*800 g küchenfertiges
Seeteufelfilet (Lotte);
700 g Miesmuscheln;
1 Schalotte; 1 Knoblauchzehe;
5 EL Olivenöl; 1 Zweig Thymian;
⅛ l trockener Weißwein;
1 Msp. Safran; 2 EL Crème
double; 80 g kalte Butter; Salz;
weißer Pfeffer aus der Mühle;
Cayennepfeffer; Zitronensaft;
½ Bund Petersilie;
6 Basilikumblätter*

BEILAGE
Blattspinat

GETRÄNKEVORSCHLAG
*Bordeaux blanc,
etwa Château Olivier,
Pessac-Léognan*

TIPP
*Vorsichtig salzen,
weil der Sud durch das
Meerwasser schon salzig ist*

1 Seeteufel in 4 Portionsstücke teilen.

2 Muscheln unter fließend kaltem Wasser gründlich abbürsten. Schalotte und Knoblauch würfeln und in 2 EL Öl in einer tiefen Pfanne andünsten. Thymian und Muscheln hinzugeben, Weißwein zugießen, den Topf schließen und bei starker Hitze unter Rütteln des Topfes so lange garen, bis die Schalen sich öffnen. Die Muscheln mit einem Schaumlöffel herausheben und etwas abkühlen lassen. Muschelfleisch aus den Schalen lösen. Die noch geschlossenen Muscheln wegwerfen.

3 Von der Muschelbrühe 200 ml durch ein Sieb gießen und mit Safran auf die Hälfte einkochen. Crème double dazurühren und cremig einkochen. Butter in kleinen Stücken mit einem Stabmixer unter die Sauce quirlen und mit Salz, Pfeffer, Cayennepfeffer und Zitronensaft würzen. Kräuter fein schneiden und mit den Muscheln untermischen.

4 Fischstücke mit Salz und Pfeffer würzen und in restlichem Öl bei starker Hitze auf jeder Seite 3 bis 4 Minuten braten.

5 Seeteufelstücke auf vorgewärmten Tellern anrichten und mit dem Muschelragout überziehen.

Schleie blau
mit Spreewälder Sauce,
Kartoffeln und Salat

1 Die Schleien waschen, mit Küchengarn zu Rouladen binden und auf ein tiefes Blech setzen.

2 Den Essig erhitzen, über die Fische gießen, damit sich der feine Schleim blau färbt und auf den Fischen bleibt.

3 Zwiebel mit Lorbeerblatt und Nelken spicken. Gemüse würfeln.

4 Wasser mit dem Essig vom Blech, Salz, den Gemüsewürfeln und der gespickten Zwiebel in einem Fischtopf 12 Minuten kochen, die Temperatur herunterschalten, Schleien ins siedende Wasser geben. 20 Minuten gar ziehen lassen. Bei einer Garprobe muss sich die Rückenflosse leicht herausziehen lassen.

5 Kartoffeln mit Kümmel und Salz kochen.

6 Für die Sauce Butter erhitzen, Mehl dazurühren, andünsten und kalt stellen. ½ l Fischfond von den Schleien abnehmen, heiß in die Mehlschwitze rühren, aufkochen und 10 Minuten köcheln. Mit Salz, Pfeffer, Zitronensaft abschmecken und durch ein Sieb in einen anderen Topf gießen und erhitzen.

7 Sahne mit Eigelb verquirlen und die Sauce unter ständigem Rühren damit binden, nochmals erwärmen, aber nicht mehr kochen. Kräuter dazurühren.

8 Salatherzen waschen, trockenschleudern. Mit Zitronensaft, Zucker und Salz anmachen.

9 Kartoffeln pellen und in heißer Butter schwenken.

10 Schleien mit einer großen Schaumkelle aus dem Fond heben. Kurz auf einem Küchentuch abtropfen lassen, auf die vorgewärmten Teller legen, Küchengarn entfernen und mit heißer Butter bepinseln. Dazu die Spreewälder Sauce und Kartoffeln anrichten. Kopfsalat auf Glastellern servieren.

ZUTATEN FÜR VIER PERSONEN

FISCHE
*4 küchenfertige Schleien
(je 250–300 g);
¼ l Weißweinessig und Essig
zum Übergießen; 1 Zwiebel;
1 Lorbeerblatt; 2 Nelken;
100 g Möhren; 100 g Sellerie;
100 g Lauch; 1 Petersilienwurzel;
Salz; heiße Butter zum Bepinseln*

BUTTERKARTOFFELN
UND SALAT
*500 g möglichst neue Kartoffeln;
1 TL Kümmel; Salz;
2 Kopfsalatherzen;
Saft von 2 Zitronen;
1 Prise Zucker; 50 g Butter*

SAUCE
*25 g Butter; 25 g Mehl;
½ l Fischfond von den Schleien;
Salz; weißer Pfeffer aus der
Mühle; Saft von ½ Zitrone;
100 ml Schlagsahne; 3 Eigelb;
4 EL gehackte Kräuter aus Dill,
Petersilie, Borretsch, Kerbel*

GETRÄNKEVORSCHLAG
*Weißburgunder von
Saale-Unstrut, zum Beispiel
Großjenaer Blütengrund, Kabinett*

Zanderfilet auf der Haut gebraten mit Grünkohl und Speck

ZUTATEN FÜR VIER PERSONEN

GRÜNKOHL
*Salz; 1,5 kg küchenfertiger
Grünkohl; 2 Zwiebeln;
1 EL Gänseschmalz;
1 Speckschwarte; ⅛ l Kalbsfond;
weißer Pfeffer aus der Mühle;
1 Prise Zucker;
2 EL Haferflocken*

ZANDER
*4 Zanderfilets mit Haut à 160 g;
Salz; weißer Pfeffer aus der
Mühle; Mehl zum Wenden;
Öl zum Braten und Einfetten;
50 g magerer Räucherspeck*

GETRÄNKEVORSCHLAG
*Mosel-Saar-Ruwer,
zum Beispiel Oberemmeler Hütte,
Riesling Spätlese trocken vom
Weingut von Hövel*

1 Salzwasser aufkochen und den Grünkohl kurz darin kochen, dann in Eiswasser abschrecken, gut abtropfen lassen.

2 Kohl hacken oder durch den Wolf drehen. Zwiebeln würfeln und in Gänseschmalz andünsten.

3 Speckschwarte und Kohl hinzugeben, mit einem Holzlöffel langsam verrühren, bis der Kohl zusammenfällt. Nach und nach Kalbsfond zugießen. Mit Salz, Pfeffer und Zucker würzen. Haferflocken unterrühren, bis die Flüssigkeit aufgenommen ist. Abschmecken.

4 Den Backofen auf 190 Grad vorheizen. Die Zanderfilets mit Salz und Pfeffer würzen und in Mehl wenden. In Öl nur auf der Hautseite 5 Minuten braten, dann für weitere 5 Minuten auf der unteren Schiene des Ofens zu Ende garen. Aus dem Backofen nehmen und vor dem Anrichten wenden.

5 Räucherspeck mit der Aufschnittmaschine in 4 mm starke Scheiben schneiden und seitlich wie einen Kamm einschneiden. Eine feuerfeste Form mit Öl einfetten und die Speckkämme hineinlegen, unter dem Backofengrill langsam kross backen.

6 Den Grünkohl auf die vorgewärmten Teller häufen, Zander mit der krossen Hautseite nach oben und schräg darüber je einen Speckkamm anrichten.

Tanz unterm Baldachin

Der Wintergarten im Centralhotel am Bahnhof Friedrichstaße war Berlins feinstes Varieté. Den Eingang bewachten goldlivrierte Mohren, und unter dem Sternenhimmel trat auch die Tänzerin Mata Hari auf, die später, im Jahr 1917, als Spionin von den Franzosen erschossen wurde

Steinbuttfilet mit Rotweinbutter auf Blattspinat

ZUTATEN FÜR VIER PERSONEN

ROTWEINBUTTER
2 Schalotten; ½ l nicht zu trockener Rotwein (Beaujolais); ⅛ l roter Portwein; Salz; Pfeffer aus der Mühle; 120 g kalte Butter

SPINAT
30 g Butter; Salz; frisch geriebener Muskat; 300 g junger geputzter Spinat; 1 EL eingeweichte Rosinen; 1 EL geröstete Pinienkerne

STEINBUTT
4 Steinbuttfilets à 120 g, ohne Haut; Salz; weißer Pfeffer aus der Mühle; 30 g Mehl; 4 EL Öl

GETRÄNKEVORSCHLAG
*Beaujolais
(kühl servieren)*

1 Für die Rotweinbutter die Schalotten fein würfeln und mit Rot- und Portwein, Salz und Pfeffer auf 6 EL Flüssigkeit einkochen. 5 Minuten neben dem Herd ruhen lassen. Erneut erwärmen, nach und nach die Butter in Flöckchen einschlagen und warm halten, nicht mehr kochen.

2 Für den Spinat die Butter mit Salz und Muskat im Topf schmelzen. Den gut abgetropften Spinat hinzugeben und unter mehrmaligem Umrühren erhitzen. Rosinen und Pinienkerne untermischen.

3 Die Steinbuttfilets waschen und trockentupfen, mit Salz und Pfeffer würzen, mit Mehl bestäuben.

4 Eine Pfanne erhitzen, erst Öl, dann die Steinbuttfilets hineingeben und vorsichtig auf jeder Seite 1 bis 2 Minuten braten.

5 Fischfilets auf Küchenpapier abtropfen lassen. Den Spinat in der Mitte der vorgewärmten Teller anrichten, die warme Rotweinbutter drum herum verteilen und die Steinbuttfilets auf den Spinat legen.

Märkische Forellenfilets mit Sellerie und Safran-Tomaten-Sauce

1 Für das Püree Sellerie schälen, würfeln und in Salzwasser gar kochen, abgießen und abdämpfen. Butter und Sahne, Salz, Pfeffer und Zucker zufügen. Im Mixer pürieren, kalt stellen.

2 Für die Schuppen die Fäden vom Bleichsellerie abziehen, die Stangen leicht schräg in feine Scheiben schneiden, diese kurz in kochendem Salzwasser blanchieren und sofort in Eiswasser abschrecken, abtropfen lassen und auf Küchenpapier trocknen.

3 Die Forellen filetieren, Haut daran lassen, Gräten restlos entfernen. Filets mit Salz, Pfeffer und Zitronensaft würzen. Dann mit der Haut nach unten auf die Arbeitsfläche legen und auf der Oberseite mit Selleriepüree bestreichen, die Stangensellerie-scheiben schuppenförmig darauf legen.

4 Backofen auf 210 Grad vorheizen. Eine feuerfeste Form mit Butter einstreichen und die Forellenfilets einsetzen, Weißwein angießen. Im Ofen etwa 8 Minuten garen, herausnehmen und warm stellen.

5 Für die Sauce die Tomaten abziehen, entkernen und in feine Würfel schneiden. Estragon- und Thymianblätter zupfen und fein schneiden. Fischfond mit Safran um die Hälfte einkochen, vom Herd nehmen und etwas abkühlen lassen. Die Butter in Flöckchen zerteilt dazurühren, Tomatenwürfel, Estragon und Thymian dazugeben und mit Anisschnaps, Salz und Pfeffer abschmecken. Nicht mehr kochen.

6 Die Sauce auf vorgewärmte Teller gießen und die Forellen-filets darauf setzen.

ZUTATEN FÜR VIER PERSONEN

SELLERIEPÜREE UND BLEICHSELLERIE-SCHUPPEN
¼ von 1 kleinen Sellerieknolle; Salz; 50 g weiche Butter; 30 ml Schlagsahne; weißer Pfeffer aus der Mühle; 1 Prise Zucker; 2 Stangen Bleichsellerie

FORELLEN
4 Forellen (à 300 g); Salz; weißer Pfeffer aus der Mühle; 2 EL Zitronensaft; 80 g weiche Butter; 5 EL trockener Weißwein

SAUCE
4 Tomaten; je 1 Zweig Estragon und Thymian; ¼ l Fischfond; 1 Msp. gemahlener Safran; 50 g kalte Butter; 1 EL Anisschnaps; Salz; weißer Pfeffer aus der Mühle

BEILAGE
Nudeln oder Salzkartoffeln

GETRÄNKEVORSCHLAG
Moselriesling, zum Beispiel Wehlener Sonnenuhr Spätlese vom Weingut Heribert Kerpen

Gefüllte Taube mit Weizenschrot und Rosinen in Rotweinsauce

TAUBEN UND FÜLLUNG
100 g Weizenschrot; 50 g Rosinen;
250 g Kalbfleisch;
50 g Pinienkerne; 1 Msp. Piment;
1 Msp. Kardamom; Salz;
weißer Pfeffer aus der Mühle;
1 Ei; 4 Tauben;
4 EL Öl zum Anbraten

SAUCE
Taubenknochen (Karkassen);
4 EL Öl; 100 g Röstgemüse
(Zwiebel, Möhre, Sellerie);
30 g Butter und kalte Butter
zum Binden; 1 kleines Bund
Thymian; ¼ l Geflügelbrühe;
¼ l Rotwein

GEMÜSE
8 kleine Möhren;
8 Stangen Spargel (je nach
Jahreszeit weiß oder grün); Salz;
12 Brokkoliröschen;
4 Blumenkohlröschen;
60 g Butter; Zucker;
frisch geriebener Muskat

GETRÄNKEVORSCHLAG
Trockener Spätburgunder
aus dem Rheingau, zum Beispiel
Assmannshäuser Höllenberg

TIPP
Je nach Jahreszeit mit weiteren
Gemüsen servieren

1 Weizenschrot am Vortag einweichen und abgießen. Rosinen waschen. Das Kalbfleisch durch den Fleischwolf drehen. Alles mit Pinienkernen, Gewürzen und Ei vermengen. Die Füllung abschmecken.

2 Die Tauben vom Rücken auslösen, die Brust muss dabei in einem Stück bleiben. Tauben ausbreiten, mit Salz und Pfeffer würzen, mit der Farce füllen, wieder zusammenlegen und außen würzen.

3 Aus starker Alufolie 4 Rechtecke (20 x 10 cm) zurechtschneiden. Die Tauben mit der Brustseite nach oben darauf setzen und die schmalen Folienenden zusammendrehen, sodass dadurch eine schiffchenartige Form entsteht. Den Backofen auf 200 Grad vorheizen.

4 Tauben mit der Brustseite nach unten in einer kleinen Bratenpfanne in Öl anbraten, umdrehen und unter ständigem Begießen auf der unteren Schiene etwa 20 bis 25 Minuten braten.

5 Für die Sauce die Knochen zerkleinern und in Öl anbraten. Röstgemüse, Butter und Thymian hinzugeben, anbraten, mit je 50 ml Geflügelbrühe und etwas Rotwein ablöschen und verdampfen lassen.

6 Den Vorgang noch zweimal wiederholen, bis eine schöne braune Farbe entstanden ist.

7 Mit restlichem Rotwein, Geflügelbrühe und 1 l Wasser auffüllen und 20 Minuten bei kleiner Hitze kochen. Durch ein Sieb gießen und auf ½ l einkochen.

8 Mit einigen kalten Butterflöckchen aufschlagen, abschmecken und warm stellen, nicht mehr kochen.

9 Möhren in Stifte schneiden, Spargel schälen. Jedes Gemüse nacheinander in Salzwasser blanchieren, dann in Eiswasser abschrecken. Butter erhitzen, Gemüse darin schwenken und mit Salz, Zucker und Muskat würzen.

10 Tauben aus der Alufolie wickeln, den Saft mit zur Sauce geben. Taubenjus auf 4 Teller verteilen, Tauben darauf setzen und mit Gemüse umlegen.

Frikassee vom Junghahn mit Morcheln und Krebsen

1 Am Vortag getrocknete Morcheln in 1 l kaltem Wasser einweichen und dreimal waschen. Auch bereits Kalbszunge, Bries und Kuheuter mit Suppengrün in 2 l Salzwasser kochen. Kalbsbries nach 15 Minuten herausnehmen, kalt abspülen. Feine Haut abziehen. Kalbszunge weitere 1¼ Stunden kochen. Sie ist gar, wenn man mit Daumen und Zeigefinger die Haut von der Spitze lösen kann. Haut abziehen, Zunge kalt abspülen. Euter weitere 45 Minuten (insgesamt 2¼ Stunden) kochen. Es ist gar, wenn sich die Gabel leicht einstechen lässt.

2 Für die Grießmasse Milch, Butter und 1 Prise Salz aufkochen, Grieß unter Rühren einrieseln, weiterkochen, bis er am Topfboden leicht ansetzt. Masse abkühlen, mit Ei verrühren. 12 kleine Klöße mit nassem Teelöffel abstechen, in siedendem Wasser gar ziehen. Wasser aufheben. Restliche Grießmasse für die Krebsnasen bereit stellen.

3 Für die Krebse 1 l Wasser mit 1 TL Salz und Kümmel aufkochen, zweimal 8 Krebse darin 3 bis 5 Minuten sprudelnd kochen, Fleisch auslösen. Krebsnasen (Krebsschalen) mit kaltem Wasser auswaschen, mit Grießmasse füllen, im Klößchenwasser 8 Minuten gar ziehen.

4 Backofen auf 240 Grad vorheizen. Hähnchenbrüste mit Salz und Pfeffer würzen, in Öl anbraten, 30 g Butter hinzugeben, auf der unteren Schiene etwa 25 Minuten braten, warm stellen. Bratfond aufbewahren. Inzwischen Morcheln, Champignons, Spargelspitzen in der restlichen Butter in 2 bis 3 Minuten gar dünsten, mit Salz und Pfeffer abschmecken, warm stellen.

5 Für die Sauce Geflügelfond mit Wein aufkochen, Crème fraîche und den Fond vom Pilz-Spargel-Gemüse hinzugeben und 15 Minuten bei niedriger Hitze kochen. Butter und Mehl verkneten, zum Binden in die Sauce rühren. Ein dünnes Stück Zitronenschale hinzugeben und weitere 10 Minuten köcheln. Mit Zitronensaft, Salz, Pfeffer, 1 Prise Zucker, 1 Prise Muskat und ein paar Tropfen Worcestersauce würzen. Eigelb mit Sahne verquirlen und unter die nicht mehr kochende Sauce rühren, durch ein feines Sieb passieren.

6 Zum Anrichten Krebsbutter schmelzen. Hähnchenbrüste in 2 cm dicke Scheiben schneiden, auf eine große Platte legen. Kalbszunge, Euter und Bries in Scheiben auf das Hähnchen legen. Morcheln, Champignons, Spargel und Krebsschwänze mit der heißen Sauce übergießen. An den Rand Klößchen und Krebsnasen legen. Mit der Krebsbutter übergießen, mit Petersilie und Kapern bestreuen.

ZUTATEN FÜR VIER PERSONEN

FRIKASSEE
200 frische oder 50 g getrocknete Morcheln; 250 g Kalbszunge; 250 g Kalbsbries; 250 g Kuheuter; 1 Bund Suppengrün; Salz; 2 Freilandhähnchenbrüste; weißer Pfeffer aus der Mühle; 4 EL Pflanzenöl; 60 g Butter; 200 g frische Champignons; 12 Spargelspitzen

GRIESSMASSE
¼ l Milch; 20 g Butter; 1 Prise Salz; 125 g Grieß; 1 Ei

KREBSE
Salz; ½ TL Kümmel; 16 frische Havelkrebse; 20 g Krebsbutter

SAUCE
½ l Geflügelfond; ½ l Rheingauer Riesling trocken; 250 g Crème fraîche; 30 g Butter; 30 g Mehl; 1 unbehandelte Zitrone; Salz; Pfeffer aus der Mühle; Zucker; frisch geriebener Muskat; Worcestersauce; 3 Eigelb; ¼ l Schlagsahne; gehackte Petersilie zum Bestreuen; 1 kleines Glas Kapern

BEILAGE
Körniger Butterreis

GETRÄNKEVORSCHLAG
Rheingauer Riesling, zum Beispiel Erbacher Marcobrunn Spätlese trocken von Schloß Reinhartshausen

TIPP
Kalbszunge, Bries und Kuheuter beim Schlachter, lebende Krebse in der Fischhandlung bestellen

Bresse-Taubenbrust auf Artischockenboden in Périgord-Trüffelsauce

ARTISCHOCKENBÖDEN
80 g Putenbrust;
80 ml Schlagsahne; Salz;
weißer Pfeffer aus der Mühle;
2 EL Cognac; Öl zum Braten;
4 Bresse-Taubenbrüste mit Haut;
4 große Artischockenböden (ohne
Stroh, Strunk und Blätter);
etwas Zitronensaft; 2 mittelgroße
Kartoffeln; 2 Eigelb;
50 g flüssige Butter

TRÜFFELSAUCE
1 Schalotte; 50 g Butter;
½ l roter Portwein;
300 ml Kalbsfond; Salz;
weißer Pfeffer aus der Mühle;
60 g Périgord-Trüffel

GETRÄNKEVORSCHLAG
Badischer Spätburgunder,
zum Beispiel vom
Weingut Dr. Heger

TIPP
Wenn es nur ganze Tauben
zu kaufen gibt, aus den Resten
eine Suppe kochen

1 Putenfleisch würfeln und mit Sahne, Salz, Pfeffer und Cognac im Mixer pürieren. Farce durch ein Sieb streichen.

2 Öl erhitzen und die Taubenbrüstchen zuerst kurz auf der Fleischseite, dann etwas länger auf der Hautseite anbraten. Fleisch aus der Pfanne nehmen, die Haut entfernen (sie wird nicht mehr benötigt) und auf Küchenpapier abkühlen lassen.

3 Artischockenböden in Salzwasser mit etwas Zitronensaft blanchieren. Etwas Farce auf jeden Boden streichen. Je eine Taubenbrust darauf legen, mit Farce auffüllen und der Form des Artischockenbodens angleichend glatt streichen. Weil die Taubenbrust unter der Farce verschwindet, vorher einen Zahnstocher an jedes Ende stecken, damit man beim späteren Halbieren des Artischockenbodens die Mitte trifft. Den Backofen auf 200 Grad vorheizen.

4 Die Kartoffeln schälen und in dünne Scheiben hobeln, Artischockenböden oben mit Eigelb bestreichen und die Kartoffelscheiben wie Fischschuppen darauf anordnen. Etwas andrücken und mit flüssiger Butter bepinseln.

5 Böden in eine gefettete Auflaufform setzen und auf der unteren Schiene 20 Minuten garen.

6 Für die Trüffelsauce die Schalotte würfeln, in Butter andünsten, mit Portwein ablöschen und sirupartig einkochen.

7 Kalbsfond zugießen und 10 Minuten kochen. Mit Salz und Pfeffer abschmecken. Sauce durch ein Sieb gießen, wieder kurz aufkochen, Trüffel in Würfel schneiden und dazugeben.

8 Artischockenböden so zerteilen, dass die Taubenbrüste in der Mitte durchgeschnitten werden. Trüffelsauce auf jede Tellermitte gießen und die Artischockenhälften darauf stellen.

Perlhuhn mit Sellerie und Äpfeln

Maggi macht Suppen munter

Über die Suppenwürze des Schweizers Julius Maggi schrieb 1903 eine Kochbuchautorin: „Maggi zum Würzen ist wohl das beste, billigste und sparsamste Mittel, um jeder schwachen Sauce, Fleischbrühe, ferner Gemüsen, Salaten usw. mit wenigen Tropfen augenblicklich äußerst feinen, kräftigen Wohlgeschmack zu geben." Kein Wunder, dass auch Wirte und Gäste gern zum populären Geschmacksverstärker griffen

ZUTATEN FÜR VIER PERSONEN

2 Stangen Bleichsellerie;
2 Zwiebeln;
2 Äpfel;
1 küchenfertiges Perlhuhn;
Salz; weißer Pfeffer aus der Mühle;
ca. 4 EL Mehl;
50 g Butterschmalz;
120 ml Cidre (brut);
4 EL Calvados;
300 ml Geflügelfond;
2 Lorbeerblätter;
5 EL Crème fraîche;
Sellerieblätter zum Dekorieren

1 Das Gemüse würfeln, die Äpfel schälen, entkernen und würfeln. Das Perlhuhn in 8 Stücke teilen, mit Salz und Pfeffer würzen. Dann mit Mehl bestäuben und von allen Seiten bei starker Hitze in Butterschmalz braun braten, damit sich die Poren schnell schließen.

2 Temperatur zurückschalten, Sellerie- und Zwiebelwürfel zum Huhn geben. 5 Minuten andünsten, dann die Apfelwürfel dazugeben und weitere 5 Minuten dünsten.

3 Den Topf vom Herd nehmen, Hühnerstücke herausnehmen. Vom restlichen Mehl so viel hineinrühren, dass das Fett davon aufgesogen wird. Das Mehl etwa 3 Minuten andünsten und das Fleisch wieder in den Topf geben.

4 Nach und nach erst Cidre, dann Calvados und zuletzt den Geflügelfond zugießen. Lorbeerblätter zugeben. Langsam zum Kochen bringen, danach etwa 10 Minuten zugedeckt köcheln. Backofen auf 180 Grad vorheizen. Wenn die Perlhuhnstücke nicht ganz mit Sauce bedeckt sind, etwas mehr Fond zugießen, mit Salz und Pfeffer würzen und geschlossen im Ofen etwa 30 Minuten garen.

5 Die Perlhuhnstücke in eine vorgewärmte Servierschüssel legen. Die Sauce aufkochen, Temperatur reduzieren, dann Crème fraîche zufügen, abschmecken und über das Fleisch gießen.

6 Die Schüssel mit Sellerieblättern dekorieren und servieren.

Rockendorfs Lieblingsgans mit Rotkohl und Marzipanapfel

1 Am Vortag den Rotkohl in feine Streifen und den Apfel in Stifte schneiden. Beides mit 6 EL Essig, einer Prise Salz, 1 EL Zucker und Limetten- oder Zitronensaft mischen und zugedeckt im Kühlschrank 24 Stunden durchziehen lassen.

2 Für die Füllung das Brot reiben. Äpfel schälen, entkernen und würfeln, alles mit Zucker und Sultaninen zu einer geschmeidigen Masse vermengen. Backofen auf 220 Grad vorheizen.

3 Gans innen und außen mit Salz und Pfeffer würzen. Beifuß rebeln, in die Gans geben. Gans mit der Füllung stopfen. Mit Zahnstochern, um die Küchengarn gewickelt wird, schließen. Keulenenden fest zusammenbinden. Gans in den Bräter legen, mit ½ l kochendem Wasser übergießen und in den Ofen schieben.

4 Den Vogel immer wieder von einer Seite auf die andere wenden, nie auf Brust oder Rücken legen, und mit Bratensatz begießen. Sobald das Wasser verdampft ist, neues zum Ablöschen angießen, sodass nichts anbrennt, da die Sauce sonst bitter wird. Bratzeit 2 bis 2½ Stunden. Die Haut muss braun und knusprig sein. Gans herausnehmen, Bratfett abschöpfen oder abgießen.

5 Wasser zum Bratfond gießen, auf dem Herd aufkochen und mit einem Holzlöffel lösen, sodass etwa 1 l Sauce entsteht. Beifußzweig und Orangensaft dazugeben. Die Speisestärke mit Rotwein glatt rühren, die Sauce damit binden und durch ein Haarsieb gießen. Mit Salz und Pfeffer abschmecken.

6 Die Äpfel mit einem Apfelausstecher aushöhlen, den unteren Teil mit Marzipan verschließen und innen mit Rumrosinen füllen, mit Marzipan verschließen und im heißen Backofen bei 220 Grad etwa 35 Minuten backen.

7 Schmalz erhitzen, restlichen Zucker karamellisieren, mit restlichem Essig ablöschen. Zwiebeln in Streifen schneiden und darin andünsten. Vorbereiteten Rotkohl, Gelee, Zimt und Rotwein dazugeben, verrühren und etwa 45 Minuten im geschlossenen Topf bei mittlerer Hitze kochen, zwischendurch umrühren.

8 Die Gans halbieren, Innenseiten entknöcheln und die Hälften in Brust-, Mittel-, Keulenportionen teilen. Mit Rotkohl und Backapfel anrichten. Heiße Sauce dazu reichen.

ZUTATEN FÜR VIER PERSONEN

ROTKOHL
1 kg Rotkohl; 1 Apfel (Boskop); 8 EL Essig; Salz; 3 EL Zucker; Saft von ½ Limette oder Zitrone; 50 g Gänseschmalz; 150 g Zwiebeln; 1 EL schwarzes Johannisbeergelee; 1–2 Zimtstangen; ¼ Rotwein

FÜLLUNG
300 g Schwarzbrot; 2 Äpfel (Boskop); 1 TL Zucker; 200 g gewaschene Sultaninen

GANS
1 frische Gans (3,5–4 kg); Salz; weißer Pfeffer aus der Mühle; 1 kleines Bund Beifuß

SAUCE
1 Zweig Beifuß; Saft von 1 Orange; 1 EL Speisestärke; 5 EL Rotwein; Salz; Pfeffer aus der Mühle

MARZIPANÄPFEL
4 Äpfel (Boskop); 200 g Marzipan; 100 g Rosinen, in Rum eingeweicht

BEILAGE
Kartoffelklöße

GETRÄNKEVORSCHLAG
Affentaler Spätburgunder aus Baden

Beelitzer Stangenspargel in Blätterteig auf Kerbelsauce mit Schinken

ZUTATEN FÜR VIER PERSONEN

*1 kg Beelitzer Stangenspargel;
Salz; Zucker;
Saft von ½ Zitrone;
1 Orangenscheibe mit unbehandelter Schale; 1 Scheibe Weißbrot;
2 Bund Kerbel;
450–500 g TK-Blätterteig;
Mehl für die Arbeitsfläche; 1 Ei;
weißer Pfeffer aus der Mühle;
80 g gesalzene kalte Butter;
200 g dünn geschnittener
Serrano-Schinken*

GETRÄNKEVORSCHLAG
*Johannisberger Riesling
aus dem Rheingau*

TIPP
*Eine Scheibe Weißbrot im
Spargelsud nimmt eventuelle
Bitterstoffe auf.
Frischen Butter-Blätterteig
beim Konditor bestellen*

1 Spargel schälen. Erst Salz, Zucker, Zitronensaft und die Orangenscheibe in 3 l kochendes Wasser geben, darauf das Weißbrot und den Spargel, 12 Minuten sieden.

2 Spargel herausnehmen und im Küchentuch abtropfen lassen. ¼ l von dem Spargelfond durch ein Sieb gießen und beiseite stellen. Kerbelblätter abzupfen und fein schneiden, einige Blätter zurückbehalten.

3 Blätterteig auf bemehlter Arbeitsfläche etwa 3 mm dick so ausrollen, dass 2 längliche Teigstreifen entstehen, die etwas breiter sind, als der Spargel lang ist. Spargel in 4 Portionen auf einen der Teigstreifen legen. Das Ei verquirlen, auf die Ränder und Zwischenräume streichen, mit der zweiten Teigplatte bedecken.

4 Teigränder und Zwischenräume sorgfältig zusammendrücken. Die so entstandenen Pasteten mit einem Messer ausschneiden und mit restlichem Ei bestreichen. Jede Teigdeckenmitte 1 cm lang einschneiden, damit die Luft entweichen kann. 30 Minuten im Kühlschrank ruhen lassen. Den Backofen auf 220 Grad vorheizen und die Pasteten auf der unteren Schiene in etwa 15 Minuten goldbraun backen.

5 Den beiseite gestellten Spargelfond mit Pfeffer würzen, um die Hälfte einkochen und vom Herd nehmen. Butter in Flöckchen mit dem Schneebesen einrühren. Kerbel dazurühren und abschmecken.

6 Kerbelbutter auf 4 vorgewärmten Tellern verteilen, gebackene Pasteten darauf setzen und mit den restlichen Kerbelblättern dekorieren. Schinken getrennt servieren.

Cassoulet vom Kaninchen mit Bohnen und Artischocken

1 Bohnen am Vortag einweichen, abgießen, das Einweichwasser auffangen. Speck und Schalotte würfeln und in Olivenöl andünsten, die Schwarte hinzufügen. Abgetropfte Bohnen zu Speck und Zwiebeln geben und mit dünsten.

2 Kalbsfond zugießen, mit Salz und Pfeffer würzen. Die Tomaten häuten, entkernen und würfeln, davon die Hälfte zufügen. Die Zwiebel mit Lorbeerblatt und Nelken spicken und zugeben, dann 1 Stunde zugedeckt köcheln. Flüssigkeitsverlust mit dem Einweichwasser ausgleichen.

3 Nach der Garzeit die Zwiebel herausnehmen und Backpulver hineinrühren. Kurz vor dem Anrichten restliche Tomatenwürfel und geschlagene Sahne unterheben.

4 Für die Kaninchen den Backofen auf 200 Grad vorheizen. Die Keulen salzen und pfeffern. Eine tiefe Pfanne erst erhitzen, das Olivenöl hineingeben und die Keulen von beiden Seiten anbraten. Tomate häuten, entkernen und mit Suppengrün und Schalotten würfeln. Alles hinzugeben und mit anbraten.

5 Die Hälfte des Weißweins zugießen, Butter in Flöckchen auf die Keulen legen und auf der unteren Schiene des Ofens 35 Minuten schmoren.

6 Keulen herausnehmen und warm stellen. Kalbsfond, Wacholderbeeren, Thymian, Knoblauch und restlichen Weißwein zugeben und 8 Minuten auf dem Herd köcheln. Durch ein Sieb gießen, um ein Drittel einkochen und unter die Bohnen rühren.

7 Die Artischocken waschen, trockentupfen und mit der Aufschnittmaschine längs in dünne Scheiben schneiden, salzen und pfeffern, in Mehl wenden.

8 Olivenöl erhitzen und Artischockenscheiben von beiden Seiten bei mittlerer Hitze braten. Herausnehmen und auf Küchenpapier abtropfen lassen.

9 Bohnen auf vorgewärmte Teller häufen, eine Vertiefung in der Mitte lassen. Kaninchenfleisch vom Knochen lösen, in 4 Portionen teilen und in die Vertiefung setzen. Die Artischocken rund um die Bohnen legen und mit Basilikum dekorieren.

ZUTATEN FÜR VIER PERSONEN

WEISSE BOHNEN
*200 g weiße getrocknete Bohnen;
50 g durchwachsener
Räucherspeck; 1 Schalotte;
4 EL Olivenöl; 1 Speckschwarte;
¼ l Kalbsfond; Salz;
weißer Pfeffer aus der Mühle;
2 Tomaten; 1 Zwiebel;
1 Lorbeerblatt; 2 Nelken;
1 Msp. Backpulver;
100 g geschlagene Sahne;
Basilikumblätter zum Dekorieren*

KANINCHEN
*2 Kaninchenkeulen; Salz;
weißer Pfeffer aus der Mühle;
Öl zum Braten; 1 Tomate;
150 g Suppengrün; 2 Schalotten;
⅛ l trockener Weißwein;
50 g Butter; ⅛ l Kalbsfond;
1 TL Wacholderbeeren; 4 Thymianzweige; 1 Knoblauchzehe*

ARTISCHOCKEN
*4 feinste Mini-Artischocken;
Salz; weißer Pfeffer aus der
Mühle; 1 EL Mehl;
4 EL Olivenöl*

Gesottene Kalbshaxe auf Kartoffel-Sellerie-Püree mit Vinaigrette und Schluppen

ZUTATEN FÜR VIER PERSONEN

HAXEN
Salz; 2 kg Kalbshaxe mit Knochen; 1 großes Bund Suppengrün; 1 Zwiebel; 1 Lorbeerblatt; 2 Nelken; 6 Pimentkörner; weißer Pfeffer aus der Mühle

PÜREE
400 g mehlig kochende Kartoffeln; Salz; 400 g Sellerie; Saft von 1 Zitrone; ¼ l Schlagsahne; 50 g weiche Butter; frisch geriebener Muskat

VINAIGRETTE
50 g Schalotten; ⅛ l Olivenöl; 100 g kleine grüne Linsen; 4 EL Champagneressig; ⅜ l Kalbsfond; 8 Schluppen (Frühlingszwiebeln) zum Garnieren

GETRÄNKEVORSCHLAG
Trockener Pfälzer, zum Beispiel ein Grauburgunder vom Weingut Koehler-Ruprecht

TIPP
Damit das Fleisch hell bleibt, Haxe 1 Tag vor der Zubereitung einlegen in 3 l Wasser, verrührt mit ½ Tasse Mehl

1 Salzwasser (4 l) aufkochen, Kalbshaxe einlegen, aufkochen, aufschäumen, dann bei milder Hitze etwa 1½ Stunden köcheln. Suppengrün würfeln, die Zwiebel mit Lorbeer und Nelken bestecken. Alles mit den Gewürzen in den Kochfond geben und eine weitere Stunde kochen, vom Herd nehmen und beiseite stellen.

2 Die Kartoffeln schälen, in Salzwasser gar kochen, abgießen, abdämpfen und warm stellen. Sellerie würfeln, in Salzwasser mit Zitronensaft weich kochen. Mit etwas Kochwasser im Mixer pürieren. Sahne aufkochen, Selleriepüree hinzugeben und warm rühren. Kartoffeln dazupressen, Butter mit dem Schneebesen einrühren, mit Muskat abschmecken und warm stellen.

3 Für die Vinaigrette Schalotten hacken, in Olivenöl andünsten. Die Linsen waschen und hinzugeben, mit Essig ablöschen, mit ¼ l vom Kalbsfond auffüllen und etwa 20 Minuten köcheln. Zwischendurch probieren, die Linsen sollten noch Biss haben. Abschmecken.

4 Schluppen in restlichem Kalbsfond mit Salz und Pfeffer weich dünsten.

5 Kalbshaxe aus der Brühe nehmen, abtropfen lassen und auf einem Tranchierbrett vom Knochen lösen. Sehnen und Knorpel entfernen und längs in 1 cm dicke Scheiben schneiden.

6 Das Kartoffel-Sellerie-Püree auf 4 vorgewärmten Tellern anrichten und die Haxenscheiben schräg darauf setzen. Die warme Vinaigrette noch einmal durchrühren und eine kleine Kelle davon auf jeden Teller geben. Mit den Schluppen garnieren und mit Pfeffer bestreuen.

Lammkeule mit Ziegenkäse überbacken mit Rosinenspinat und Röstkartoffeln

1 Lammkeule salzen und pfeffern.

2 Gemüse putzen, in etwa 2 cm kleine Würfel schneiden, Knoblauch grob hacken, Rosmarinnadeln abstreifen, alles auf einem großen Küchentuch ausbreiten.

3 Gewürzte Lammkeule darauf setzen, mit dem Gemüse im Tuch einwickeln und mit Küchengarn zusammenbinden.

4 Lammkeule in 3 l kochendes Salzwasser legen und 1½ Stunden bei milder Hitze sieden.

5 Kartoffeln in Salzwasser mit Kümmel gar kochen, pellen und dann in Butter braten, salzen und pfeffern.

6 Vom Spinat die Stiele entfernen, gründlich waschen und in der Salatschleuder trocknen. Butter zerlassen, Schalotte würfeln und darin glasig dünsten. Spinat dazugeben, mit Salz, Pfeffer und Muskat würzen, umrühren, dann die Rosinen unterziehen und warm stellen.

7 Die gekochte Lammkeule aus dem Fond nehmen und aus dem Tuch wickeln. Den Fond durch ein Sieb gießen, aufbewahren. Die Hälfte des Gemüses in einen heißen Schmortopf geben, Tomatenmark einrühren, anrösten, mit 75 ml Madeira ablöschen und verdampfen lassen. Diesen Vorgang noch zwei- bis dreimal wiederholen, dann restlichen Madeira und ½ l vom Lammfond zugießen. Bei milder Hitze zugedeckt kochen. Den Backofen auf 220 Grad vorheizen.

8 Lammkeule in einen Bräter legen. Ziegenkäse, Eigelb, Pfeffer und Sahne zu einer glatten Masse verrühren. Die Lammkeule damit einstreichen und im Ofen auf der mittleren Schiene etwa 12 Minuten goldgelb überbacken.

9 Die Sauce durch ein Sieb gießen, wenn nötig, mit Lammfond auf ¾ l Flüssigkeit auffüllen. Mit Salz und Pfeffer abschmecken. Speisestärke glatt rühren und die Sauce damit binden.

10 Lammkeule in Scheiben schneiden, auf vorgewärmte Teller legen, mit Sauce umgießen. Blattspinat und Kartoffeln dazu anrichten.

ZUTATEN FÜR VIER PERSONEN

LAMMKEULE UND SAUCE
1 Lammkeule, ca. 1 kg (Knochen hohl ausgelöst); Salz; weißer Pfeffer aus der Mühle; je 100 g Sellerie, Möhren, Champignons und Porree; 2 Schalotten; 2 Knoblauchzehen; 1 Zweig Rosmarin; 1 TL Tomatenmark; 350 ml Madeira; 100 g Ziegenfrischkäse; 2 Eigelb; 5 EL Schlagsahne; ½ EL Speisestärke

KARTOFFELN
500 g Kartoffeln; Salz; ½ TL Kümmel; 50 g Butter; Pfeffer aus der Mühle

SPINAT
500 g Spinat; 80 g Butter; 1 Schalotte; Salz; weißer Pfeffer aus der Mühle; frisch geriebener Muskat; 2 EL eingeweichte Rosinen

GETRÄNKEVORSCHLAG
Roter Bordeaux, zum Beispiel ein Château Lilian Ladouys, Cru Bourgeois

TIPP
Am besten schmecken dazu neue Kartoffeln

Gebratener Milchkalbsrücken mit Ingwermöhren und Stachelbeeren

FLEISCH
*1 kg Kalbsrücken; Salz;
weißer Pfeffer aus der Mühle;
4 EL Öl; 4 Schalotten;
80 g Butter; 400 g Stachelbeeren;
¼ l Weißwein; ¼ l Schlagsahne;
geriebene Schale von
1 unbehandelten Zitrone;
1 Msp. gemahlener Zimt;
1 EL Zucker; 2 Eigelb*

MÖHREN
*400 g Möhren; Salz;
60 g Butter; 1 EL Zucker;
frisch geriebener Muskat;
1 TL frisch geriebener Ingwer*

GETRÄNKEVORSCHLAG
*Mosel-Riesling, etwa ein
Bernkasteler Doctor, Kabinett*

TIPP
*Stachelbeeren in der Saison
als Vorrat einfrieren*

1 Kalbsrücken waschen und mit einem Küchentuch trockentupfen, mit Salz und Pfeffer kräftig würzen. Backofen auf 200 Grad vorheizen.

2 Eine Pfanne erhitzen, Öl und dann sofort den Kalbsrücken hineingeben und von allen 4 Seiten kräftig anbraten. Auf der unteren Schiene 35 bis 40 Minuten braten.

3 Fleisch herausnehmen, zudecken und ruhen lassen. Fett aus der Pfanne abgießen.

4 Die Schalotten würfeln, die Hälfte davon mit 40 g Butter und 200 g Stachelbeeren in derselben Pfanne andünsten. Mit Weißwein ablöschen und 5 Minuten kochen, dabei den Bratensatz lösen. Sahne zugießen und erneut kochen. Mit Zitronenschale, Zimt, Salz und Pfeffer würzen, dann die Sauce durch ein Sieb streichen.

5 Restliche Butter mit dem Zucker karamellisieren. Zuerst die restlichen Schalotten leicht andünsten, dann die verbliebenen Stachelbeeren hinzugeben und vorsichtig weich dünsten.

6 Stachelbeeren zur Sauce geben und mit dem Eigelb binden, nicht mehr kochen.

7 Möhren kurz in Salzwasser kochen, dann in kaltem Wasser abschrecken, abtropfen lassen, und in 4 cm lange und ½ cm breite Stifte schneiden.

8 Butter und Zucker leicht karamellisieren, mit Salz, Muskat und Ingwer würzen, 2 EL vom Möhrenwasser zugießen. Möhren darin glasig und mit leichtem Biss gar dünsten.

9 Stachelbeersauce auf die Teller verteilen, Kalbsrücken in Scheiben schneiden, darauf legen, daneben Ingwermöhren anrichten.

Lammrücken
mit Perlgraupen

Höhepunkt
der 20er Jahre

Mit Tango, Charleston und
Edelfasan auf Ananas wird im
Eden-Hotel 1926 Silvester gefeiert.
Sieben Jahre zuvor sind in dem
Haus Rosa Luxemburg und Karl
Liebknecht inhaftiert gewesen.
Im Krieg wird das Eden am Zoo
durch Bomben zerstört

ZUTATEN FÜR VIER PERSONEN

GRAUPEN
150 g Perlgraupen;
2 Schalotten;
100 g durchwachsener Räucher-
speck; ½ EL Öl;
70 g Butter; 1 Knoblauchzehe;
½ l Kalbsfond; je 1 Zweig
Rosmarin und Thymian;
4 Tomaten

LAMM
400 g Lammrücken ohne
Knochen; Salz;
weißer Pfeffer aus der Mühle;
⅛ l Öl; 1 rote Paprikaschote;
1 EL Zucker;
100 ml Weißwein; 50 g Butter

GETRÄNKEVORSCHLAG
Roter Corbières,
zum Beispiel ein Fitou

1 Graupen waschen. Schalotten und Speck würfeln, in Öl glasig dünsten, 30 g Butter, gewürfelten Knoblauch und abgetropfte Graupen hinzugeben und andünsten. Kalbsfond, Rosmarin und Thymian hinzugeben und 25 Minuten köcheln, bis die Graupen die Flüssigkeit aufgenommen haben. Kräuterzweige entfernen. Tomaten häuten, entkernen, würfeln und mit 40 g Butter unterrühren.

2 Lammrücken mit Salz und Pfeffer einreiben. Die Pfanne erhitzen. Öl und Lammrücken hineingeben und auf jeder Seite 2 Minuten braten. Aus der Pfanne nehmen und warm stellen. Fett abgießen. Paprikaschote schälen, entkernen und im Mixer pürieren. Zucker in einer Pfanne karamellisieren, Paprika dazurühren. Mit Wein ablöschen, einkochen und die kalte Butter in Flöckchen einrühren.

3 Graupen auf vorgewärmten Tellern in die Mitte häufen, das Lamm in Scheiben schneiden, darauf legen und mit der Paprikabutter übergießen.

Rinderfilet „Wolfgang Dubs" aus der Schorfheide in Wiesenheu mit Marktgemüse

1 Für das Rinderfilet nach dem Wormser Gastronomen Dubs wird erst mal eine Marinade hergestellt. Dazu alle Kräuterblätter zupfen, die Stiele mit Küchenfaden bündeln und aufheben. Blätter fein schneiden, Knoblauch und Wacholderbeeren hacken, alles mit Olivenöl und Pfeffer mischen. Das Fleisch damit gut einreiben und abgedeckt 24 Stunden marinieren, zwischendurch wenden.

2 Das Heu mit heißem Wasser abspülen und die Hälfte in einen tiefen Topf legen. Möhren, Sellerie und Porree unzerteilt mit den Kräuterstielbündeln von den Marinadekräutern ringsum an den Rand legen. Rinderbrühe und Weißwein zugießen und aufkochen.

3 Das Filet aus der Marinade nehmen, auf das Heu mit der Brühe legen und mit restlichem Heu bedecken. Topf verschließen und 20 Minuten bei milder Hitze sieden.

4 Für die Sauce béarnaise eine Reduktion herstellen, dazu die Estragon- und Kerbelblätter zupfen und beiseite legen. Die Schalotte fein hacken und mit den Kräuterstielen, mit Essig, Weißwein und 100 ml Wasser auf 100 ml Flüssigkeit einkochen, dann durch ein Sieb gießen.

5 Die Butter zum Klären aufkochen und so lange bei milder Hitze weiterkochen, bis sich die Molke abtrennt und geklärte Butter entstanden ist. Eigelb mit der Reduktion verrühren und die Masse auf einem Wasserbad mit dem Schneebesen zur cremigen Konsistenz aufschlagen. Vom Wasserbad nehmen und die geklärte handwarme Butter unter ständigem Rühren in dünnem Strahl dazurühren. Mit Pfeffer und Salz abschmecken. Estragon- und Kerbelblätter sehr fein schneiden, unterrühren und warm stellen.

6 Rinderfiletstück aus dem Heusud nehmen, mit Alufolie abdecken und 5 Minuten ruhen lassen. Das Gemüse aus dem Heu in 4 Portionen teilen und auf vorgewärmte Teller verteilen, Rinderfilet in Scheiben schneiden und darauf anrichten, mit Sauce béarnaise überziehen.

ZUTATEN FÜR VIER PERSONEN

RINDERFILET
1 kleiner Zweig Thymian; 1 Stiel Basilikum; 1 kleiner Zweig Rosmarin; 1 Stiel Kerbel; 1 Stiel Petersilie; 1–2 Knoblauchzehen; 10 Wacholderbeeren; 4 EL Olivenöl; 1 EL geschroteter schwarzer Pfeffer; 1 kg Rinderfilet (Mittelstück)

WIESENHEU
frisch duftendes Wiesenheu vom Bio-Bauern (ein 5-l-Beutel voll); 200 g Möhren; 200 g Sellerie; 200 g Porree; ½ l Rinderbrühe; ½ l kräftiger Rheinhessen-Weißwein

SAUCE BÉARNAISE
1 Bund Estragon; 1 Bund Kerbel; 1 kleine Schalotte; 2 EL Estragonessig; 2 EL Weißwein; 250 g Butter; 4 Eigelb; weißer Pfeffer aus der Mühle; Salz

GETRÄNKEVORSCHLAG
Blauburgunder aus Rheinhessen

TIPP
Darauf achten, dass das Filet gut abgehangen ist

Roulade vom Rind aus der Schorfheide mit Trüffeln in Gänselebersauce und Gemüse

ZUTATEN FÜR VIER PERSONEN

ROULADEN
*250 g Kalbfleischbrät
(fertig vom Schlachter);
100 g Périgord-Trüffel (Dose);
100 g Gänsemastleber;
50 g Butter; 100 g Spinat;
4 Rouladenscheiben à 200 g (aus
der Oberschale); Salz;
weißer Pfeffer aus der Mühle;
2 EL Öl zum Anbraten;
2 Tomaten, 100 g Röstgemüse
(Sellerie, Möhre, Zwiebeln);
¼ l Rotwein; ¼ l Madeira;
½ l Kalbsfond*

GEMÜSEBEILAGE
*1 kg grüner Spargel; Salz;
250 g fest kochende Kartoffeln;
Kümmel; 30 g Butter; Zucker*

GETRÄNKEVORSCHLAG
*Roter Bordeaux, zum Beispiel
Château Belair Grand Cru,
St. Emilion*

TIPP
*Spargel nicht schneiden,
er bricht an der Stelle, an der er
nicht mehr holzig ist. Passende
Kartoffeln sind Bamberger
Hörnchen, eine krumme,
fest kochende Kartoffelsorte aus
dem Fränkischen, ersatzweise
La Ratte aus Frankreich*

1 Für die Rouladen Kalbfleischbrät mit 1 EL vom Trüffelsaft abschmecken, Gänseleber und Butter durch ein Sieb streichen, verrühren und beiseite stellen, Spinat putzen und trockenschleudern. Die Trüffel in große Stifte schneiden. Backofen auf 220 Grad vorheizen.

2 Rouladen ausbreiten, mit Salz und Pfeffer würzen, mit Kalbsbrät gleichmäßig bestreichen, darauf Spinatblätter und Trüffelstifte verteilen. Fleisch aufrollen und mit Holzspießen oder Küchengarn befestigen. Nochmals würzen.

3 Öl sehr heiß werden lassen und die Rouladen von allen Seiten in einem Bräter mit Deckel (wird später gebraucht) scharf und goldgelb anbraten. Herausnehmen und beiseite stellen. Den Backofen auf 180 Grad vorheizen.

4 Tomaten häuten, entkernen und mit dem Röstgemüse im verbliebenen Bratenfett anbraten. Mit Rotwein und Madeira ablöschen, Kalbsfond zugießen und aufkochen.

5 Rouladen in den kochenden Fond legen, mit dem Deckel schließen und auf der unteren Schiene im Ofen schmoren.

6 Nach 1 Stunde prüfen, ob sich die Fleischgabel leicht einstechen lässt. Dann Rouladen aus dem Bräter nehmen und warm stellen.

7 Die Sauce durch ein Sieb gießen und zum Binden mit der Gänseleber verrühren. Bis zum Anrichten warm stellen, nicht mehr kochen.

8 Für die Gemüsebeilage holzigen Teil des Spargels abbrechen und unteres Drittel der Stangen schälen. Spargel in Salzwasser bissfest kochen und in Eiswasser abschrecken.

9 Kartoffeln in Salzwasser mit etwas Kümmel gar kochen. Kartoffeln mit der Schale und den Spargel getrennt in heißer Butter schwenken. Spargel mit etwas Zucker und Salz würzen, beides warm stellen.

10 Warme Sauce auf vorgewärmte Teller gießen. Roulade in dicke Scheiben schneiden, im Kranz auf den Saucenspiegel legen und mit den Beilagen anrichten.

Lammnieren mit karamellisierten Perlzwiebeln und Stampfkartoffeln

Schmalhans in der Küche

„Jeder weiß, dass die wirtschaftlichen Verhältnisse dieser schwer geprüften Stadt so erschwerend sind, dass vonseiten der Aussteller viel Mut dazu gehört, ein solches Wagnis einzugehen", schreibt die Fachzeitschrift „Die Küche" zur Kochkunstschau 1951 unterm Funkturm. „Aber es steht nun einmal den Berlinern nicht an, sich dumpf und resigniert mit allem Schweren abzufinden"

KARTOFFELN
*600 g mehlig kochende Kartoffeln;
1 TL Kümmel; Salz; frisch
geriebener Muskat; 120 g Butter*

NIEREN
*12 Lammnieren; 2 EL Öl;
2 EL Butter; Salz; weißer Pfeffer
aus der Mühle; 2 TL scharfer
Senf; Mehl zum Wenden;
2 Schalotten; 1 TL Zucker;
1 Knoblauchzehe; 1 TL Tomatenmark; 1 EL Balsamessig;
1 Prise Cayennepfeffer;
je 1 kleiner Zweig Thymian und
Rosmarin; 1 Lorbeerblatt;
⅛ l Kalbsfond*

PERLZWIEBELN
*1 TL Zucker; 1 EL trockener
Weißwein; 1 TL Butter; Salz;
weißer Pfeffer aus der Mühle;
120 g Perlzwiebeln*

GETRÄNKEVORSCHLAG
*Costières de Nîmes blanc
aus dem Languedoc*

1 Die Kartoffeln mit Kümmel und Salz kochen, abgießen, abdampfen lassen und pellen.

2 Mit Salz, Muskat und Butter in eine Schüssel geben, stampfen, abschmecken und warm stellen.

3 Nieren längs halbieren, Sehnen und Röhren entfernen, gut waschen und trockentupfen.

4 Öl und Butter in der Pfanne erhitzen, Nierenhälften salzen, pfeffern, mit Senf einstreichen und in Mehl wenden. Bei nicht zu starker Hitze von beiden Seiten je nach Größe 5 bis 7 Minuten braten, herausnehmen und warm stellen.

5 Schalotten in derselben Pfanne andünsten, mit Zucker bestreuen. Knoblauch würfeln, mit dem Tomatenmark dazurühren und etwas schmoren. Mit Essig ablöschen, Cayennepfeffer, Thymian, Rosmarin, Lorbeerblatt und Kalbsfond zufügen.

6 Um die Hälfte einkochen, durch ein Sieb streichen, warm stellen.

7 Für die Perlzwiebeln Zucker in einer Pfanne karamellisieren, mit Weißwein und Butter ablöschen, mit Salz und Pfeffer würzen. Darin die abgezogenen Perlzwiebeln bei milder Hitze weich dünsten.

8 Nieren auf den Stampfkartoffeln anrichten, die Sauce darüber gießen und mit Perlzwiebeln umlegen.

Brandenburger Schnepfe in Wacholdersauce mit Herbsttrompeten

1 Schnepfen waschen und trockentupfen. Die Krallen abschneiden, aber die Füße daranlassen. Die Innereien, Herz, Leber, und Därme (man nennt das Schnepfendreck), hacken, mit Salz, Pfeffer, Thymian und Muskat würzen. Schalotte fein würfeln und in 50 g Butter andünsten. Gehackten Schnepfendreck zufügen und mitdünsten, abkühlen lassen, dann mit dem Gänseleberparfait mischen.

2 Backofen auf 190 Grad vorheizen. Schnepfen außen mit Salz und Pfeffer einreiben und mit Rosmarin füllen, die Füße zusammenbinden und mit Alufolie umwickeln. Vögel auf dem Herd in Öl rundum anbraten, Wacholderbeeren leicht andrücken, daneben streuen, dann im Ofen etwa 20 Minuten rosa braten.

3 Für die Sauce die Herbsttrompeten putzen und zweimal waschen. Schalotten fein würfeln, beides in der Butter andünsten. Mit Gin ablöschen, Sahne und Wildfond dazugießen, auf- und etwas einkochen, mit Salz und Pfeffer abschmecken, Petersilie unterrühren und warm stellen.

4 Schnepfen aus dem Ofen nehmen und 5 Minuten abgedeckt ruhen lassen, Alufolie von den Füßen entfernen. Bratfond durch ein Sieb zu den Herbsttrompeten gießen.

5 Die Rinde von den Weißbrotscheiben abschneiden, dann in restlicher Butter braten und in 8 Dreiecke teilen.

6 Die Pilz-Wacholder-Sauce auf 4 vorgewärmte Teller verteilen, Schnepfen auslösen und darauf setzen, Croûtons dazulegen.

ZUTATEN FÜR VIER PERSONEN

SCHNEPFEN
4 küchenfertige Schnepfen mit Innereien (Schnepfendreck); Salz; weißer Pfeffer aus der Mühle; ½ TL Thymian; frisch geriebener Muskat; 1 Schalotte; 100 g Butter; 1 EL Gänseleberparfait; 1 Zweig Rosmarin; 4 EL Öl; 12 Wacholderbeeren; 2 Weißbrotscheiben

SAUCE
250 g Herbsttrompeten (oder Totentrompeten); 2 Schalotten; 30 g Butter; 4 EL Gin; ¼ l Schlagsahne; ¼ l Wildfond; Salz; weißer Pfeffer aus der Mühle; 1 EL gehackte Petersilie

BEILAGE
Kartoffelpüree

GETRÄNKEVORSCHLAG
Roter Bordeaux, zum Beispiel Château Les Forts de Latour

Fontanes Frischlingsrücken mit Brotkruste, Sauerkirschen und Teltower Rübchen

ZUTATEN FÜR VIER PERSONEN

SAUCE
*400 g gehackte Wildschwein-
knochen; 100 g Röstgemüse
(Sellerie, Zwiebel, Möhre);
1 EL Tomatenmark; 20 Wacholderbeeren; 150 ml Rotwein;
Salz; weißer Pfeffer aus der
Mühle; Saft von ½ Zitrone;
1 EL Speisestärke;
200 g entsteinte Sauerkirschen
(frisch oder TK); 1 EL Butter*

KRUSTE
*400 g altbackenes geriebenes
Schwarzbrot; 60 g Butter;
100 ml Rotwein; 1 Prise Zimt;
Salz; Pfeffer aus der Mühle;
3 Eigelb*

GEMÜSE
*800 g Teltower Rübchen; Salz;
1 EL Butter; 1 Prise Zucker;
1 kg mehlig kochende Kartoffeln;
⅜ l Milch; frisch geriebener
Muskat*

FLEISCH
*400 g Frischlingsrückenfilet; Salz;
weißer Pfeffer aus der Mühle;
50 g Schweineschmalz (am besten
vom Wildschwein)*

GETRÄNKEVORSCHLAG
*Assmannshäuser Spätburgunder,
Spätlese trocken, aus dem
Rheingau, zum Beispiel vom
Weingut August Kesseler*

1 Für die Sauce den Backofen auf 190 Grad vorheizen, Knochen in den Bräter geben und etwa 30 Minuten anrösten. Röstgemüse fein würfeln, zufügen, weitere 10 Minuten rösten, zwischendurch rühren, dann Tomatenmark einrühren, weitere 5 bis 10 Minuten im Ofen lassen. Wacholderbeeren zerdrücken, hinzugeben, 50 ml Rotwein dazurühren, verdampfen lassen, den Vorgang wiederholen, dann mit Wasser bedecken und auf dem Herd etwa 1 Stunde geschlossen köcheln. Alles durch ein Sieb gießen und offen um die Hälfte einkochen, dann den Fond warm stellen.

2 Für die Kruste geriebenes Schwarzbrot in Butter anbraten, erst Rotwein, dann Zimt, Salz, Pfeffer und Eigelb einarbeiten, dass eine streichfähige homogene Masse entsteht. Kühl stellen.

3 Für das Gemüse Rübchen schälen und in Salzwasser fast weich kochen. Abgetropft in heißer Butter schwenken, mit Zucker bestreuen und langsam hellbraun glasieren. Kartoffeln schälen, in Salzwasser gar kochen, abdämpfen und so stampfen, dass grobe Stücke übrig bleiben. Milch mit Salz und Muskat erhitzen und dazurühren.

4 Grill im Backofen anheizen. Filet in 8 Medaillons schneiden, mit Salz und Pfeffer würzen und in Schmalz von beiden Seiten kurz anbraten. Auf ein Backblech setzen. Aus der Schwarzbrotmasse 1 cm dicke Plätzchen formen und auf die Filets setzen. Unter dem Grill oder im heißen Ofen goldgelb überbacken.

5 Schmalz vom Anbraten abgießen und den Wildfond in die Pfanne gießen, aufkochen, mit Salz, Pfeffer und Zitronensaft abschmecken. Speisestärke mit restlichem Rotwein glatt rühren, zum Binden zufügen und aufkochen.

6 Sauerkirschen in Butter kurz dünsten und zur Sauce geben.

7 Die Wildschweinmedaillons mit Sauerkirschsauce und den Beilagen anrichten.

Gebratene Wachteln mit Brunnenkresse und Ingwer

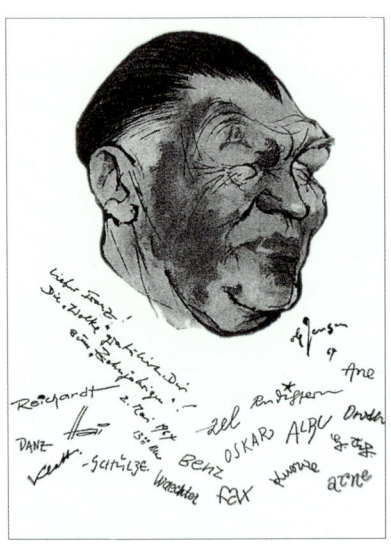

Leberwurst bei Diener

Von Günter Grass bis zu den Stachelschweinen war die 1954 eröffnete Kneipe des Boxers Franz Diener ein stets überfüllter Mitternachtstreff. Seinen Gästen servierte der 1969 gestorbene Schwergewichtler und Schmeling-Gegner Borschtsch und selbst gemachte Leberwurst

ZUTATEN FÜR VIER PERSONEN

100 ml Gemüsebrühe;
2 Bund Brunnenkresse;
4 küchenfertige Wachteln;
30 g Petersilie; 30 g Zwiebeln;
80 g weiche Butter;
1 gehäufter TL geriebene
unbehandelte Zitronenschale;
Salz; weißer Pfeffer aus
der Mühle; 2 EL Nussöl;
120 g geröstete Brotwürfel aus
Schwarz- und Weißbrot;
1 EL Ingwersaft

GETRÄNKEVORSCHLAG
Beaujolais,
zum Beispiel ein
Juliénas

1 Gemüsebrühe aufkochen, Brunnenkresse grob hacken und darin kurz blanchieren, dann in Eiswasser abschrecken, anschließend im Mixer pürieren.

2 Wachteln innen und außen waschen, trockentupfen. Petersilie und Zwiebeln hacken und mit Butter und Zitronenschale zu einer Paste vermischen, Wachteln damit füllen. Außen mit Salz und Pfeffer einreiben und mit Nussöl einpinseln.

3 Den Ofen auf 220 Grad vorheizen, die Wachteln in einen kleinen Bräter legen und 25 Minuten auf der unteren Schiene braten. Zwischendurch häufig mit ihrem Fett begießen oder einpinseln.

4 Die Pfanne aus dem Ofen nehmen. Wachteln schräg halten, damit der Saft zum Bratfett herauslaufen kann. Wachteln auf einer vorgewärmten Servierplatte anrichten und mit Brotwürfeln umlegen.

5 Bratsaft auf dem Herd erhitzen, Ingwersaft und Kressepüree dazurühren und mit Salz und Pfeffer würzen.

6 Die Sauce getrennt zu den Wachteln servieren.

Frischlingspfeffer mit Preiselbeeren, glasierter Birne und Spätzle

1 Frischlingskeule in etwa 3 cm große Würfel schneiden und mit gehackten Wacholderbeeren, gemahlenen Nelken und Lorbeerblättern mischen. Mit dem Rotwein bedecken und 24 Stunden marinieren. Fleisch auf einem Sieb abtropfen lassen, Marinade auffangen.

2 In einem Bräter 4 EL Öl erhitzen und das Fleisch kräftig darin anbraten. Mit Salz und Pfeffer würzen, Marinade und Wildfond zugießen. Speck in Streifen schneiden, in restlichem Öl auslassen, Zwiebeln würfeln, die Möhre raspeln, beides nacheinander mit anbraten und mit der Hälfte der Preiselbeeren zum Frischlingspfeffer geben. Dann 1½ Stunden bei milder Hitze köcheln, zum Schluss die Flüssigkeit etwas einkochen.

3 Schweineblut mit Essig verrühren, durch ein Sieb streichen und Frischlingspfeffer damit unter kräftigem Rühren binden. Erwärmen, aber nicht mehr kochen, sonst gerinnt das Blut. Abschmecken.

4 Für die Spätzle Mehl, Salz, Muskat und Eier mit der Hand oder dem Rührgerät vermengen. 10 Minuten kräftig schlagen, bis der Teig Blasen wirft.

5 Salzwasser (3 l) zum Kochen bringen. Spätzleteig vom Spätzlebrett ins kochende Wasser schaben, mit der Schaumkelle herausheben und in kaltem Wasser abschrecken. Auf einem Küchentuch abtropfen lassen. Butter zerlassen und Spätzle darin anbraten, mit Salz würzen.

6 Birnen schälen, halbieren und das Kerngehäuse entfernen. Zucker in einem kleinen Topf leicht karamellisieren, mit 50 ml Wasser ablöschen und aufkochen. Birnenhälften darin 10 Minuten bei milder Hitze kochen, Birnenschnaps zugießen, verdampfen lassen und glasieren.

7 Frischlingspfeffer auf 4 vorgewärmten Tellern verteilen, glasierte Birne daneben anrichten, mit restlichen Preiselbeeren füllen, Spätzle hinzugeben.

ZUTATEN FÜR VIER PERSONEN

FRISCHLINGSPFEFFER
1 kg Frischlingskeule;
10 Wacholderbeeren;
1 Prise gemahlene Nelken;
2 Lorbeerblätter;
1 l Spätburgunder;
4½ EL Öl zum Anbraten;
Salz; weißer Pfeffer
aus der Mühle; ½ l Wildfond;
100 g durchwachsener
Räucherspeck; 100 g Zwiebeln;
60 g Möhren; 100 g Preiselbeeren
(kalt gerührt oder Kompott);
100 ml frisches Schweineblut;
2 EL Balsamessig

SPÄTZLE
500 g Mehl; Salz; frisch geriebener
Muskat; 7 Eier; 50 g Butter

BIRNEN
2 Birnen; 1 EL Zucker;
2 EL Birnenschnaps

GETRÄNKEVORSCHLAG
Badischer Spätburgunder,
zum Beispiel
Bischoffinger Steinbuck Spätlese
trocken vom Weingut Abril

Hirschrücken mit Maronenkruste, Karamellsauce und Steinpilzen

ZUTATEN FÜR VIER PERSONEN

HIRSCHRÜCKEN
*4 hauchdünne, lange Scheiben
durchwachsener Räucherspeck;
4 Salbeiblätter; 4 Scheiben
Hirschrücken à 120 g;
Olivenöl zum Anbraten; Salz;
weißer Pfeffer aus der Mühle;
200 g gekochte, geschälte Maronen
(Esskastanien); Zucker; 2 Eigelb*

SAUCE
*1 EL Zucker; 1 EL Sherryessig;
¼ l kräftiger Rotwein;
¼ l Wildfond; je 1 Zweig Rosmarin und Thymian; 30 g bittere
Schokolade; 30 g kalte Butter*

PILZE
*400 g Steinpilze; 2 Schalotten;
30 g Butter; Salz; Pfeffer aus der
Mühle; 1 EL gehackte Petersilie*

GETRÄNKEVORSCHLAG
*Volnay Premier Cru
aus Burgund*

1 Für den Hirschrücken Speck mit Salbei belegen und die Hirschscheiben damit einwickeln, mit Küchengarn binden und auf jeder Seite in Olivenöl kurz anbraten. Salzen und pfeffern.

2 Maronen in der Küchenmaschine pürieren, mit Zucker, Salz und Pfeffer abschmecken. Eigelb unterrühren, die angebratenen Hirschscheiben etwa 1 cm dick mit der Maronenmasse bestreichen. Backofen auf 250 Grad vorheizen.

3 Für die Sauce Zucker karamellisieren, mit Essig und Wein ablöschen, Wildfond zugießen und aufkochen. Rosmarin und Thymian etwa 3 Minuten mitkochen. Schokolade fein schneiden und mit der kalten Butter in Flöckchen unter die Sauce rühren, durch ein Sieb gießen und warm stellen.

4 Steinpilze putzen und mit feuchtem Küchenkrepp abreiben, in Scheiben schneiden. Schalotten würfeln und in Butter andünsten, Steinpilze zufügen, anbraten und 3 Minuten dünsten. Mit Salz und Pfeffer abschmecken und Petersilie dazurühren.

5 Hirschrückenscheiben im vorgeheizten Ofen auf mittlerer Schiene etwa 8 Minuten fertig braten und überbacken, auf 4 vorgewärmte Teller legen, mit der Sauce umgießen und die Pilze daneben anrichten.

Wildfasan auf Weinkraut mit Trüffelsauce

1 Fasane auslösen. Die Brüste beiseite legen (Keulen für ein anderes Gericht verwenden). Für einen Fond Suppengrün würfeln und mit den Karkassen in 2 l Wasser 1 Stunde kochen, durch ein Sieb gießen und auf 200 ml offen einkochen. Für die Sauce bereitstellen.

2 Sauerkraut in ein Sieb geben, kalt abspülen und gut abtropfen lassen. Zwiebel in feine Streifen schneiden und in Gänseschmalz andünsten. Speckscheibe, Sauerkraut, Gewürzbeutel und Zucker hinzugeben, Riesling zugießen und etwa 40 Minuten köcheln. Zum Binden die Kartoffel dazureiben, unterrühren und noch weitere 5 Minuten köcheln. Zum Schluss Gewürzbeutel und Speckscheibe entfernen.

3 Backofen auf 180 Grad vorheizen. Fasanenbrüste waschen, mit Salz und Pfeffer würzen. Eine Pfanne mit feuerfestem Griff erst auf dem Herd erhitzen, dann Öl und Butter darin aufschäumen und die Brüste mit der Hautseite nach unten einlegen. Wacholderbeeren leicht andrücken, darüber streuen und etwa 6 Minuten im Ofen garen, wenden und auf der zweiten Seite 1 bis 2 Minuten braten. Fasanenbrüste herausnehmen und warm stellen.

4 Die Hälfte des Bratfetts abgießen, Wacholderbeeren entfernen. Trüffel würfeln und im verbliebenen Bratfett andünsten, mit Portwein ablöschen und einkochen. Den Fasanenfond zugießen und die Sauce einkochen, bis eine cremige Konsistenz erreicht ist, dann vom Herd nehmen. Die Butter in Flöckchen mit dem Schneebesen einschlagen. Mit Salz und Pfeffer abschmecken. Nicht mehr kochen.

5 Weinkraut auf 4 vorgewärmte Teller verteilen, mit Fasanenbrüstchen belegen und mit der Sauce übergießen.

ZUTATEN FÜR VIER PERSONEN

FASAN UND SAUCE
*2 Wildfasanenhähne;
1 Bund Suppengrün; Salz;
weißer Pfeffer aus der Mühle;
4 EL Öl; 50 g Butter;
8 Wacholderbeeren;
80 g frische Périgord-Trüffel
(ersatzweise Dosenware);
8 EL roter Portwein;
40 g kalte Butter*

WEINKRAUT
*400 g Sauerkraut; 1 Zwiebel;
80 g Gänseschmalz; 60 g durchwachsener Räucherspeck;
1 Gewürzbeutel (1 Lorbeerblatt,
3 Wacholderbeeren, 2 Nelken,
2 Pimentkörner); ½ TL Zucker;
300 ml Riesling; 1 kleine
rohe Kartoffel*

BEILAGE
*In Berlin isst man dazu
Kartoffelpüree, allerdings mit
Sahne statt mit Milch zubereitet*

GETRÄNKEVORSCHLAG
*Condrieu
von den Côtes du Rhône*

TIPP
*Sauerkraut wird gewaschen,
damit es nicht zu salzig
und zu sauer schmeckt*

Kartoffel-Frischlingswurst auf Sauerkohl

ZUTATEN FÜR VIER PERSONEN

FRISCHLINGSWURST
*Salz; 10 Wacholderbeeren;
1 Spickzwiebel, mit 1 Nelke und
1 Lorbeerblatt besteckt;
1 kg Frikandeau (Nussstück) von
der Frischlingskeule;
1 kg fest kochende Kartoffeln;
5 Zwiebeln; 100 g Butter;
1 Brötchen; 1 Ei; 4 TL fein
gehackte Gewürzmischung
(Rosmarin, Thymian, Majoran,
Wacholder); 2 m Naturdarm
(beim Schlachter bestellen); weißer
Pfeffer aus der Mühle;
Lorbeerblätter und Rosmarin-
zweige zur Dekoration*

SAUERKRAUT
*50 g Schweineschmalz; 1 Zwiebel;
¼ l Riesling; Salz; Zucker;
weißer Pfeffer aus der Mühle;
800 g frisches Sauerkraut;
1 Kartoffel; 1 Gewürzsäckchen
(Lorbeer, Wacholder, Piment)*

BEILAGE
*Frisches Graubrot
und Feigensenf*

GETRÄNKEVORSCHLAG
*Trockener Riesling
aus Franken, zum Beispiel
Iphöfer Kalb*

TIPP
*Lässt sich auch mit anderen
Wildfleischsorten zubereiten*

1 Für die Würste 2 l Salzwasser mit Wacholderbeeren und Spickzwiebel aufkochen und das Frikandeau darin etwa 1½ Stunden weich kochen, abkühlen lassen. Brühe aufheben.

2 Das Fleisch in etwa ½ cm große Würfel schneiden.

3 Kartoffeln schälen, fein würfeln und in Salzwasser blanchieren. Ebenfalls in ½ cm große Würfel schneiden.

4 Die Zwiebeln würfeln und in der Butter glasig dünsten, abkühlen. Brötchen in Wasser einweichen.

5 Fleisch-, Kartoffel-, Zwiebelwürfel, ausgedrücktes Brötchen, Ei, Gewürzmischung, Salz und Pfeffer gut mit der Hand vermengen, abschmecken.

6 Wurstmasse in einen Spritzbeutel mit breiter oder ohne Tülle geben, damit in die Naturdärme füllen und alle 15 cm abbinden.

7 Die Brühe auf etwa 80 Grad erhitzen und die Würste darin in 30 Minuten gar ziehen lassen.

8 Fürs Sauerkraut Schmalz im Topf zerlassen, Zwiebel in Scheiben schneiden und darin glasig dünsten, mit Riesling ablöschen. Salz, Zucker und Pfeffer einrühren und das Sauerkraut mit dem Gewürzsäckchen dazugeben. Etwa 40 Minuten geschlossen bei milder Hitze köcheln, falls nötig etwas Riesling nachgießen. Zum Schluss zum Binden die Kartoffel schälen, dazureiben und aufkochen.

9 Sauerkraut auf 4 vorgewärmten Tellern verteilen. Kartoffel-Frischlingswurst aus dem Sud nehmen, auf Küchenkrepp abtropfen lassen und auf dem Sauerkraut anrichten. Mit Lorbeerblatt und Rosmarinzweig dekorieren.

Rehrücken in Balsamessig mit Kartoffelroulade

ZUTATEN FÜR VIER PERSONEN

WILD
1 kg Rehrücken mit Knochen; Salz; weißer Pfeffer aus der Mühle; Öl zum Anbraten; 50 g weiche Butter

SAUCE
Rehknochen (klein gehackt); 4 EL Öl; 200 g Röstgemüse (Möhren, Sellerie, Porree); 1 TL Tomatenmark; ¾ l Burgunder; 20 Wacholderbeeren; 2 Lorbeerblätter; 1 kleines Bund Thymian; Salz; weißer Pfeffer aus der Mühle; 40 g Butter; 1 EL Zucker; 4 EL Balsamessig (10 Jahre alt); 2 EL Gin; eventuell 1 TL Speisestärke

KARTOFFELROULADE
300 g mehlig kochende Kartoffeln; Salz; 1 TL Kümmel; weißer Pfeffer aus der Mühle; frisch geriebener Muskat; 10 g Mehl und Mehl für die Arbeitsfläche; 30–40 g weiche Butter; 50 g durchwachsener Räucherspeck; 1 mittelgroße Zwiebel; ½ EL Öl; 1 Ei; 2 Eigelb; 2 EL gehackte Petersilie; 1 EL Semmelbrösel

BEILAGE
Spitzkohl, in Butter und Sahne gedünstet

GETRÄNKEVORSCHLAG
Chambertin Grand Cru aus Burgund

1 Rehfilet auslösen. Sehnen und Häutchen abschneiden, Knochen klein hacken oder sägen. Für die Sauce Backofen auf 190 Grad vorheizen. Knochen und Abschnitte in Öl im Bräter anrösten, etwa 1 Stunde auf der unteren Schiene bräunen. Fett abgießen, Röstgemüse und Tomatenmark dazurühren, weitere 10 Minuten braten.

2 Mit 125 ml Burgunder ablöschen und einkochen. Den Vorgang noch dreimal wiederholen. Dabei entsteht eine kräftige braune Farbe. Mit kaltem Wasser bedecken (etwa 1 l), Gewürze hinzugeben und 1 Stunde geschlossen auf dem Herd köcheln. Den Fond durch ein feines Sieb gießen, erkalten lassen, entfetten.

3 Butter schmelzen, Zucker darin karamellisieren, mit restlichem Rotwein und Balsamessig ablöschen und mit dem Rehfond auffüllen. Aufkochen, dann bei milder Hitze auf ½ l Flüssigkeit einkochen. Sauce abschmecken, mit Gin würzen, eventuell mit angerührter Speisestärke binden.

4 Für die Roulade Kartoffeln mit Salz und Kümmel gar kochen, pellen, durch die Presse drücken, mit Salz, Pfeffer und Muskat würzen. Mehl und 10 g Butter unterrühren, abkühlen lassen.

5 Speck und Zwiebel würfeln. Speckwürfel in Öl auslassen, dann Zwiebelwürfel darin glasig dünsten. Beides abkühlen lassen. 1 Ei, 1 Eigelb und Petersilie einrühren. Teigmasse auf bemehlter Arbeitsfläche gleichmäßig ausrollen, mit der Füllung bestreichen und zur Roulade rollen. Restliches Eigelb mit wenig Wasser verquirlen, die Roulade damit bepinseln und die Semmelbrösel darüber streuen. Backofen auf 220 Grad vorheizen. Backblech mit Butter fetten, die Roulade darauf setzen, auf der unteren Schiene 20 Minuten backen. Dabei mehrmals mit Butter bestreichen.

6 Backofen auf 200 Grad vorheizen. Rehfilet mit Salz und Pfeffer würzen, in einer heißen Pfanne in Öl kurz rundum anbraten, dann auf der unteren Schiene etwa 8 Minuten garen, in den letzten 3 Minuten mit Butter bestreichen. Filet auf ein Küchenbrett legen, mit Alufolie abdecken und 3 bis 5 Minuten ruhen lassen.

7 Kartoffelroulade in Scheiben schneiden und auf vorgewärmten Tellern anrichten. Rehfilet in etwa 3 cm dicke Scheiben zerteilen, darauf legen und mit der Sauce servieren.

Rebhuhn aus der Mark mit Trauben-Walnuss-Sauce und Kartoffel- Sellerie-Püree

1 Rebhühner waschen, trockentupfen, salzen und pfeffern. Weintrauben abziehen, halbieren und entkernen. Die Hälfte der Trauben mit Cognac übergießen und 15 Minuten in einer Schüssel marinieren, dann in die Rebhühner füllen und mit Küchengarn zunähen. In der Schüssel verbliebenen Cognac auf die Rebhühner träufeln.

2 Zwei Drittel des Specks in sehr dünne Scheiben schneiden, Rebhühner damit belegen und mit Küchengarn umwickeln. Den Backofen auf 170 bis 180 Grad vorheizen. Restlichen Speck fein würfeln und im Schmortopf in Öl auslassen. Grieben entfernen.

3 Rebhühner im heißen Speckfett rundherum braun anbraten, 2 EL Traubenhälften hinzugeben und mit etwas Rotwein ablöschen. Den Schmortopf abdecken und im vorgeheizten Backofen etwa 45 Minuten schmoren, alle 10 Minuten einen kleinen Schuss Rotwein dazugießen. Danach die Speckscheiben lösen, aber im Topf lassen, die Hälfte der Sahne über die Rebhühner gießen und offen im Ofen ohne Deckel 15 Minuten überkrusten lassen.

4 Die Rebhühner aus dem Schmortopf nehmen und warm stellen. Speckscheiben entfernen. Restlichen Wein und Sahne zur Sauce gießen, aufkochen, Speisestärke mit 4 EL Rotwein oder Wasser glatt rühren und damit die Sauce binden, aufkochen, abschmecken und durch ein Sieb gießen. Walnusskerne grob hacken und zufügen.

5 Für das Püree, während der Schmorzeit der Rebhühner, die Kartoffeln und den Sellerie würfeln und in Salzwasser getrennt weich kochen und abgießen. Sellerie mit Sahne und Butter in der Küchenmaschine pürieren, in einen Topf geben und die Kartoffeln dazupressen, verrühren und mit Salz, Pfeffer, Muskat und Trüffelöl abschmecken.

6 Kartoffel-Sellerie-Püree auf 4 vorgewärmte Teller verteilen, mit restlichen Traubenhälften garnieren, Rebhühner darauf setzen und mit der Sauce übergießen.

ZUTATEN FÜR VIER PERSONEN

REBHUHN UND SAUCE
4 küchenfertige Rebhühner; Salz; weißer Pfeffer aus der Mühle; 500 g blaue Weintrauben; 5 EL Cognac; 300 g fetter grüner Speck; ½ EL Öl; ½ l Spätburgunder; ½ l Schlagsahne; 1 TL Speisestärke; 100 g Walnusskerne

PÜREE
400 g mehlig kochende Kartoffeln; 400 g Sellerie; Salz; 125 g Schlagsahne; 50 g Butter; Pfeffer aus der Mühle; frisch gemahlener Muskat; 1 EL Trüffelöl

GETRÄNKEVORSCHLAG
Trockener Spätburgunder aus dem Rheingau, zum Beispiel Hochheimer Hölle

Warme Orangentörtchen auf Likör-Schaum mit Rumfrüchten

Treffpunkt Volle Pulle

Künstlerwirt am Steinplatz: Achim Zellermayers „Volle Pulle" war in den sechziger Jahren Westberlins bekannteste Weinstube für Regisseure, Schauspieler und Theaterbesucher. Skizzen, Verse und Autogramme hinterließen die Prominenten in Zellermayers großer Gästebüchersammlung

ZUTATEN FÜR VIER PERSONEN

ORANGENTÖRTCHEN
2 Scheiben TK-Blätterteig;
Trockenerbsen zum Blindbacken;
2 EL Orangenmarmelade;
6 Orangen;
4 TL Puderzucker

LIKÖR-SCHAUM
100 ml Mokka;
4 EL Orangenlikör;
4 Eigelb; 2 EL Zucker;
100 g geschlagene Sahne;
400 g Rumtopffrüchte

GETRÄNKEVORSCHLAG
Champagner Rosé

1 Für die Törtchen den Blätterteig ausrollen und 4 Tortelett-Förmchen (9 bis 10 cm Ø) damit auslegen. Darauf Backpapier legen, mehrfach mit einer Gabel einstechen, dann die Trockenerbsen aufstreuen und 10 Minuten bei 210 Grad blind backen. Danach abkühlen lassen.

2 Böden der Törtchen mit Orangenmarmelade bestreichen und beiseite stellen.

3 Die Orangen filetieren und abtropfen lassen. Filets ringförmig auf die Böden legen, mit Puderzucker bestreuen und auf der unteren Schiene im vorgeheizten Backofen bei 220 Grad überbacken, warm stellen.

4 Für den Schaum Mokka und Orangenlikör, Eigelb und Zucker bei milder Hitze oder im Wasserbad zu cremiger Konsistenz aufschlagen.

5 Geschlagene Sahne unterziehen, nicht mehr schlagen.

6 Orangenlikör-Schaum auf 4 Teller verteilen, Törtchen darauf setzen und mit den abgetropften Rumfrüchten dekorieren.

Kartoffel-Quark-Ravioli mit Holunderragout und glasierten Birnen

Französische Gastlichkeit erwartet Sie im *Maitre*

Zu gut für Berlin?

Mit Königsdorade auf Fenchelcreme, Wachteln und Gänselebersauce wollte 1964 der Franzose Henri Lévy mit seinem Restaurant „Maitre" Berlin noch vor der Nouvelle cuisine ein kulinarisches Glanzlicht aufsetzen. Doch der Pionier der Kochkunst war zu kühn und zu teuer, auf den Tellern fanden Restaurantkritiker „nichts zu beißen", und 1982 kapitulierte Lévy vor dem Berliner Hang zu deftigen Riesenportionen

ZUTATEN FÜR VIER PERSONEN

HOLUNDERRAGOUT
*250 g gezupfte Holunderbeeren;
125 g Gelierzucker*

RAVIOLI
*350 g Sahnequark; 350 g mehlig
kochende Kartoffeln; Salz; 3 Eier;
¼ TL geriebene unbehandelte
Zitronenschale; 150 g Grieß;
1 Vanilleschote; Mehl für die
Arbeitsfläche; 1 EL Zucker;
1 TL Speisestärke*

BIRNEN
*2 Birnen; 4 EL Weißwein;
½ EL Zucker; 50 g Butter;
2 EL Williamsbirnen-Schnaps;
Puderzucker zum Bestäuben*

GETRÄNKEVORSCHLAG
*Eine selbst angesetzte
Holunderblüten-Bowle*

1 Die Holunderbeeren mit dem Gelierzucker aufkochen und 3 Minuten sprudelnd kochen. Dann kalt stellen.

2 Quark gut abtropfen lassen. Kartoffeln schälen, in Salzwasser gar kochen und gut abdampfen lassen. Erst durch eine Presse drücken, dann durch ein Sieb streichen und mit Quark, Eiern, der geriebenen Zitronenschale und dem Grieß zu einem homogenen Teig mischen. Die Vanilleschote längs aufschlitzen, das Mark herauskratzen und in den Teig einarbeiten. Die Schote aufheben.

3 Den Kartoffelteig auf bemehlter Arbeitsfläche ausrollen, rund (8 cm Ø) ausstechen und die Teigflächen mit je 1 EL Holunderragout belegen. Zu Halbmonden zusammenklappen und fest andrücken.

4 Salzwasser (2 l) mit 1 EL Zucker, Stärke und der ausgekratzten Vanilleschote aufkochen. Quark-Kartoffel-Ravioli einlegen und etwa 15 Minuten ziehen lassen, ohne zu kochen.

5 Während die Ravioli gar ziehen, Birnen schälen, vierteln und Kerngehäuse entfernen. Weißwein, ½ EL Zucker und Butter aufkochen, Birnen dazugeben, 3 Minuten köcheln, dann mit Birnenschnaps abschmecken.

6 Restliches Holunderragout auf 4 Teller verteilen, die fertigen Ravioli darauf legen, glasierte Birnenviertel drum herum anrichten, mit Puderzucker bestäuben und servieren.

Dampfnudeln mit Backobst

1 Backobst über Nacht in Wasser einweichen, herausnehmen und abtropfen lassen.

2 Zucker in einem hohen Topf karamellisieren und mit dem Weißwein ablöschen, Zimtstange hinzugeben, um die Hälfte einkochen, Backobst zufügen, kurz aufkochen und ziehen lassen. Zimtstange herausnehmen, Zwetschgenwasser einrühren.

3 Für die Dampfnudeln Hefe mit 1 EL Zucker und 50 ml lauwarmer Milch auflösen.

4 Mehl in eine Schüssel sieben, in die Mitte eine Vertiefung drücken. Hefemilch hineingießen und mit etwas Mehl verrühren. Mit einem Tuch abdecken und 30 Minuten bei Zimmertemperatur gehen lassen.

5 Von der Milch 200 ml mit Eiern, 2 EL Zucker und 1 Prise Salz verquirlen, 80 g Butter lauwarm schmelzen. Alles zum aufgegangenen Teig geben.

6 Teig durchkneten, bis er glatt und elastisch ist und sich vom Schüsselrand löst. Nochmals 30 bis 40 Minuten gehen lassen.

7 Den Teig erneut kneten, dann auf bemehlter Arbeitsfläche in 5 cm dicke Rollen formen, diese in Stücke von 5 cm Länge schneiden. Jedes Stück kugelrund und gleichmäßig formen.

8 Vanilleschote längs aufschlitzen, das Mark herausschaben und mit der restlichen lauwarmen Milch, der restlichen Butter und restlichem Zucker verrühren und in einen flachen, weiten Topf gießen.

9 Teigkugeln hineinlegen, die Milch darf nur lauwarm sein, und 15 Minuten gehen lassen.

10 Backofen auf 200 Grad vorheizen und den offenen Topf mit den Dampfnudeln in 35 bis 40 Minuten auf der unteren Schiene garen. Die Ofentür zwischendurch nicht öffnen!

11 Herausnehmen, Dampfnudeln auf Tellern anrichten und das Backobst darüber geben.

ZUTATEN FÜR VIER PERSONEN

BACKOBST
100 g Backobst; 2 EL Zucker;
250 ml Weißwein;
1 kleine Zimtstange;
1–2 EL Zwetschgenwasser

DAMPFNUDELN
25 g Hefe; 4 EL Zucker;
½ l lauwarme Milch;
500 g Mehl und Mehl für die
Arbeitsfläche; 2 Eier; Salz;
100 g Butter; 1 Vanilleschote

Biersüppchen mit Bockbiereis, Rosinen und Beerenfrüchten

ZUTATEN FÜR VIER PERSONEN

SUPPE
3 Blatt Gelatine; 1 Vanilleschote;
½ l Milch; ¼ l Schlagsahne;
6 Eigelb; 150 g Zucker;
¼ l Bockbier

BIEREIS
¾ l Bockbier; Saft von
2 Orangen; Saft von 1 Zitrone;
2 EL Zucker

DEKORATION
100 g Rosinen,
in Rum eingeweicht;
30 g geröstete, gehobelte Mandeln;
300 g Himbeeren
oder Walderdbeeren

1 Für die Suppe Gelatineblätter in kaltem Wasser einweichen. Die Vanilleschote längs aufschlitzen, das Mark herausschaben und mit Milch und Sahne aufkochen. Eigelb mit Zucker schaumig schlagen. Heiße Vanillesahne langsam zur Eiermasse gießen und bei niedriger Hitze zu cremiger Konsistenz aufschlagen.

2 Eingeweichte Gelatine ausdrücken, hineinrühren und im Eiswasserbad kalt schlagen. Das Bockbier hinzurühren und 2 Stunden kalt stellen.

3 Fürs Eis das Bockbier, den Orangen- und Zitronensaft mit Zucker verrühren und in der Sorbetière gefrieren.

4 Biersuppe in vorgekühlte tiefe Teller verteilen, das Eis in die Mitte setzen, Rosinen, Mandeln und Himbeeren darumlegen.

Lauwarmer Mohnkuchen mit Rotweinbirnen

Mehr als nur Soljanka

Mit seinen über 800 Plätzen gehörte die Konsum-Großgaststätte „Rübezahl" am Müggelsee zu den beliebtesten Ausflugslokalen der DDR. Hühnerragout mit Risotto für 5,40 Mark oder Rehkotelett auf gebackenen Apfelscheiben für 5,95 Mark lockten auch Gäste aus Westberlin an. Auf der Weinkarte: Eselsmilch aus Bulgarien für 7,30 Mark pro Flasche

ZUTATEN FÜR VIER PERSONEN

KUCHEN

100 g Butter und Butter für die Förmchen; 25 g Mehl und Mehl für die Förmchen; 100 g Zucker; 4 Eigelb; 150 g gemahlener Mohn; 25 g geriebener Biskuit oder Löffelbiskuit; 4 Eiweiß; Puderzucker zum Bestreuen

ROTWEINBIRNEN

100 g Zucker; 200 ml trockener Rotwein; 80 g Honig; Saft und geriebene Schale von ½ unbehandelten Zitrone; 50 g Sultaninen; 2 Nelken; ½ Zimtstange; 2 EL Kirschwasser; 2 mittelgroße Birnen

GETRÄNKEVORSCHLAG
Pfälzer Frühburgunder, Beerenauslese trocken

1 Mit Butter 4 Förmchen oder Kaffeetassen fetten und mit Mehl bestäuben. Den Backofen auf 190 Grad vorheizen.

2 Die Butter mit 70 g Zucker schaumig rühren. Eigelb nach und nach dazurühren, Mohn, Biskuit und Mehl einarbeiten. Das Eiweiß mit restlichem Zucker steif schlagen und unterheben.

3 Mohnkuchenmasse in die vorbereiteten Förmchen füllen und 40 Minuten backen. Die Kuchen abkühlen lassen und stürzen.

4 Für die Birnen Zucker karamellisieren, mit 200 ml Wasser ablöschen, alle Zutaten außer den Birnen hinzufügen und 10 Minuten kochen, dann durch ein Sieb gießen.

5 Den Fond einkochen, bis er dickflüssig zu werden beginnt. Die Birnen schälen, achteln, entkernen und in dem reduzierten Fond gar köcheln.

6 Die Mohnkuchen senkrecht halbieren. Je eine Hälfte auf jeden Teller setzen, die andere Hälfte in Scheiben schneiden und daneben legen. Die Birnenachtel fächerartig dazu anrichten und mit dem Fond begießen. Mit Puderzucker bestreuen.

Lebkuchen-Soufflé
mit Braunbier-Sabayon
und Rumtopf

1 Den Backofen auf 220 Grad vorheizen. Eine Fettpfanne 2 cm hoch mit Wasser füllen und auf die untere Schiene des Ofens schieben. 4 kleine Souffléförmchen oder Kaffeetassen erst mit Butter fetten, dann mit Zucker ausstreuen.

2 Die Kuvertüre im Wasserbad schmelzen. Weiche Butter und 40 g Zucker schaumig schlagen, Eigelb und flüssige Schokolade nach und nach einrühren.

3 Lebkuchen raspeln, mit der Milch anfeuchten und mit der Zitronenschale und den Nüssen unter die Eigelbmasse mengen.

4 Eiweiß mit restlichem Zucker und einer Prise Salz zu festem Schnee schlagen, erst ¼ davon, dann den Rest unter die Soufflé-masse heben.

5 Die Formen bis knapp unter den Rand füllen, in das Wasserbad im Ofen setzen und 25 bis 30 Minuten backen.

6 Für das Sabayon alle Zutaten (ohne Rumtopf) in eine Schüssel geben und über einem heißen Wasserbad schaumig aufschlagen.

7 Lebkuchen-Soufflé auf Teller stürzen, mit dem Sabayon übergießen und je 1 EL Beerenfrüchte aus dem Rumtopf darüber geben.

ZUTATEN FÜR VIER PERSONEN

SOUFFLÉ
80 g Butter und Butter für die Förmchen; 50 g Zucker und Zucker für die Förmchen; 80 g bittere Kuvertüre; 4 Eigelb; 140 g Oblaten-Lebkuchen; 40 ml lauwarme Milch; 1 Msp. geriebene unbehandelte Zitronenschale; 60 g gehackte Walnüsse; 4 Eiweiß; Salz

SABAYON
⅛ l Altbier; 20 g Zucker; Saft von ½ Zitrone; 1 Msp. Zimt; 4 Eigelb; Rumtopf aus Beerenfrüchten, fertig gekauft

GETRÄNKEVORSCHLAG
Fränkische Huxelrebe, Eiswein

Baumkuchenpudding auf Vanillesauce mit Erdbeerragout

ZUTATEN FÜR VIER PERSONEN

VANILLESAUCE
*1 Vanilleschote; 200 ml Milch;
100 ml Schlagsahne; 5 Eigelb;
50 g Zucker; Melisseblätter
zur Dekoration*

BAUMKUCHENPUDDING
*50 g Butter; 50 g Zucker und
Zucker für die Förmchen;
400 g Baumkuchen;
1 Vanilleschote; 100 ml Milch;
100 g frische Erdbeeren; 3 Eier*

ERDBEERRAGOUT
*300 g Erdbeeren;
1 Stück unbehandelte
Orangenschale; 1 EL Zucker;
100 ml roter Portwein;
1 TL Speisestärke*

GETRÄNKEVORSCHLAG
*Vintage Portwein,
Hutchinson*

TIPP
*Auch älterer, schon etwas
trockener Baumkuchen, lässt
sich für dieses Rezept noch
gut verwenden*

1 Für die Sauce die Vanilleschote längs aufschlitzen, das Mark herausschaben und mit der Milch und Sahne aufkochen.

2 Eigelb und Zucker mit dem Handmixer etwa 4 Minuten schaumig rühren. Heiße Milch-Sahne-Mischung mit dem Schneebesen dazurühren.

3 Diese Masse auf dem Wasserbad cremig aufschlagen, durch ein Sieb gießen und bis zum Servieren lauwarm halten.

4 Für den Baumkuchenpudding den Ofen auf 220 Grad vorheizen, die Fettpfanne 2 cm hoch mit Wasser füllen und in die Ofenmitte schieben. 4 Förmchen oder Kaffeetassen erst mit Butter einfetten, dann mit Zucker ausstreuen.

5 Den Baumkuchen in kleine Würfel schneiden. Mark aus der Vanilleschote schaben, mit Milch und Zucker aufkochen, über die Baumkuchenwürfel gießen und quellen lassen.

6 Die Erdbeeren putzen, je nach Größe klein schneiden, die Eier verquirlen. Beides behutsam unter die Baumkuchenmasse heben. In die vorbereiteten Förmchen füllen und 20 Minuten im Ofen backen.

7 Für das Ragout die Erdbeeren putzen. Orangenschale in feine Streifen schneiden.

8 Den Zucker leicht karamellisieren und mit 80 ml Portwein ablöschen. Orangenschale zugeben und aufkochen. Speisestärke mit 2 EL Portwein glatt rühren und die Sauce damit binden. Die Erdbeeren in der heißen Sauce warm werden lassen. Aber nicht zerkochen!

9 Zum Anrichten die lauwarme Vanillesauce auf vorgewärmte Teller verteilen, Baumkuchenpudding vorsichtig darauf stürzen und mit dem Portwein-Erdbeerragout umgießen. Mit Melisse dekorieren.

Limetteneis-Soufflé

Frankreisch, Frankreisch

Mit Zwiebelsuppe und Steak minute begann 1952 der Aufstieg der „Paris Bar" in der Kantstraße zum Kultlokal. Promis, Ambiente und skurrile Kellner haben seinen Ruf als Berliner Institution bis heute bewahrt

ZUTATEN FÜR VIER PERSONEN

3 Eigelb; 200 g Zucker;
50 ml Milch; 1 TLsp. geriebene
unbehandelte Limettenschale;
Saft von 4 Limetten; 3 Eiweiß;
450 ml Schlagsahne;
2 EL brauner Zucker; Schoko-
ladenraspeln zur Dekoration

GETRÄNKEVORSCHLAG
Pinot Gris
aus dem Elsass

TIPP
Eventuell einen Obstgeist
zur Eissoufflémasse geben.
Kleine Lötlampen gibt es im
Baumarkt

1 Die Eigelb und die Hälfte des Zuckers kalt hellgelb schaumig schlagen.

2 Die Milch in einem Topf aufkochen und unter ständigem Schlagen zur Eiermasse gießen. Alles wieder in den Topf geben und unter ständigem Schlagen mit dem Schneebesen erhitzen, bis die Masse zu steigen beginnt – aber nicht kocht. Den Topf sofort in ein kaltes Wasserbad stellen, dann die geriebene Limettenschale dazugeben.

3 Limettensaft mit restlichem Zucker einkochen und dazurühren.

4 Die Masse 1 bis 2 Stunden ganz auskühlen lassen. Eiweiß und Sahne getrennt steif schlagen und nacheinander unterheben.

5 Die Masse in Souffléförmchen oder Kaffeetassen füllen. Über Nacht gefrieren, herausnehmen und stürzen.

6 Den braunen Zucker darauf streuen und mit einer Lötlampe den Zucker, nicht aber das Soufflé schmelzen.

7 Auf 4 Tellern anrichten und mit Schokoladenraspeln dekorieren.

Pfefferkuchenbrot mit Orangen-Sabayon und Schlehen

1 Die Kuvertüre zerkleinern und im Wasserbad schmelzen. Eine Terrinenform erst mit Butter einfetten, dann mit Zucker ausstreuen. Den Backofen mit einem 2 cm hohen Wasserbad (Fettpfanne oder größere Auflaufform) auf 220 Grad vorheizen.

2 Butter und 40 g Zucker schaumig schlagen, Eigelb und flüssige Schokolade nach und nach dazurühren.

3 Pfefferkuchen raspeln, mit der lauwarmen Milch anfeuchten und zusammen mit der Zitronen- und Orangenschale und den gehackten Nüssen unter die Eigelbmasse mengen. Eiweiß mit dem restlichem Zucker steif schlagen, nach und nach unter die Lebkuchenmasse heben und bis knapp unter den Rand in die Terrinenform füllen. In den Ofen ins Wasserbad stellen und 35 Minuten backen.

4 Alle Zutaten für das Sabayon in eine Schüssel geben und auf dem Herd über einem Wasserbad schaumig aufschlagen. Schlehen abtropfen lassen.

5 Das Pfefferkuchenbrot auf ein Brett stürzen, mit Puderzucker reichlich bestäuben, in 8 Scheiben schneiden und je 2 auf die Teller legen, mit Sabayon umgießen und mit den Schlehen dekorieren.

ZUTATEN FÜR VIER PERSONEN

PFEFFERKUCHENBROT
*80 g bittere Kuvertüre;
80 g weiche Butter und Butter
für die Form; 50 g Zucker und
Zucker für die Form; 4 Eigelb;
140 g Pfefferkuchen; 4 EL
lauwarme Milch; 1 TLsp. geriebene
unbehandelte Zitronenschale;
1 TLsp. geriebene unbehandelte
Orangenschale; 60 g gehackte
Haselnüsse; 4 Eiweiß; 100 g eingelegte entsteinte Schlehen;
Puderzucker zum Bestäuben*

SABAYON
*⅛ l Blutorangensaft;
4 Eigelb; 20 g Zucker;
1 EL Grand Marnier;
1 Msp. Zimt*

GETRÄNKEVORSCHLAG
Pfälzer Scheurebe Beerenauslese

Quarkkeulchen auf Himbeermark

Deftige Kost für Clinton

„Besten Dank für das wunderbare Essen", schreibt US-Präsident Bill Clinton bei seinem Deutschlandbesuch im Juni 2000 auf die Speisekarte des „Gugelhofs". Er verzehrt in Gesellschaft seines Gastgebers, Bundeskanzler Schröder, Sauerkrautstrudel mit Spargelspitzen und macht das elsässische Restaurant im Bezirk Prenzlauer Berg zur Touristenattraktion

ZUTATEN FÜR VIER PERSONEN

QUARKKEULCHEN
750 g mehlig kochende Kartoffeln; 80 g Rosinen; 450 g Quark (20 % Fett); 140 g Mehl; Salz; 3 Eigelb; abgeriebene Schale von 1 unbehandelten Zitrone; 3 Eiweiß; 60 g Butterschmalz zum Braten; 100 g Zucker; 1 TL Zimt

HIMBEERSAUCE
250 g Himbeeren; 50 g Zucker; 4 EL Himbeergeist

GETRÄNKEVORSCHLAG
Beerenauslese

1 Für die Quarkkeulchen Kartoffeln am Vortag kochen und die Rosinen in Wasser einweichen.

2 Am nächsten Tag den Quark gut abtropfen lassen. Kartoffeln pellen, durch eine Presse drücken, dann Mehl, eine Prise Salz, Eigelb, Zitronenschale und Quark hinzugeben, Eiweiß steif schlagen, alles zu einem festen Teig kneten. Zum Schluss abgetropfte Rosinen einarbeiten.

3 Aus der Kartoffel-Quark-Masse fingerdicke 4 bis 5 cm lange Quarkkeulchen formen und in Butterschmalz von beiden Seiten goldgelb braten.

4 Für die Sauce Himbeeren mit Zucker kurz aufkochen und 5 Minuten ziehen lassen, danach durch ein Sieb streichen und mit Himbeergeist abschmecken.

5 Quarkkeulchen aus der Pfanne heben und auf Küchenkrepp abtropfen. In Zimt und Zucker wenden und auf dem Himbeermark anrichten.

Quarksoufflé auf Himbeermark mit marinierten Himbeeren

1 Für das Soufflé den Quark gut abtropfen lassen oder in einem Tuch ausdrücken. Den Backofen auf 220 Grad vorheizen. Die Fettpfanne des Backofens 2 cm hoch mit Wasser füllen und auf die untere Schiene schieben. 4 Förmchen oder Kaffeetassen erst mit Butter einstreichen, dann mit 30 g Zucker ausstreuen.

2 Eigelb mit 30 g Zucker und Zitronenschale schaumig rühren, dann mit dem Quark vermischen. Eiweiß mit 20 g Zucker und einer Prise Salz steif schlagen und unter die Quarkmasse heben. In die vorbereiteten Förmchen füllen.

3 Soufflés im Wasserbad im Ofen 8 Minuten backen, dann die Temperatur auf 170 Grad zurückschalten und weitere 15 Minuten garen. Mit Alufolie abdecken, wenn die Soufflés zu braun werden.

4 Für das Himbeermark in der Zwischenzeit die Himbeeren mit Puderzucker kurz köcheln, durch ein Sieb streichen, mit Himbeergeist verrühren und abschmecken. Lauwarm abkühlen.

5 Für die Dekoration Himbeeren mit Himbeergeist beträufeln und durchziehen lassen. Beeren auf jedem Teller im Kreis anrichten und in die Mitte das Himbeermark geben. Quarksoufflés aus dem Ofen nehmen und gleich auf das Mark stürzen. Noch einmal mit etwas Puderzucker bestäuben und servieren.

ZUTATEN FÜR VIER PERSONEN

QUARKSOUFFLÉ
250 g Quark (20 % Fett);
30 g Butter für die Förmchen;
70–80 g Zucker; 3 Eigelb;
geriebene Schale von
1 unbehandelten Zitrone;
2 Eiweiß; Salz

HIMBEERMARK
500 g Himbeeren; 50 g Puderzucker; 4 EL Himbeergeist

DEKORATION
Himbeeren (ca. 40 Stück);
3–4 EL Himbeergeist;
Puderzucker zum Bestäuben

GETRÄNKEVORSCHLAG
Sauternes, zum Beispiel
Château Lamothe

Grießflammeri mit Heidelbeerragout

ZUTATEN FÜR VIER PERSONEN

FLAMMERI
1 Vanilleschote; ½ l Milch;
1 TLsp. geriebene unbehandelte
Zitronenschale; 50 g Grieß;
8 Blatt Gelatine; 5 Eigelb;
125 g Zucker; 3 Eiweiß; Salz;
325 ml Schlagsahne;
Minzblätter zur Dekoration

HEIDELBEERRAGOUT
150 g Zucker; 50 g weiche Butter;
4 EL Kirschwasser;
200 g Heidelbeeren;
Puderzucker zum Bestäuben

GETRÄNKEVORSCHLAG
Beerenauslese aus der Pfalz,
zum Beispiel
Ruppertsberger Reiterpfad

TIPP
Statt Heidelbeeren kann man
auch andere Saisonfrüchte
wie Himbeeren oder Erdbeeren
verwenden

1 Für den Flammeri die Vanilleschote längs aufschlitzen, das Mark herauskratzen und mit Milch und Zitronenschale in einem hohen Topf zum Kochen bringen. Den Grieß unter ständigem Rühren einrieseln und aufkochen. Gelatine in kaltem Wasser einweichen und in den Grieß rühren. Eigelb mit Zucker schaumig schlagen, ebenfalls unter den Grieß mischen. Eiweiß mit einer Prise Salz steif schlagen und unterheben.

2 Die Sahne steif schlagen und kurz vor dem Festwerden der Grießmasse mit einem Teigspachtel unterheben, in kalt ausgespülte Formen füllen und im Kühlschrank erstarren lassen.

3 Für das Ragout Zucker karamellisieren, mit Butter und Kirschwasser ablöschen und 5 Minuten bei milder Hitze kochen.

4 Gewaschene Heidelbeeren abtupfen und in dem Fond warm rühren.

5 Die Grießflammeris aus den Formen auf Teller stürzen, mit Heidelbeerragout übergießen, mit etwas Puderzucker bestäuben und mit Minzblättern dekorieren.

Sächsischer Pudding mit Schokoladensauce

ZUTATEN FÜR VIER PERSONEN

PUDDING
1 Vanilleschote; ¼ l Milch;
150 g Zucker und Zucker für
die Förmchen; Salz;
150 g weiche Butter und Butter
für die Förmchen; 125 g Mehl;
4 Eigelb; 80 g Sultaninen;
4 Eiweiß

SCHOKOLADENSAUCE
200 ml Schlagsahne;
80 g bittere Kuvertüre; 2 EL Rum
(nach Geschmack)

TIPP
Bei dicken Keramikförmchen die
Backzeit eventuell verlängern

1 Vanilleschote längs aufschlitzen, das Mark mit einem Messer herausschaben und mit Milch, Zucker und einer Prise Salz aufkochen.

2 Butter und Mehl zu einem Teig verkneten, diesen nach und nach zur kochenden Milch geben und so lange rühren, bis der Teigkloß nicht mehr am Topf klebt.

3 Die Masse sofort in eine Schüssel umfüllen und ein wenig abkühlen lassen. 4 Förmchen oder Kaffeetassen erst mit Butter einstreichen, dann mit Zucker ausstreuen. Den Backofen auf 200 Grad vorheizen.

4 Eigelb und Sultaninen unter den Teigkloß rühren. Eiweiß sehr steif schlagen und sorgfältig unter die inzwischen abgekühlte Masse heben.

5 Die Förmchen zu ¾ mit Puddingmasse füllen, in ein Wasserbad in einen Topf stellen und auf der Herdplatte zum Kochen bringen. Den Topf auf den Boden des Backofens stellen und die Temperatur auf 180 Grad herunterschalten.

6 Pudding etwa 25 bis 30 Minuten garen. Das Wasser sollte leicht sieden, der Pudding keine Farbe annehmen. Eventuell lose mit Pergamentpapier abdecken, damit die Feuchtigkeit entweichen kann. Pudding aus dem Ofen nehmen und kurze Zeit ruhen lassen.

7 Für die Sauce die Sahne etwas einkochen. Kuvertüre fein raspeln, dazugeben und darin auflösen. Eventuell mit Rum abschmecken.

8 Den Pudding auf jede Tellermitte stürzen und mit der heißen Sauce übergießen.

Apfel im Schlafrock auf Zimtsabayon

ZUTATEN FÜR VIER PERSONEN

2 EL Rosinen;
2 EL Maraschino (Kirschlikör);
250 g TK-Blätterteig;
Mehl für die Arbeitsfläche;
4 aromatische Äpfel;
Zimt; Zucker;
3 Eigelb;
Vanillezucker zum Bestäuben;
60 ml Weißwein;
2 EL Rum;
2 EL Schlagsahne

GETRÄNKEVORSCHLAG
Eiswein oder
kräftiger Calvados

TIPP
Ein guter Apfel hierfür ist
der Cox Orange

1 Rosinen in Maraschino 2 Stunden einweichen. Blätterteig auftauen, auf bemehlter Arbeitsfläche 3 mm dick ausrollen und 4 Quadrate von etwa 12 x 12 cm ausradeln.

2 Äpfel schälen und das Kerngehäuse ausstechen. Auf jedes Teigstück 1 Apfel stellen, Zimt und Zucker mischen und darüber streuen. Rosinen in die Kernhöhlung füllen.

3 Teigenden hochziehen und jeden Apfel einhüllen. 1 Eigelb mit 1 bis 2 EL Wasser verquirlen, den Teig damit bestreichen und mit den Teigresten dekorieren.

4 Den Backofen auf 220 Grad vorheizen. Die Äpfel in der Ofenmitte 20 Minuten backen, herausnehmen, etwas ruhen lassen, dann mit Vanillezucker bestäuben.

5 Für das Sabayon die restlichen Eigelb mit Weißwein, Rum und Zimt auf einem Wasserbad zu cremiger Konsistenz aufschlagen, Sahne hinzugeben, dann etwas kalt rühren.

6 Auf Teller verteilen, die gebackenen Äpfel darauf setzen und servieren.

Borchardts 150 Jahre

Ein Mosaik aus dem 19. Jahrhundert ist im heutigen Borchardt am Gendarmenmarkt erhalten geblieben. Das 1853 eröffnete Feinkosthaus hat Bomben und Sozialismus nahezu unversehrt überstanden und serviert heute wieder Hummer, Kaviar und Austern wie zu Kaisers Zeiten

Berliner Wörterbuch

AMERIKANER: rundes Gebäck mit Zuckerguss

ARBEITEREISBEIN: Rollmops

BEAMTENSPARGEL: Schwarzwurzeln

BEESINGE: Heidelbeeren (veraltet)

BERLINER SCHNITZEL: panierter Kuheuter mit Kartoffelsalat

BLÜMCHENKAFFEE: dünner Kaffee

BOLLEN: Zwiebeln

BOLLENPIEPEN: Lauch

BRÄGEN: Hirn

BUDIKE: Kneipe

BULETTE: Frikadelle (von boule, frz.)

FASSBRAUSE: Apfelbrause vom Fass

HACKEPETER: Gehacktes aus Schweinefleisch

HOPPELPOPPEL: Bauernfrühstück, aber mit Bratresten statt mit Speck

KLAPPSTULLE: Doppelschnitte

KNÜPPEL: Brötchen mit Milch statt mit Wasser gebacken

MINIHUMMER: Krebse

MOLLE: Glas Bier

MOSTRICH: Senf (von Moutarde, frz.)

MUCKEFUCK: dünner oder Ersatzkaffee

PFANNKUCHEN: Berliner Krapfen

SCHLUPPEN: junge Zwiebeln

SCHRIPPE: Brötchen, Semmel, Rundstück

SCHUSTERJUNGE: Roggenbrötchen, eigentlich Salzkuchen

STOLZER HEINRICH: Bratwurst mit Lebkuchensauce

STRIPPE: Weiße mit Korn oder Kümmel versetzt

WACKELPETER: Götterspeise, Pudding

Berliner Adressen

ALIMENTARI E VINI
Skalitzer Str. 23
10999 Berlin-Kreuzberg
Tel. 6 11 49 81
Frische Pasta und Wildschwein-schinken im italienischen Eckladen

AQUI ESPAÑA
Kantstr. 34
10625 Berlin-Charlottenburg
Tel. 3 12 33 15
Spezialitäten aus Spanien, Portugal, Südamerika. Kuh-, Schafs- und Ziegenkäse. Weine

ARS VIVENDI
Holsteinische Str. 19
10717 Berlin-Wilmersdorf
Tel. 8 61 93 89
Selbst gemachte Lasagne und feine Antipasti an der italienischen Theke

AUX DELICES NORMANDS
Berliner Str. 49
14169 Berlin-Zehlendorf
Tel. 8 11 40 17
Neue Kantstr. 26
14057 Berlin-Charlottenburg
Tel. 32 60 54 44
Französische Boulangerie und Patisserie, hervorragendes Brot

BALMI LACHSRÄUCHEREI ALBROT & MIRNIK
Lahnstr. 56–78
12055 Berlin-Neukölln
Tel. 6 84 80 17
Auf Buchen- oder Erlenholz geräucherte Fische nach alten baltischen Rezepten. Canapés

CONFISERIE MELANIE
Goethestr. 4
10623 Berlin-Charlottenburg
Tel. 3 13 83 30
Eigene Schokoladen- und Pralinen-herstellung. Senf, Kräuterschnaps

DA NARDINO
Kantstr. 36
10625 Berlin-Charlottenburg
Tel. 3 12 80 25
Kleiner Italiener, Feinkost und Mittagsimbiss

Schlemmen und Shoppen: Galeries Lafay...

ERSTE RHEINLÄNDISCHE BÄCKEREI LUDWIG MÄLZER
Ahornstr. 16 a
12163 Berlin-Steglitz
Tel. 7 92 32 30
Berliner Traditionsbetrieb seit über 100 Jahren, mehrere Filialen. Rhein-ländischer Rosinenzopf, Schweizer-brötchen und Sauerteigbrote

FEINKOST JOHN
Zeltinger Platz 5
13465 Berlin-Reinickendorf
Tel. 4 01 40 84
Familienbetrieb mit Feinkost, besonders aus deutschen Landen

FLEISCHEREI BACHHUBER
Güntzelstr. 47
10717 Berlin-Wilmersdorf
Tel. 8 73 21 15
Berliner grobe Leber- und Zungenwurst, Pasteten

FLEISCHEREI BÜNGER
Westfälische Str. 53
10711 Berlin-Wilmersdorf
Tel. 8 91 64 32
*Feine Leberwurst und Wiener
Würstchen aus eigener Herstellung*

FLEISCHEREI OBITZ
Ludwigkirchstr. 3
10719 Berlin-Wilmersdorf
Tel. 8 81 96 71
*Berliner Wurst und Schinken aus
eigener Herstellung*

FRANCE MARÉE
Starstr. 1
14532 Stahnsdorf bei Potsdam
Tel. 0 33 29/60 47-0
Fisch und Krustentiere, Kräuter

FRUIT SHOP
Ludwigkirchstr. 2
10719 Berlin-Wilmersdorf
Tel. 8 81 99 80
Exotische Früchte, frische Kräuter

FUCHS & RABE
Reichsstr. 1
14052 Berlin-Charlottenburg
Tel. 3 01 94 95
Schlossstr. 119
12163 Berlin-Steglitz
Tel. 7 92 81 68
Rohmilchkäse

GALERIES LAFAYETTE
Französische Str. 23
10117 Berlin-Mitte
Tel. 20 94 80
*Der Gourmettempel in der
Stadtmitte. Gute französische
Fleisch- und Käsetheke*

GRAND VIGNOBLE
Joachim-Friedrich-Str. 37
10711 Berlin-Halensee
Tel. 8 93 59 82
*Großes französisches Feinkost-
geschäft, auch Stehimbiss*

HAFFAR SPEZIALITÄTEN
Selmaplatz 1–3
14163 Berlin-Zehlendorf
Tel. 8 13 35 72
*Französische und
italienische Feinkost*

IMPERIAL CAVIAR
Rheinbabenallee 14
14199 Berlin-Schmargendorf
Tel. 89 72 35 55
Berlins bester Kaviarlieferant

KADEWE
Tauentzienstr. 21–24
10789 Berlin-Charlottenburg
Tel. 21 21-0
*33 000 Produkte auf 7000
Quadratmetern, 33 Verzehrstände
in der Schlemmerabteilung*

LAIB & KÄSE
Graefestr. 69
10967 Berlin-Kreuzberg
Tel. 6 92 59 68
*Naturfeinkost aus Deutschland,
Italien und Frankreich, Bioweine,
Fisch aus biologischer Zucht.
Frischfleisch mit Bioland-Prädikat*

L'ANGOLINO DEL CALICE
Clausewitzstr. 9
10629 Berlin-Charlottenburg
Tel. 8 85 22 08
*Italienische Feinkost
und Weine*

LINDENBERG
Morsestr. 2
10587 Berlin-Charlottenburg
Tel. 39 08 15-0
*Feinkosthalle mit Fisch, Krusten-
und Schalentieren, Fleisch, Geflügel,
Obst, Gemüse, Käse, Milch*

LIPTOW & GABRIEL
Fährstr. 16
13503 Berlin-Heiligensee
Tel. 3 04 34 47
*Frischfisch aus eigenem Fang
(lebende Fische und Krebse), frische
Räucherwaren (Aal, Forellen)*

MAÎTRE PHILLIPPE
Emser Str. 42
10719 Berlin-Wilmersdorf
Tel. 88 68 36 10
*Rohmilchkäse, Honig,
Konfitüren, Weine*

MARINELLI
Breite Str. 28
14199 Berlin-Schmargendorf
Tel. 89 72 54 30
*Versteckter kleiner Feinkostitaliener,
gute Weinauswahl*

ROGACKI
Wilmersdorfer Str. 145/146
10585 Berlin-Charlottenburg
Tel. 3 43 82 50
*Stadtküche, große Fisch-, Fleisch-
und Käsetheken, Stehimbiss mit
Berliner Küche. Traditionsadresse*

SALUMERIA PUGLIA
Westfälische Str. 52
10711 Berlin-Wilmersdorf
Tel. 8 93 39 70
*Italienische Feinkost, selbst gemachte
Antipasti, frische Nudeln*

SALUMERIA DA PINO & ENZO
Windscheidstr. 20
10627 Berlin-Charlottenburg
Tel. 324 33 18
*Eingelegte Antipasti, Pasta, Süß-
speisen. Hervorragend: Zabaione*

WEIN & GLAS COMPAGNIE
Prinzregentenstr. 2
10717 Berlin-Wilmersdorf
Tel. 23 51 52-0
*2000 Weine aus klassischen
Regionen, ausgesuchte Weingläser*

**ZIEGENKÄSE-WIESENCAFÉ
KAROLINENHOF**
16766 Flatow bei Kremmen
Tel. 03 39 22/60 19 0
*Weich-, Frisch- und Schnittkäse
von eigenen Ziegen*

Adlon, Hedda: Hotel Adlon,
München 1998

Behr, Hermann: Die Goldenen Zwanziger
Jahre, Hamburg 1964

Bernhagen, Wolfgang: Bier- und Kaffee-
gärten sowie Schnell-Gastronomie im
alten Berlin, Berlin 1987

Bernhagen, Wolfgang: Vom Gasthof zum
Luxushotel, Berlin 1988

Bickel, Walter; Henseleit, Felix: Berliner
Küche gestern und heute, Berlin 1979

Binger, Lothar; Hellemann, Susann:
Küchengeister, Berlin 1996

Born, Franz: Berlin, wie es is(s)t und
trinkt, Bielefeld 1969

Bremer, Arthur: Die Höfe Europas,
o.A. 1902

Burkert, Hans-Norbert; Matußek,
Klaus; Obschernitzki, Doris: Zerstört,
besiegt, befreit, Berlin, 1985

Die Chronik Berlins, Gütersloh/
München 1997

Constantin, Theodor: Altberliner Kneipen,
Berlin 1989

Demps, Laurenz; Paeschke, Carl-Ludwig:
Das Hotel Adlon, Berlin 1997

Erman, Hans: Bei Kempinski,
Berlin 1956

Fabian, Ursula, Einführung in Schreiber,
Marie: Berliner Kochbuch für bürgerliche
Haushaltungen von 1839, Berlin 1979

Friedrich, Otto: Morgen ist Weltuntergang,
Berlin 1998

Glatzer, Dieter und Ruth: Berliner Leben
1900–1914, Berlin 1986

Goetz, Wolfgang: Im Größenwahn,
bei Pschorr und anderswo, Berlin 1936

Gunther, Herbert (Hrsg.): Hier schreibt
Berlin, Anthologie, Berlin 1998

Hauser, Karl-Heinz; Franz, Stephan;
Kaiser, Diethelm: Kochkunst im Adlon,
Berlin 1999

Heckh, Karl: Bei Horcher zu Gast,
Berlin/Zürich 1980

Heidel, Wolfgang: Ernährungswirtschaft
und Verbrauchslenkung im Dritten Reich
1936-1939, Berlin 1989

Heilborn, Adolf: Alt-Berliner
Konditorei-Allerlei, Berlin 1930

Heinze, Dora: Das Schloßhotel im
Grunewald, Berlin 1997

Henseleit, Felix: Das gastliche Berlin,
Berlin 1964

Hessel, Franz: Ein Flaneur in Berlin,
Berlin 1984

Hildenbrandt, Fred: Ich soll dich grüßen
von Berlin, München 1966

Hirschfeld, Magnus: Die Gurgel Berlins,
Großstadt-Dokumente Band 41,
um 1906

Hoffmann, Manfred: Goldener Anker und
Schwarzer Walfisch, Berlin 1940

Holmsten, Georg: Berliner Miniaturen,
Düsseldorf 1985

Huettchen, Bruno: Krolls Etablissement,
Berlin 1938

Huret, Jules: Berlin um Neunzehn-
hundert, Berlin 1979

Kastan, Isidor: Berlin, wie es war,
Berlin 1919

Kastan, Isidor: Kastans lustiges Panopti-
kum, Hamburg und Berlin 1924

Kessler, Harry Graf: Tagebücher,
Frankfurt am Main 1961

Kiaulehn, Walther: Berlin – Schicksal
einer Weltstadt, München 1958

Knoll, Thorsten: Berliner Markthallen,
Berlin 1994

Korff, Gottfried; Rürup, Reinhard (Hrsg.):
Berlin, Berlin – Die Ausstellung zur
Geschichte der Stadt, Berlin 1987

Krengel, Rolf: Die Lebensmittelversorgung
Berlins in der Blockade 1949

McGee, Mark R.: Berlin
1925–1946–2000, Berlin 2000

Lévy, Henry: Das Maître-Kochbuch,
München 1985

Moreck, Curt: Führer durch das
lasterhafte Berlin, Berlin 1996

o.A.: Berlin für Kenner, Berlin 1912

Ostwald, Hans: Das galante Berlin,
Berlin 1928

Otto, Manfred: Berliner Küche,
Berlin 1981

Petras, Renate: Das Café Bauer in Berlin,
Berlin 1994

Pracht, Elfi: M. Kempinski & Co.,
Berlin 1994

Rauers, Friedrich: Kulturgeschichte
der Gaststätte, Berlin 1942

Rothstein, Fritz: Alt-Berliner Gasthäuser, o.A.

Schäfer, Hans Dieter: Berlin im Zweiten
Weltkrieg, München 1985

Schall, Sybille: Bier is ooch Stulle,
Berlin 1985

Schebera, Jürgen: Damals im
Romanischen Café, Leipzig 1988

Scheffler, Karl: Berlin – ein Stadtschicksal,
Berlin 1910

Schlobinski, Peter: Berliner Wörterbuch,
Berlin 1993

Springer, Robert: Berlin wird Weltstadt,
Berlin 1868

Stengel, Walter: Berliner Tafelfreuden,
Berlin 1961

Steltzer, Marianne: Berlin, wie es schreibt
und ißt, München 1967

Szatmari, Eugen: Berlin – Was nicht im
Baedeker steht, München 1927

Täubrich, Hans-Christian: Zu Gast im
alten Berlin, München 1990

Theuerkauf, Johannes: Du wirst Dich in
Berlin verlieben, Berlin 1936

Thiel, Paul: Lokaltermin in Alt-Berlin,
Berlin 1987

Thieme, Wolf: Das Weinhaus Huth am
Potsdamer Platz, Berlin1999

Urban, Henry F.: Die Entdeckung Berlins
(Berliner Lokal-Anzeiger) Berlin 1912

Verband der Köche Deutschlands e.V.:
„Kochkunst und Tafelwesen",
„Die Küche",
Frankfurt am Main, 1900–1999,

Verein der Freunde der Domäne Dahlem/
Bildungswerk: Rote Rüben auf dem
Olivaer Platz (unveröff.)

Wagner, Heinrich; Koch, Bruno:
Schankgaststätten, Stuttgart 1904

Werner, Ernst Friedrich: Berlin
(Zeitschrift), Berlin 1924

Wieke, Thomas: Vom Etablissement
zur Oper – die Geschichte der Kroll-Oper,
Berlin 1993

Winnington, Ursula: Liebe, Phantasie
und Kochkunst, Rostock 2000

Winter, Horst: Dreh dich noch einmal um,
Wien/München 1989

Worm, Hardy: Mittenmang durch Berlin,
Berlin 1981

Zivier, Georg: Das Romanische Café,
Berlin 1962

Ich bedanke mich für ihre
Unterstützung bei Erika Bickel,
Lutz Bormann, Doris Burneleit,
Jan Peter Drexhage, Hardy,
Dr. Wolfgang Haus, Gustavo Horcher,
Peter v. Jena, Dr. Birgit Meseck-Thieme,
Barbara Platsch, Margarete Rahn,
Bernhard Schambach,
Franz Scharenberg, Klaus Schendel,
Hans Schröder, Paul Urchs,
Verband der Köche Deutschlands e.V.,
Ursula Winnington, Michel Würthle,
Heinz H. Zellermayer